合规管理系列丛书

企业知识产权法律合规管理实务指南

Guidelines on
Corporate IP Compliance Practice

王 函 潘志成／著

人民法院出版社

图书在版编目（CIP）数据

企业知识产权法律合规管理实务指南 / 王函，潘志成著. -- 北京：人民法院出版社，2022.11
ISBN 978-7-5109-3620-3

Ⅰ．①企… Ⅱ．①王… ②潘… Ⅲ．①企业—知识产权—管理—中国—指南 Ⅳ．①D923.4-62

中国版本图书馆CIP数据核字(2022)第197247号

企业知识产权法律合规管理实务指南

王 函 潘志成 著

责任编辑	尹立霞 李 瑞
出版发行	人民法院出版社
地　　址	北京市东城区东交民巷27号（100745）
电　　话	（010）67550637（责任编辑）　67550558（发行部查询）
	65223677（读者服务部）
客 服 QQ	2092078039
网　　址	http://www.courtbook.com.cn
E－mail	courtpress@sohu.com
印　　刷	三河市国英印务有限公司
经　　销	新华书店
开　　本	787毫米×1092毫米　1/16
字　　数	552千字
印　　张	28.5
版　　次	2022年11月第1版　2022年11月第1次印刷
书　　号	ISBN 978-7-5109-3620-3
定　　价	96.00元

版权所有　侵权必究

本书编委会

主　编：王　函　潘志成

副主编：赵　晋　金炜霞　唐嘉伟

编委会成员（按姓氏笔画排序）：

王　函　王则周　刘思玉　朱丹宁

安国胤　李晓瑛　李　轶　吴　悦

金炜霞　杨小青　赵　晋　唐嘉伟

郭青红　龚　玲　韩燕霞　潘志成

编委会成员撰写章节一览表

章 节	作 者
第一章	朱丹宁 王 函
第二章	郭青红 韩燕霞 王则周
第三章	赵 晋 李晓瑛
第四章	王 函 王则周 韩燕霞
第五章	杨小青
第六章	潘志成 吴 悦 安国胤
第七章	潘志成 吴 悦 安国胤
第八章	金炜霞 李 轶 李晓瑛
第九章	唐嘉伟 刘思玉
第十章	龚 玲
第十一章	赵 晋 朱丹宁

序 言

20世纪90年代以来，世界经济出现了一些引人注目的新动向，随着以信息技术革命为主导的高新技术领域的重大突破和迅猛发展，知识、信息和技术对经济发展的贡献越来越大，成为经济和社会发展的关键。因此，世界正在进入知识经济时代。我们完全有理由说，科技发展改变了世界经济形态和发展进程。人类正在从以运作土地、劳力和资本等传统生产要素为主的时代，走向以运作知识、技术等生产要素为主的时代；也就是由物质经济形态（农业经济、工业经济）转入知识经济形态。

随着知识经济的出现，人们谋求的是以人力资源为主要生产要素、以知识和技术为主要生产手段来提高经济的质量和效益，科技进步已成为推动经济发展的决定性因素。各国政府都感到必须尽快采取行动，大力推进科技创新。各国综合国力的竞争在很大程度上转化为人才、知识、信息的竞争，集中表现为知识产权的竞争。

知识产权制度的产生和发展，始终是与世界经济科技的发展紧密联系在一起的，是在世界经济、政治发展的大背景下进行的。

知识产权制度是市场经济的产物，随着市场经济的发展，知识产权制度也在不断发展和完善。随着科学技术的迅猛发展和经济全球化进程的加快，知识产权在经济、科技、文化、贸易和社会生活中的地位得到历史性的提升。知识产权的客体是人类的智力劳动成果。自有人类社会生产以来，智力或知识就是社会生产力的要素之一。随着市场经济的发展，尤其是伴随着经济全球化进程的加快，知识越来越多地通过知识产权的形式表现出来，知识产权已经成为经济发展的重要因素。在知识产权保护制度下，科学技术与知识成为经济发展的决定性因素，并且辐射和带动了整个经济的发展。目前，国家之间综合国力的竞争和较量日趋激烈，知识产权已经成为衡量一个国家科技竞争力的重要指标。

在世界知识产权组织（WIPO）和世界贸易组织（WTO）的推动下，伴随着科学技术的飞速发展和知识经济及经济全球化进程的不断加速，知识产权的重要性也越来越多地被世界各国所认识和接受。为了发展经济，跟上经济全球化前进的步伐，各国政府都在积极实施知识产权战略，改革经济体制，调整产业机构，调动一切可以调动的因素，千方百计地利用本国的人才、智力和资源优势，促进本国经济和社会的快速发展。

中国属于发展中国家，实行中国特色的社会主义市场经济体制。这种国情决定了我国只能走创新型国家发展道路，因此，也必然要实行知识产权制度。

2008年6月5日，国务院发布了《国家知识产权战略纲要》，明确指出："知识产权制度是开发和利用知识资源的基本制度。知识产权制度通过合理确定人们对于知识及其他信息的权利，调整人们在创造、运用知识和信息过程中产生的利益关系，激励创新，推动经济发展和社会进步。当今世界，随着知识经济和经济全球化深入发展,知识产权日益成为国家发展的战略性资源和国际竞争力的核心要素,成为建设创新型国家的重要支撑和掌握发展主动权的关键。国际社会更加重视知识产权,更加重视鼓励创新。发达国家以创新为主要动力推动经济发展,充分利用知识产权制度维护其竞争优势;发展中国家积极采取适应国情的知识产权政策措施,促进自身发展。""实施国家知识产权战略,大力提升知识产权创造、运用、保护和管理能力,有利于增强我国自主创新能力,建设创新型国家;有利于完善社会主义市场经济体制,规范市场秩序和建立诚信社会;有利于增强我国企业市场竞争力和提高国家核心竞争力;有利于扩大对外开放,实现互利共赢。必须把知识产权战略作为国家重要战略,切实加强知识产权工作。"

然而,"市场经济就是法治经济"。为了促进和保障"创新驱动发展战略"的顺利实施,必须制定一系列涉及知识产权的法律法规。而企业作为市场经济的主体,也必须严格遵守国家和社会的各项法律法规,并制定有利于企业内部管理的规章制度,才能在社会主义法治经济的环境下不断发展和壮大。尤其是对于由于新药开发具有投资大、风险高、周期长等特点而与知识产权保护关系最为密切的医药企业,在《专利法》第四次修改引入"药品专利期限补偿"和"药品专利纠纷早期解决机制"等特殊保护制度的前提下,更应该重视知识产权的管理和合规审查。

为了帮助企业制定符合市场发展的知识产权管理规范,国家知识产权局、中国标准化研究院于2013年2月7日发布了《企业知识产权管理规范》(GB/T 29490—2013)并于2013年3月1日起实施。国务院国资委2018年11月2日发布的《中央企业合规管理指引(试行)》[国资发法规〔2018〕106号]中指出:加强对知识产权重点领域的合规管理,及时申请注册知识产权成果，规范实施许可和转让，加强对商业秘密和商标的保护，依法规范使用他人知识产权，防止侵权行为。汇业律师事务所富有经验的律师们编写了这本《企业知识产权法律合规管理实务指南》，相信必定会为我国广大的企事业单位提供极其有益的帮助。

中国药学会医药知识产权研究专业委员会名誉主任

原国家知识产权局医药生物发明审查部部长

张清奎

2022年9月于北京

目 录

第一章 企业知识产权和知识产权管理 ……………………………… 1
    第一节　知识产权 ……………………………………………… 2
    第二节　企业知识产权管理 …………………………………… 7

第二章 知识产权法律合规管理 ……………………………………… 17
    第一节　重点领域合规管理 …………………………………… 18
    第二节　知识产权法律合规管理 ……………………………… 21

第三章 商标法律合规管理 …………………………………………… 37
    第一节　商标概述 ……………………………………………… 38
    第二节　商标领域主要法律法规 ……………………………… 43
    第三节　企业商标管理制度 …………………………………… 45
    第四节　商标领域的典型违规案例 …………………………… 48
    第五节　商标领域法律风险、合规风险及主要法律合规义务 … 53
    第六节　商标领域法律合规指引 ……………………………… 62

第四章　专利法律合规管理　83

第一节　专利概述 …………………………………………… 84

第二节　专利领域主要法律法规 …………………………… 94

第三节　企业专利管理制度 ………………………………… 96

第四节　专利领域的典型违规案例 ………………………… 99

第五节　专利领域主要法律合规义务 ……………………… 111

第六节　专利领域主要法律风险、合规风险及应对措施 …… 115

第七节　专利领域法律合规指引 …………………………… 117

第五章　著作权法律合规管理　143

第一节　著作权概述 ………………………………………… 144

第二节　著作权领域主要法律法规 ………………………… 150

第三节　企业著作权管理制度 ……………………………… 155

第四节　著作权领域的典型违规案例 ……………………… 160

第五节　著作权领域主要法律合规义务 …………………… 167

第六节　著作权领域法律合规指引 ………………………… 170

第六章　商业秘密法律合规管理　185

第一节　商业秘密概述 ……………………………………… 186

第二节　商业秘密领域主要法律法规 ……………………… 190

第三节　企业商业秘密管理制度 …………………………… 195

第四节　商业秘密的典型违规案例 ………………………… 197

第五节　商业秘密主要法律合规义务 ……………………… 208

第六节　商业秘密主要法律风险、合规风险及应对措施 …… 210

第七节　商业秘密法律合规指引 …………………………… 216

第七章　不正当竞争法律合规管理 ……………………………… 225

第一节　不正当竞争概述 …………………………………… 226

第二节　不正当竞争领域主要法律规定及规章制度 ………… 228

第三节　不正当竞争领域的典型违规案例 …………………… 246

第四节　不正当竞争领域主要法律合规义务 ………………… 278

第五节　不正当竞争领域主要法律风险、合规风险及应对措施 … 280

第六节　不正当竞争领域法律合规指引 ……………………… 282

第八章　知识产权交易法律合规管理 …………………………… 299

第一节　知识产权交易概述 ………………………………… 300

第二节　知识产权交易领域法律法规和企业规章制度 ……… 304

第三节　专利交易的法律合规管理 ………………………… 308

第四节　商标交易的法律合规管理 ………………………… 318

第五节　著作权交易的法律合规管理 ……………………… 326

第六节　计算机软件著作权交易法律合规管理 ……………… 337

第九章　知识产权法律合规尽职调查 …………………………… 343

第一节　概述 ………………………………………………… 344

第二节　知识产权基础管理法律合规尽职调查 ……………… 349

第三节　知识产权法律合规管理尽职调查 …………………… 356

第四节　知识产权法律合规尽职调查程序 …………………… 362

第十章　企业员工知识产权法律合规管理 ……………………… 371

第一节　企业员工知识产权法律合规管理概述 ……………… 372

第二节　企业员工入职阶段的知识产权法律合规管理 ……… 375

第三节　企业员工履职阶段的知识产权法律合规管理 ……… 380

第四节　企业员工离职阶段的知识产权法律合规管理 ……… 390

第十一章　知识产权争议解决法律合规管理 …………………… 393
第一节　知识产权争议解决法律合规管理综述 ……………… 394
第二节　知识产权国内争议解决法律合规管理 ……………… 405
第三节　知识产权跨国争议解决法律合规管理 ……………… 415

附　录　主要法律规范索引 …………………………………… 425

后　记 …………………………………………………………… 443

第一章 企业知识产权和知识产权管理

第一节 知识产权

2021年9月,中共中央、国务院印发了《知识产权强国建设纲要(2021—2035年)》,要求到2025年,知识产权强国建设取得明显成效;到2035年,知识产权综合竞争力跻身世界前列,中国特色、世界水平的知识产权强国基本建成。纲要倡导构建更加完善的知识产权法律体系、管理体制、政策体系,构建响应及时、保护合理的新兴领域和特定领域知识产权规则体系。

2021年10月,国务院发布了《"十四五"国家知识产权保护和运用规划》,提出坚持以推动高质量发展为主题,以全面加强知识产权保护为主线,以建设知识产权强国为目标,以改革创新为根本动力,深化知识产权保护工作体制机制改革,全面提升知识产权创造、运用、保护、管理和服务水平,深入推进知识产权国际合作,促进建设现代化经济体系,激发全社会创新活力,有力支撑经济社会高质量发展。

加强我国企业知识产权的获取、维护、运用和保护管理具有重大意义。

一、知识产权的定义

知识产权,英文为Intellectual Property,字面含义为智力(知识)财产。根据世界知识产权组织(WIPO)给出的定义,知识产权是指智力创造成果——从艺术作品到发明创造,从电脑程序到商标和其他商业标志。①

---

① 载https://www.wipo.int/edocs/pubdocs/zh/wipo_pub_450_2020.pdf。

按照我国国家标准《企业知识产权管理规范》（GB/T 29490—2013）第3.1条，知识产权是指在科学技术、文学艺术等领域中，发明者、创造者等对自己的创造性劳动成果依法享有的专有权。

二、知识产权的种类

《建立世界知识产权组织公约》第二条将"知识产权"定义为"包括有关下列项目的权利：文学、艺术和科学作品，表演艺术家的表演以及唱片和广播节目，人类一切活动领域内的发明，科学发现，工业品外观设计，商标、服务标记以及商业名称和标志，制止不正当竞争，以及在工业、科学、文学或艺术领域内由于智力活动而产生的一切其他权利"。按照《与贸易有关的知识产权协议（TRIPS）》的规定，知识产权包括版权和相关权利、商标、地理标识、工业设计、专利、集成电路布图设计以及对未披露信息的保护。

中国相关法律法规对知识产权也采取了举例式的定义方法。按照我国《民法典》第一百二十三条的规定，知识产权是权利人依法就下列客体享有的专有的权利：（一）作品；（二）发明、实用新型、外观设计；（三）商标；（四）地理标志；（五）商业秘密；（六）集成电路布图设计；（七）植物新品种；（八）法律规定的其他客体。

我国国家标准《企业知识产权管理规范》（GB/T 29490—2013）第3.1条规定的知识产权范围包括专利、商标、著作权及相关权、集成电路布图设计、地理标志、植物新品种、商业秘密、传统知识、遗传资源以及民间文艺等。

三、知识产权的特征

知识产权的特征主要包括法定性、专有性、地域性、时间性。

(一)知识产权的法定性

知识产权的法定性是指各项知识产权权利由法律规定,智力创造的成果并不能当然获得一项知识产权,而是取决于是否由相关国家法律法规赋予。例如,商标权和专利权均须经法定程序和要求,由专门的国家机关经过审核后,向权利人明确授予。虽然我国《著作权法》规定著作权自创作完成之日起产生,但是能够获得著作权保护的作品,须符合法律规定的特定要求及形式。

(二)知识产权的专有性

知识产权的专有性又被称为独占性,是赋予权利人一项排他性的权利。知识产权权利人对其所享有的知识产权客体享有占有及使用的权利,并排除他人占有或使用其知识产权的权利。

专有性是相对的而非绝对的。在法律规定的特定情况下,权利人对知识产权客体所享有的专有性将被打破,如法定许可、强制许可、合理使用等。

(三)知识产权的地域性

知识产权的地域性指权利人原则上仅在某个特定区域,通常是一个国家或地区享有该等知识产权,超过特定区域范围将不发生法律效力。理论上权利人需要按照不同的国家或地区的法律规定逐一申请相关知识产权,但是得益于一系列国际条约、地区性条约和双边条约,权利人获得不同法域的知识产权保护有了更多的便利或优惠,也减少了不同国家和地区法律冲突带来的不便利,但是本质上并未改变知识产权地域性的特征。

(四)知识产权的时间性

知识产权的时间性指知识产权权利并非永久有效,而是具有时效性。在超过法律规定的时效后，某些知识产权，如著作权及专利，将直接进入公有领域，权利人将不再对其享有独占性权利。某些知识产权，如商标，在特定时间后，需要权利人主动向相关部门申请续展，若超期未续展，权利人将丧失对该商标享有的专有权。

四、我国知识产权行政管理体系

我国知识产权行政管理体系如下：

内容	管理部门	管理部门主要职责
专利	国家知识产权局（专利局）	·拟订严格保护商标、专利、原产地地理标志、集成电路布图设计等知识产权制度并组织实施。 ·负责知识产权的审查注册登记和行政裁决。实施商标注册、专利审查、集成电路布图设计登记。负责商标、专利、集成电路布图设计复审和无效等行政裁决。拟订原产地地理标志统一认定制度并组织实施
原产地地理标志	国家知识产权局	
集成电路布图设计	国家知识产权局	
商标	国家知识产权局（商标局）	
著作权	国家版权局	·草拟著作权管理的法律法规草案，制定著作权管理的规章并组织实施。 ·负责著作权管理工作，组织查处有重大影响的著作权侵权案件和涉外侵权案件，负责处理涉外著作权关系和有关著作权国际条约应对事务
反不正当竞争	国家市场监督管理总局价格监督检查和反不正当竞争局（规范直销与打击传销办公室）	·拟订有关价格收费监督检查、反不正当竞争的制度措施、规则指南。 ·组织实施商品价格、服务价格以及国家机关、事业性收费的监督检查工作。 ·组织指导查处价格收费违法违规行为和不正当竞争行为

五、知识产权国际组织及国际公约

（一）国际组织

1. 世界知识产权组织（WIPO）

世界知识产权组织成立于1967年，1974年称为联合国专门机构，是致力于利用知识产权（专利、版权、商标等）作为激励创新与创造手段的联合国机构。总部设在瑞士日内瓦，在美国纽约联合国大厦设有联络处。世界知识产权组织的宗旨为通过国家之间的合作，并在适当情况下与其他国际组织配合，促进世界范围内的知识产权保护；保证各知识产权联盟间的行政合作。中国于1980年加入该组织，并参加历次成员大会。

2. 世界贸易组织（WTO）

世界贸易组织（WTO）成立于1995年1月1日，其前身是关税和贸易总协定（GATT）。WTO现有成员137个，另有约30个国家和地区正在申请加入。其总部在瑞士日内瓦。WTO是世界上最大的多边贸易组织，目前已拥有137个成员，成员的贸易量占世界贸易总量的95%以上。

WTO的基本职能包括制定和规范国际多边贸易规则、组织多边贸易谈判、解决成员之间的贸易争端。其中WTO的争端解决机制是其一项重要制度，在GATT争端解决机制的基础上发展而来，基础为乌拉圭回合（Uruguay Round）通过的多边贸易协议《关于争端解决的规则和程序的谅解协议》（Understanding on Rules and Procedures Governing the Settlement of Disputes, DSU）。

（二）国际公约

与知识产权相关的国际公约既包括较为知名的知识产权一般性公约，如《建立世界知识产权组织公约》(Convention Establishing the World Intellectual

Property Organizations）、《保护工业产权巴黎公约》(Paris Conventions for the Protection of Industrial Property）等，也包括涉及具体知识产权领域的公约，如《专利法条约》(Patent Law Treaty，PLT)、《商标法条约》(Trademark Law Treaty，TLT)、《商标国际注册马德里协定》(Madrid Agreement Concerning the International Registration of Marks）、《保护文学和艺术作品伯尔尼公约》(Berne Convention for the Protection of Literary and Artistic Works）、《世界版权公约》(Universal Copyright Convention)、《保护非物质文化遗产公约》《国际植物新品种保护公约》(International Convention for the Protection of New Varieties of Plants）等。详细清单，请参见后附附录。

第二节　企业知识产权管理

一、企业知识产权管理

管理是指企业通过计划、组织、领导、协调、控制及创新等手段，对企业所拥有的人力、物力、财力、信息等资源进行有效的决策、计划、组织、领导和控制，以期高效实现企业目标的过程。

企业知识产权管理是指企业对其知识产权工作加以计划、组织、协调及控制，从而实现管理目标的活动和过程，也是企业为保证遵守有关知识产权法律法规、维护知识产权合法权益而制定各项规章制度、采取相应措施和策略的管理活动，包括知识产权战略制定、组织建立、制度设计、流程监控、运用实施、人员培训等。

企业知识产权管理是企业内部控制的重要内容。我国财政部等五部委于

2010年4月15日发布了《企业内部控制配套指引》第8号——资产管理，第四章（无形资产）对知识产权管理提出了具体指引，内容包括：

（一）制定管理制度，落实管理责任

企业应当加强对品牌、商标、专利、专有技术、土地使用权等无形资产的管理，分类制定无形资产管理办法，落实无形资产管理责任制，促进无形资产有效利用，充分发挥无形资产对提升企业核心竞争力的作用。

（二）加强知识产权保护，防范侵权行为和法律风险

企业应当全面梳理外购、自行开发以及其他方式取得的各类无形资产的权属关系，加强无形资产权益保护，防范侵权行为和法律风险。无形资产具有保密性质的，应当采取严格保密措施，严防泄露商业秘密。

（三）不断自主创新

企业应当定期对专利、专有技术等无形资产的先进性进行评估，淘汰落后技术，加大研发投入，促进技术更新换代，不断提升自主创新能力，努力做到核心技术处于同行业领先水平。

根据最高人民法院于2022年4月21日发布的《中国法院知识产权司法保护状况（2021）》白皮书，2021年，人民法院受理、审结知识产权案件数量再创历史新高，双双突破60万件。2021年新收一审、二审、申请再审等各类知识产权案件642968件，审结601544件（含旧存），比2020年分别上升22.33%和14.71%。其中，2021年，最高人民法院新收知识产权民事案件4243件，审结3557件。地方各级人民法院共新收知识产权民事一审案件550263件，审结515861件，同比分别上升24.12%和16.52%。

国家知识产权局发布的数据显示，2021年，全国查处专利、商标等领域

违法案件 5.01 万件；处理专利侵权纠纷行政裁决案件 4.98 万件；受理知识产权纠纷调解案件 6.48 万件；查办侵权盗版案件 2957 件，删除侵权盗版链接 119.7 万条；累计扣留进出口侵权嫌疑货物 7.92 万批；侦破侵权假冒犯罪案件 2.1 万起，抓获犯罪嫌疑人 3.8 万名，涉案总价值 95.3 亿元。

加强和完善我国企业知识产权管理迫在眉睫。也正因如此，我国国家知识产权局等八部委早在 2015 年 6 月 30 日就发布《关于全面推行〈企业知识产权管理规范〉国家标准的指导意见》，要求企业建立与经营发展相协调的知识产权管理体系，引导企业加强知识产权机构，建立健全知识产权管理制度，加强人才队伍建设，将知识产权管理贯穿生产经营全流程。2015 年 12 月 8 日，国务院国资委发布《关于全面推进法治央企建设的意见》，要求中央企业依法参与市场竞争，严格执行有关反垄断、安全生产、环境保护、节能减排、产品质量、知识产权、劳动用工等国家法律法规和市场规则，坚决杜绝违法违规行为；要加强知识产权管理，强化知识产权保护，为企业自主创新、转型升级、品牌建设提供有力支撑。

二、企业知识产权管理体系

按照我国国家标准化委员会于 2013 年 2 月 7 日发布的《企业知识产权管理规范》(GB/T 29490—2013) 的规定，体系是指相互关联或相互作用的一组要素。企业管理体系是指企业建立方针和目标并实现这些目标的体系，包括财务管理体系、人力资源管理体系，以及质量、环境、安全管理体系等。

企业知识产权管理体系是指企业建立知识产权方针和目标并实现这些目标的体系。从企业资产管理角度来看，它是企业资产管理体系的一个子体系。从企业法律管理角度来看，它是企业法务管理体系的一个子体系。

按照我国国家标准化委员会《企业知识产权管理规范》(GB/T 29490—

2013）的规定，企业知识产权管理体系由以下要素和管理环节构成：

（一）体系总体要求

1. 文件要求，包括确定知识产权方针和目标、编制知识产权手册等、形成管理记录等。

2. 文件控制等。

（二）管理职责

1. 管理承诺

最高管理者是企业知识产权的第一责任人，应通过制定知识产权方针和目标、明确管理机构及其职责权限和有效沟通、确保资源配置、组织管理评审等活动实现知识产权管理体系的有效性。

2. 知识产权方针

最高管理者应批准发布企业知识产权方针。

3. 策划

最高管理者应进行知识产权体系策划，建立知识产权目标及其考核要求。

4. 职责、权限和沟通

管理负责人：由最高管理者指定作为管理者代表建立、实施和保持知识产权管理体系，向最高管理者报告，确保全体员工理解知识产权方针和目标，落实所需各项资源，确保外部沟通有效性等。

知识产权管理机构：建立知识产权管理机构并配备专业的专职或兼职工作人员，或者委托专业的服务机构代为管理，承担制定知识产权发展规划、建立知识产权管理绩效评价体系、参与监督和考核其他管理机构、负责知识产权日常管理工作等。

内部沟通：建立内部沟通渠道，确保知识产权管理体系有效运行。

5. 管理评审

最高管理者应定期评审知识产权的适用性和有效性。

（三）知识产权管理资源配置

1. 人力资源配置

配备企业知识产权工作所需各级人才，必要时在研发/市场等关键部门配备专职/兼职知识产权工作人员管理与企业知识产权相关的各项工作，例如，开展教育和培训，在人事合同中约定知识产权权属及保密条款并在必要时约定竞业限制和补偿条款等，对新员工进行入职前知识产权背景调查，对核心知识产权员工离职时采取脱密措施（包括签署离职知识产权协议或经营限制协议等），建立知识产权激励和相应惩处机制等。

2. 基础设施

配备所需软硬件设备和办公场所。

3. 财务资源

建立财务管理中的知识产权管理，编制知识产权预算，不仅核算知识产权成本，也要核算知识产权收益。

4. 信息资源

建立信息收集渠道，进行信息筛选、分析加工和有效利用，对信息发布进行审批控制，建立和维护知识产权信息数据库。

（四）知识产权基础管理

1. 获取

制订知识产权获取计划，进行必要检索和分析，保持获取记录，保障发明创造人员的署名权。

2. 维护

建立分类管理档案并进行日常维护，进行知识产权评估，管理知识产权变更和放弃，进行分级管理。

3. 运用

管理知识产权的实施、许可、转让。

对于投融资和企业重组项目，开展知识产权尽职调查，进行风险分析和价值评估。

参与标准化工作。

参与或组建知识产权联盟。

4. 保护

开展知识产权风险管理，避免或降低侵犯他人知识产权风险，定期监控产品可能涉及他人知识产权情况并提出防范知识产权侵权和纠纷处理预案，将知识产权纳入企业风险管理体系。

处理知识产权争议，运用行政和司法途径保护知识产权，选取适宜的争议解决方式。

在涉外贸易中，调查目的地知识产权法律政策并分析可能涉及的知识产权风险，适时在目的地进行知识产权申请、登记和注册，采取相应的边境保护措施等。

5. 合同管理

加强合同中知识产权管理，进行合同法律审查。对外委托业务应签署合同并约定知识产权权属、保密等条款。在委托开发或合作开发时签署书面合同并约定知识产权权属、保密、利益分配、后续改进权属和使用等。

6. 保密

明确涉密人员、涉密信息和涉密区域，设定保密等级和接触权限，规定客户及参访人员活动范围等。

（五）实施和运行

对立项、研发、采购、生产、销售和售后等环节涉及知识产权进行管理。

（六）审核和改进

对知识产权管理体系适用性和有效性进行监控、内部审核、分析和改进。

企业建立和实施知识产权管理体系，是企业加强和完善知识产权管理的基本要求。它虽然不能杜绝，但能预防和降低企业的违规风险，同时能推动企业对其他企业和个人的知识产权侵权行为及时采取救济手段，有效维护企业自身权益和经济利益，促进企业创新和知识产权的市场化运营，充分提升企业创新能力、竞争优势和市场收益。

我国国家知识产权局办公室于2019年8月30日颁发《关于规范知识产权管理体系贯标认证工作的通知》（国知办发运字〔2019〕34号），要求各地认真贯彻落实《关于全面推行〈企业知识产权管理规范〉国家标准的指导意见》（国知发管字〔2015〕44号），加强推进国家标准《企业知识产权管理规范》（GB/T 29490—2013）的认证工作，推动更多企业开展并获得企业知识产权管理体系认证。

我国国务院《关于促进国家高新技术产业开发区高质量发展的若干意见》（国发〔2020〕7号）明确提出，支持高新技术企业发展壮大，引导国家高新区内企业进一步加大研发投入，建立健全研发和知识产权管理体系。

国务院国有资产监督管理委员会、国家知识产权局印发的《关于推进中央企业知识产权工作高质量发展的指导意见》（国发〔2020〕15号）明确要求，到2025年，基本建立适应高质量发展需要的中央企业知识产权工作体系。

三、加强企业知识产权战略管理

知识产权战略是战略主体为实现自身目标、取得竞争优势、谋求最佳绩效，通过规划、执行和评估一系列战略措施以推进与己相关的知识产权工作，发挥知识产权管理、创造、保护和运用中的正效应，遏制其负效应的总体性、根本性和规律性的策略和手段。[①] 企业知识产权战略，则是指企业为获取与保持市场竞争优势，制定和实施知识产权制度进行获取、维护、运用和保护从而谋取最佳经济效益的策略和手段。

企业知识产权的获取和保护日益成为企业参与国际市场竞争的主要非关税贸易壁垒手段，也成了中国企业走向国际市场、从事国际贸易、开展境外投资并购等的主要法律保障之一。我国企业必须加强企业知识产权的战略管理。一方面，要将企业知识产权管理提高到战略高度，成为公司战略发展的重要组成部分；另一方面，在企业战略管理中，要将企业知识产权管理作为企业战略管理的重要组成部分。

早在2006年5月下旬至6月中旬，国务院国资委组织我国部分中央企业和地方国资委远赴德国，对德国企业知识产权战略管理进行了专门考察。根据考察报告，在德国知识产权战略实施过程中，德国企业（尤其是大型企业）是推进知识产权工作的重要主体，并源于三大动力：

一是技术领先的需要。企业要想在市场竞争中占据优势、获取最大的经济效益，首先要在产品技术上取得领先优势，只有不断致力于产品研发和技术创新，才能在市场竞争中立于不败之地。

二是其产品占领市场的需要。企业需要将专利技术及时转化为现实生产

---

① 张勤、朱雪忠主编：《知识产权制度战略化问题研究》，北京大学出版社2010年版，第12页。

力，利用知识产权手段（尤其是申请专利的方式）占领市场。

三是应对竞争对手的需要。企业通过保护自身的知识产权，防止发明者把机密泄漏给竞争对手从而被竞争对手模仿。

德国企业加强知识产权战略管理，主要体现在以下几方面，值得我国企业研究和参考：

1. 明确企业知识产权战略和战略重点；
2. 加强知识产权的资金投入；
3. 加强知识产权的组织体系和管理制度建设；
4. 积极开展产学研合作研究，促进知识产权成果的产业化和市场化；
5. 重视知识产权人才队伍培养；
6. 加强知识产权的法律保护。

2008年6月5日，国务院发布《国家知识产权战略纲要》（国发〔2008〕18号），要求实施国家知识产权战略，大力提升知识产权创造、运用、保护和管理能力，有利于增强我国自主创新能力，建设创新型国家；有利于完善社会主义市场经济体制，规范市场秩序和建立诚信社会；有利于增强我国企业市场竞争力和提高国家核心竞争力；有利于扩大对外开放，实现互利共赢。

企业（尤其是大型企业）也有必要制定知识产权战略，明确企业知识产权重点，加强知识产权的资金投入，加强知识产权的组织体系和管理制度建设，并积极开展产学研合作研究，促进知识产权成果的产业化和市场化，重视知识产权人才队伍培养，加强知识产权的法律保护，推动企业技术领先和形成竞争优势，在产品市场立于不败之地。

第二章

知识产权法律合规管理

第一节 重点领域合规管理

一、知识产权是企业合规管理重点领域之一

2015年12月8日,国务院国资委发布《关于全面推进法治央企建设的意见》,要求中央企业依法参与市场竞争,严格执行有关反垄断、安全生产、环境保护、节能减排、产品质量、知识产权、劳动用工等国家法律法规和市场规则,坚决杜绝违法违规行为;要加强知识产权管理,强化知识产权保护,为企业自主创新、转型升级、品牌建设提供有力支撑。

国家发改委等七部委《企业境外经营合规管理指引》第六条和第九条要求我国企业开展对外货物和服务贸易以及境外日常经营,应确保经营活动全流程、全方位合规,全面掌握包括知识产权保护等方面的具体要求。

查询各主要欧美跨国企业的公司行为准则,它们都把加强知识产权合规管理作为公司行为准则的重要内容。

毋庸置疑,企业知识产权合规管理已然成为企业合规管理的重点领域之一。

二、重点领域合规管理的主要流程

合规风险管理是合规管理的核心内容,主要通过重点领域合规管理来实现。或者说,合规风险管理是重点领域合规管理的核心内容。

众所周知,合规管理的目的在于防范合规风险,保障企业依法合规经营。合规风险是企业及其员工违反合规义务给企业带来的法律责任、经济

损失和声誉损失的可能性。因此，识别合规风险、开展合规风险分析评价，其基础是识别重点领域须遵守和适用的合规义务。按照国际标准 ISO 37301：2021《合规管理体系 要求与使用指南》第 A.4.5 条（合规义务）的规定，组织应将合规义务作为建立、发展、实施、评估、维护和改进合规管理体系的基础。

合规义务的渊源来自合规规范，包括外法（外部法律法规、监管规则、行业准则等）、内规（章程、内部规章制度等）以及道德规范。开展重点领域合规管理的第一步工作是收集、梳理、编撰重点领域合规规范。

基于上述逻辑分析，重点领域合规管理的主要流程包括：

1. 收集、汇编重点领域使用的外部法律法规、监管规则和行业准则等，建立重点领域外法库；

2. 收集、汇编重点领域过去发生的违规案例（合规风险事件），建立重点领域违规案例库（违规案例是识别重点领域合规风险发生可能性的重要信息源）；

3. 识别重点领域合规义务，建立重点领域合规义务清单；

4. 基于重点领域合规义务清单，识别重点领域的合规风险；

5. 对企业违反重点领域合规义务的可能性以及该违反可能给企业造成损失的大小进行分析评价，建立高、中、低分等级的合规风险清单；

6. 研究提出应对整改合规风险的措施建议；

7. 制订、实施合规整改计划，并进行合规整改项目验收；

8. 制定重点领域专项合规指引。

三、重点领域合规管理的输出成果

重点领域合规管理的输出成果包括：

1. 重点领域外法库；
2. 重点领域违规案例库；
3. 重点领域合规义务清单；
4. 重点领域法律风险、合规风险清单；
6. 重点领域合规风险的应对整改措施建议及合规整改计划；
7. 重点领域专项合规指引。

四、重点领域合规管理的意义

（一）重点领域合规管理是合规管理的重点

合规管理重点领域是企业的主要业务领域、合规风险频发领域、高合规风险领域以及行政强监管领域。

国务院国资委于 2022 年 9 月 16 日在官方网站发布《中央企业合规管理办法》。第十八条要求企业针对反垄断等重点领域以及合规风险较高的业务，制定合规管理具体制度或者专项指南。

（二）重点领域法律合规管理的现实意义

国务院国资委《中央企业合规管理办法》第五条规定坚持全面覆盖原则，要求将合规要求嵌入经营管理各领域各环节，贯穿决策、执行、监督全过程，落实到各部门、各单位和全体员工。

但是，企业建立合规管理体系是个长效工程，需要三年甚至五年时间，分清主次，稳步推进，不可能一蹴而就。企业在建设合规管理体系伊始，在时间、资源不足的情况下，不可能面面俱到，必须首先突出重点领域的合规管理，加强重点领域合规风险的防范。

(三)重点领域合规管理是合规管理体系有效落地运行的必经步骤和途径

显而易见的是,企业各部门领域所须遵守和适用的法律法规及内部规章制度存在很大差别。例如,财务税收、市场交易、劳动人事、环保安全等部门领域适用的法律法规属于不同的部门法领域,其具体规定和内容存在很大差别,从而导致这些部门领域的合规风险也千差万别。

企业开展合规风险评估、建立合规风险清单,也必须按企业不同部门领域分别进行。通过开展重点领域合规风险管理,识别、建立合规风险清单,进行合规风险应对整改,制定并执行重点领域专项合规指引,促进合规管理体系首先在重点领域的有效落地运行。并以此为基础,从重点领域扩大到其他各部门领域的合规风险管理,建立企业总体外法库、合规义务库、合规风险库、各部门领域合规指引,从而实现将合规管理覆盖各部门领域以及全面合规管理体系的有效落地运行。

第二节 知识产权法律合规管理

一、知识产权法律合规管理

2021年12月,上海市浦东新区检察院和中国信息通信研究院知识产权与创新发展中心联合发布了《企业知识产权合规标准指引(试行)》。这是我国有关部门就知识产权合规管理发布的首个地方合规标准指引,对我国企业开展知识产权法律合规管理具有重要的参考作用和价值。

2022年4月20日，广东省知识产权局发布地方标准《企业知识产权国际合规管理规范》(DB44/T 2361—2022)，并于2022年7月20日实施。这是我国首个企业知识产权国际合规管理地方标准。

（一）企业知识产权合规

企业知识产权合规，包括合法与符合企业规章制度，是指企业及其员工的经营管理行为符合国家有关知识产权的法律法规、监管规定、行业准则和企业章程、规章制度以及国际条约、规则等要求。

（二）企业知识产权法律风险与合规风险

参照国家标准化管理委员会于2011年12月30日发布的《企业法律风险管理指南》(GB/T 27914—2011)，企业知识产权法律风险，是指企业基于有关知识产权法律规定或合同约定，由于企业外部环境及其变化，或者企业及其利益相关者的作为或者不作为导致的不确定性，对企业实现目标的影响。通俗地讲，企业知识产权法律风险，就是企业违反知识产权法律规定或者合同约定，给企业造成刑事追责、经济或声誉损失以及其他负面影响的可能性。企业知识产权法律风险主要包括违法法律风险、违约法律风险、侵权法律风险、怠于行使权利法律风险和不当行为法律风险。

企业知识产权合规风险，是指企业及其员工因知识产权不合规行为，引发法律责任，造成刑事追责、经济或声誉损失以及其他负面影响的可能性，主要包括违法风险、违反公司内部规章制度风险和违反道德规范风险。从知识产权的种类上划分，主要包括专利权合规风险、商标权合规风险、著作权合规风险、商业秘密合规风险等。

因此，知识产权法律风险与合规风险存在交叉：违法风险（违反知识产权法律法规给企业造成刑事追责、经济或声誉损失以及其他负面影响的可能性）既是法律风险也是合规风险。但知识产权合规风险不包括违约法律风险、侵权法律风险、怠于行使权利法律风险和不当行为法律风险。而知识产权法律风险则不包括违反企业内部规章制度合规风险和违反道德规范风险。

（三）企业知识产权法律合规管理

企业知识产权法律管理，是指以有效保护企业知识产权和防控知识产权法律风险为目的，围绕知识产权的获取、维护、运行、保护，开展知识产权法律管理的组织体系建设、开展包括知识产权的建立合规管理组织体系、制定合规管理制度、完善运行机制、培育合规文化、强化监督问责等有组织、有计划的管理活动。

企业知识产权合规管理，是指以有效防控知识产权合规风险为目的，以企业和员工经营管理行为为对象，开展包括知识产权的合规管理组织体系建设、开展包括知识产权的建立合规管理组织体系、制定合规管理制度、完善运行机制、培育合规文化、强化监督问责等有组织、有计划的管理活动。

由于知识产权法律风险、合规风险及其管理存在交叉以及很强的趋同性，企业可以对知识产权法律管理与合规管理进行整合，融合成为企业知识产权法律合规管理。

二、知识产权法律合规管理体系

（一）知识产权法律管理体系

管理体系是组织建立方针和目标以及实现这些目标的过程的相互关联或相互作用的一组要素，包括组织的结构、角色和职责、策划、运行等。企业知识产权法律管理体系就是企业建立知识产权法律管理方针和目标，以及实现这些目标的过程的相互关联或相互作用的一组要素。

我国法律、法规并无关于建立企业知识产权法律管理体系的明确规定。

2015年12月8日，国务院国资委发布《关于全面推进法治央企建设的意见》，要求中央企业全面推进法治央企建设，建立健全、完善的法治体系（又称法治工作体系），包括企业法治组织体系、制度体系、监督体系、考核评价体系等，其中蕴含了中央企业法律管理体系的基本架构和内容。企业知识产权法律管理体系是企业法律管理体系的组成部分，构成企业法律管理体系的一个子体系。大多数省、自治区、直辖市国资委也发布了全面推进本地国有企业法治建设的意见。借鉴国务院国资委《中央企业合规管理办法》规定的合规管理体系架构，将企业知识产权法律管理体系架构梳理总结如下：

企业知识产权法律管理体系架构

序号		构成要素
1		知识产权法律管理组织
2		知识产权法律管理制度
运行机制	3	知识产权法律风险管理
	4	知识产权法律管理计划与报告
	5	知识产权专业性法律事务（获取、维护、运用、保护等）
	6	知识产权违规追责
	7	知识产权法律管理有效性评价
	8	知识产权法律管理资源保障（机构、人员、费用、技术等）
	9	知识产权法律管理信息系统
10		知识产权法制文化（意识、培训、宣传等）

（二）知识产权合规管理体系

企业知识产权合规管理体系，就是指企业建立知识产权合规方针和目标以及实现这些目标所需要的相互关联的一组要素。

2022年9月16日，国务院国资委在官方网站发布《中央企业合规管理办法》，要求中央企业加快建立健全合规管理体系，并从合规管理组织与职责、合规管理制度、合规管理运行、合规文化、监督问责等方面进行了详细规定，并要求企业建立全面合规管理体系，将合规要求嵌入经营管理各领域各环节，贯穿决策、执行、监督全过程，落实到各部门、各单位和全体员工。

国际标准化组织ISO 37301：2021《合规管理体系 要求及使用指南》A.4.3条规定："确定合规管理体系的范围是组织设定合规管理体系所适用的地理或组织边界的过程。在这个过程中，组织可以自由和灵活地选择在整个组织、组织中的某个特殊单位或者特定功能领域内实施合规管理体系。基于组织所面临的合规风险的性质和程度，合规管理体系的范围应当合理并与之相称。"按照该标准，企业可以选择在知识产权领域建立合规管理体系。

按照2021年12月上海市浦东新区检察院和中国信息通信研究院知识产权与创新发展中心联合发布的《企业知识产权合规标准指引（试行）》的规定，企业知识产权合规管理体系的架构和构成要素包括：

1. 组织体系

组织保障：企业董事会、监事会、高级管理人员应当履行必要的合规管理职责，对知识产权合规计划制订与执行给予支持，确保合规部门（人员）行使职权的独立，保障资源充足（第七条）。

合规职责：企业可根据自身行业性质、经营规模等合理选择和设置知识产权合规部门或合规人员，组织、协调和监督合规管理工作（第六条）。

内部配合：企业各部门在职权范围内配合落实合规管理的日常工作，可在本部门设置合规联络员，进行合规风险信息收集和报送，配合合规部门就相关问题调查并及时整改（第八条）。

2. 制度体系

合规审查：企业应建立健全规范化的知识产权事务管理和决策流程，将知识产权合规审查作为规章制度制定、重大事项决策、重要合同签订、重大项目运营等经营管理行为的必经程序，及时对不合规的内容提出修改建议，未经合规审查不得实施（第九条）。

合规监察：企业应定期对知识产权合规体系进行合规监察，由合规管理部门人员落实实施，并形成合规监察报告（第十条）。

合规举报（第十一条）。

绩效评估（第十二条）。

不合规调查（第十三条）。

文件信息化管理：企业应建立文件信息化管理制度，确保对企业管理中形成的相关知识产权的重要过程予以记录、标识、贮存、保护、检索、保存和处置；对行政决定、司法判决、律师函等外来文件进行有效管理，确保其来源与取得时间的准确性。外来文件和记录文件应当完整，明确保管方式和保存期限。文件管理体系的载体，不限于纸质文件，也包括电子文件（第十四条）。

资源配置（第十五条）。

保密管理（第十六条）。

合规文化：企业应建立对技术人员、知识产权管理人员、全体员工分层级合规培训制度。从增强知识产权保护意识、知识产权价值观、营造崇尚创新尊重知识产权的氛围、重视知识产权宣传教育等方式进行知识产权文化的建设；结合知识产权管理制度建设和人才建设，构建有利于调动企业员工知识产权工作积极性的激励机制，树立尊重和保护知识产权的企业形象（第十七条）。

3. 运行体系

包括获取合规、维护合规、上市合规审查、涉外业务合规等。

4. 合规风险识别处置体系

识别与预警：完善合规风险收集机制，开展合规风险评估，建立合规风险清单，对有典型意义、普遍存在的以及可能造成严重后果的风险应及时发布预警（第二十三条）。

风险检查：定期开展合规风险检查，提出整改建议，落实解决方案（第二十四条）。

风险分级：企业可对所识别的知识产权合规风险分为三类：重大知识产权风险、中等知识产权风险、一般知识产权风险（第二十五条）。

风险应对（第二十六条）。

合规激励与问责机制（第二十七条）。

5. 评估体系

该指引规定的评估体系限于第三方监督评估体系，包括：

设计评估：违规风险的识别和评估，政策和程序安排，培训和沟通安排，举报和调查机制，执行和保障机构，第三方监管机制（第二十八条）。

执行评估：资源配置、职责权限、合规意识、合规管理能力、奖惩机制、文件化信息管理（第二十九条）。

质效评估：合规文化、合规目标、可持续发展能力、违规事件及其处理（第三十条）。

2022年4月，北京市大兴区人民检察院结合实际办案经验，联合北京市大兴区知识产权局、北京市大兴区工商联共同制定了《侵犯知识产权犯罪涉案企业合规整改指南》，其第三章（合规整改实施）、第四章（合规整改效果评估）规定的知识产权合规管理体系的架构包括合规章程和制度、合规组织建立、合规组织保障、合规制度宣传、合规审查、内部监察、线索调查、知识产权取得合规、知识产权维护合规、知识产权使用合规、涉外知识产权审查机制、风险预警、风险整改、风险报告、效果评估等。

广东省知识产权局于2022年4月20日发布的《企业知识产权国际合规管理规范》，遵循国际标准体例，其包括的知识产权国际合规管理体系的架构和构成要素如下：

1. 总体要求

总体要求包括组织及其环境、体系范围、基本原则和文件要求。

2. 组织管理

组织管理包括领导力和承诺、合规方针、合规目标、管理评审、职责和权限。

3. 支持保障

支持保障包括资源、能力、培训和沟通。

4. 合规风险识别

合规风险识别包括总则、重点关注、获权、维护、运用和保护。

5. 合规风险评估

合规风险评估包括风险准则、风险分析和风险评价。

6. 合规风险应对

合规风险应对包括总则、预防、发现和处理。

7. 检查和改进

检查和改进包括内部审核、不合格及纠正措施、持续改进。

该地方标准的发布，对我国知识产权的国际合规管理乃至国内合规管理都将具有积极的参考价值和推动作用。

在此，我们仍建议参照我国国资委《中央企业合规管理办法》及各省、自治区、直辖市国资委有关合规管理指引规定的合规管理体系架构和构成要素，来构建企业知识产权合规管理体系架构及构成要素。列表如下：

企业知识产权合规管理体系架构

序号		构成要素
1		知识产权合规管理组织
2		知识产权合规管理制度
运行机制	3	知识产权合规风险管理
	4	知识产权合规管理计划与报告
	5	知识产权合规审查
	6	知识产权违规整改
	7	知识产权违规举报
	8	知识产权违规追责
	9	知识产权合规管理有效性评价
	10	知识产权合规绩效考核
11		知识产权合规文化（合规意识、培训、宣传等）
12		知识产权合规管理信息化
13		监督问责
14		知识产权合规管理资源

（三）知识产权法律合规管理体系整合

2021年10月17日国务院国资委发布《关于进一步深化法治央企建设意见》，要求企业探索建立法律、合规、内控和风险管理协同运作机制，加强统筹协调，提高管理效能。

知识产权法律管理与合规管理在方针和目标、组织体系、制度体系、运行机制、管理文化、监督问责的各构成要素都存在很大的趋同性。因此，可以将知识产权法律管理体系与合规管理体系进行整合，成为知识产权法律合规管理体系。梳理总结如下：

企业知识产权法律合规管理体系架构

序号		构成要素
1		知识产权法律合规组织
2		知识产权法律合规制度
运行机制	3	知识产权法律风险与合规风险管理
	4	知识产权法律合规管理计划与报告
	5	知识产权专业性法律事务
	6	知识产权法律合规审查
	7	知识产权违规整改
	8	知识产权违规举报
	9	知识产权违规问责
	10	知识产权法律合规管理有效性评价
	11	知识产权法律合规绩效评价
12		知识产权法制合规文化
13		知识产权法律合规管理信息化
14		监督问责
15		知识产权法律合规管理资源

（四）知识产权法律合规管理体系的子体系

如上所述，按照国际标准化组织 ISO 37301：2021《合规管理体系 要求及使用指南》A.4.3 条的规定，组织可以自由灵活地选择在整个组织、组织中的某个特殊单位或者特定功能领域内实施合规管理体系。因此，企业可以选择建立一个或多个知识产权法律合规管理体系，包括商标法律合规管理体系、专利法律合规管理体系、著作权法律合规管理体系、商业秘密法律合规管理体系等。

三、知识产权法律合规管理组织

作为企业知识产权管理体系以及企业法律合规管理体系的子体系，知识产权法律合规管理组织也包括治理机构（董事会、监事会、管理层）、合规委员会、法律合规负责人、知识产权法律合规管理部门、业务部门等。

不同企业因其内外部环境、规模、经营范围等不同，其建立企业知识产权管理组织的模式也存在差异。一般来讲，企业知识产权管理组织有三种模式。

第一种模式是由企业法律事务机构（法务部）负责知识产权管理。在这种模式下，大多企业合规管理部门与法务部门合署，即由法务部门兼管合规管理。因此，企业法务部门也是知识产权的法律合规管理部门。

第二种模式是由企业研发部门负责知识产权管理（包括知识产权法律管理）。这种模式充分反映了知识产权（尤其是专利）的技术专业特性。在这种模式下，如果企业合规管理由法务部门兼管，或者设立独立的企业合规管理部门，知识产权法律管理与知识产权合规管理可能分置于不同部门，则需要充分协同联动，建立协同运作机制。

第三种模式是知识产权依其不同类别，分别由不同部门管理。专利，由于其技术专业特性，由企业研发部门负责，而其他知识产权（商标、著作权、商业秘密等）由法务部门负责。在这种模式下，企业法务部门也是知识产权中商标、著作权和商业秘密的法律合规管理部门，但专利的法律管理在另一部门。因此，就专利的法律管理、合规管理而言，企业专利管理部门与法务部门需要充分协同联动，建立协同运作机制。

关于知识产权合规管理部门的合规管理职责，上海市浦东新区检察院和中国信息通信研究院知识产权与创新发展中心联合发布的《企业知识产权合规标准指引（试行）》第六条进行了详细规定，可用作参考，即：

企业可根据自身行业性质、经营规模等合理选择和设置知识产权合规部门或合规人员，组织、协调和监督合规管理工作，在直接负责各项合规管理工作的同时为其他部门提供合规管理支持，并确保其对涉及重大合规风险事项的一票否决权。其具体工作职责主要包括：

（一）研究起草合规管理计划、制定合规管理制度，组织制定合规管理战略规划及合规管理年度报告；

（二）持续关注法律法规等规则变化，组织开展合规风险识别与预警；

（三）参与企业重大决策并提出合规建议和意见，参与企业重大事项合规审查和风险应对；

（四）参与业务部门对重要商业伙伴的合规尽调和定期评价；

（五）指导各部门合规工作落地，并提供合规咨询，组织合规认证；

（六）组织开展合规检查与考核，对制度和流程进行合规性评价，督促违规整改和持续改进；

（七）推动合规责任纳入岗位职责和员工绩效管理；

（八）建立合规绩效考核指标，监控和衡量合规绩效；

（九）建立合规举报管理体系，受理合规管理职责范围内的举报，组织或参与对举报事件的调查，并提出处理建议；

（十）组织或协助业务部门、人力资源部门开展合规培训；

（十一）其他适合由合规职能部门承担的合规管理职责。

四、知识产权法律合规管理运行机制

(一) 知识产权法律管理运行机制

知识产权法律管理运行机制包括知识产权的法律风险管理、专业性法律事务（包括法律审查）、违规问责等。

关于知识产权专业性法律事务，从知识产权管理环节和流程来划分，包括知识产权获取（包括权利申请等）、知识产权维护（包括确权、转让、许可、投资、质押等）、知识产权运用（主要涉及知识产权在企业生产经营中运用知识产权）、知识产权保护、知识产权合同、法律审查以及知识产权档案等环节的法律事务管理。

(二) 知识产权合规管理运行机制

按照我国国务院国资委《中央企业合规管理办法》的规定，合规管理运行机制包括合规风险管理、合规管理计划与报告、合规审查、违规整改、违规举报、违规追责、合规管理有效性评价、合规绩效考核等。有些省、自治区、直辖市国资委有关合规管理指引还将合规联席会议、合规咨询等纳入合规管理运行机制。

上海市浦东新区检察院和中国信息通信研究院知识产权与创新发展中心联合发布的《企业知识产权合规标准指引（试行）》从知识产权管理环节和流程方面对知识产权合规管理的运行体系进行了规定，与知识产权专业性法律事务相对应，包括知识产权的获取合规、维护合规、运用合规、上市合规审查和涉外业务合规等。

(三) 知识产权法律合规管理运行机制

结合以上对知识产权法律管理运行机制与合规管理运行机制的分析，对其进行整合，保留知识产权专业性法律事务，知识产权法律合规管理运行机制包括知识产权的法律风险与合规风险管理、计划与报告、专业性法律事务、法律合规审查、法律合规管理有效性评价与违规管理。

关于知识产权法律风险管理，请参见国家标准化管理委员会于2011年12月30日发布的《企业法律风险管理指南》（GB/T 27914—2011）。

关于知识产权专业性法律事务，详见本书后续各章节。

关于知识产权法律合规管理运行机制的合规风险管理、其他构成要素以及知识产权保障机制的各构成要素，请参见《企业合规管理体系实务指南》（第2版）（郭青红著，人民法院出版社2020年版），本文不再赘述。

五、知识产权合规义务渊源：知识产权领域法律规定和企业内部规章制度

知识产权法律合规管理的目的是防范知识产权法律风险与合规风险，保障企业依法合规经营。法律风险与合规风险管理是企业知识产权法律合规管理的核心内容。

如前文所述，企业知识产权法律风险，是指企业基于有关知识产权法律规定或合同约定，由于企业外部环境及其变化，或者企业及其利益相关者的作为或者不作为导致的不确定性对企业实现目标的影响。通俗地讲，企业知识产权法律风险，就是企业违反知识产权法律规定或者合同约定，给企业造成刑事追责、经济或声誉损失以及其他负面影响的可能性。企业知识产权法律风险主要包括违法法律风险、违约法律风险、侵权法律风险、怠于行使权利法律风险和不当行为法律风险。企业知识产权合规风险，是指企业及其员工因知识产权不合规行为，引发法律责任，造成刑事追责、经济或声誉损失以及其他负面影响的可能性，主要包括违法风险、违反公司内部规章制度风

险和违反道德规范风险。

可见，企业知识产权法律风险与合规风险，源于企业对知识产权合规义务的违反。按照国际标准 ISO 37301：2021《合规管理体系要求与使用指南》，合规义务是一个组织须强制遵守以及自愿选择遵守的要求（第 2.5 条）。按照该标准第 A.4.5 条（合规义务）规定，组织应将合规义务作为建立、发展、实施、评估、维护和改进合规管理体系的基础。组织须强制遵守之合规义务主要源自外法规定，包括法律法规、许可和授权、行政监管规则、法院判决和仲裁裁决（作者注：限于英美法系国家，在我国尚无强制遵守的法律效力）以及国际条约等。组织自愿选择遵守的合规义务主要源自和社区组织、非政府组织，政府部门之间的协议，组织内部规章制度，自愿性承诺，行业准则等。

如前文重点领域专项合规管理流程所述，知识产权法律风险与合规风险管理的第一步就是收集企业所须遵守的外法内规，进而识别企业所须遵守的合规义务，建立合规义务清单，然后开展法律风险与合规风险管理的后续流程。

从知识产权分类上划分，包括《商标法》及相关法规、《专利法》及相关法规、《著作权法》及相关法规、商业秘密保护法规、知识产权管理相关法规等。有关知识产权的外法清单，详见本书后附附录。

企业因其规模、经营范围等不同，其制定的有关知识产权的内部规章制度也存在差异。企业有关知识产权的内部规章制度通常包括：知识产权管理办法、专利管理制度、著作权管理制度、商标管理制度、商业秘密管理制度等。

企业自愿性承诺主要是企业参加的相关组织或所在行业的与知识产权相关的承诺。例如，企业参加的专利联盟、各种版权保护联盟等。

此外，我国首部企业知识产权管理国家标准《企业知识产权管理规范》（GB/T 29490—2013）、由国家知识产权局组织起草的《专利导航指南》（GB/T 39551—2020）、《电子商务平台知识产权保护管理》（GB/T 39550—2020）等都属于非强制性标准，企业可自主选择适用。

第三章
商标法律合规管理

第一节 商标概述

在商业竞争愈演愈烈的今天，商标已然成为企业重要的无形资产之一，因商标引发的商战也屡见不鲜。商标之于企业，已不仅仅是一个简单的外在商业标记，其功能也突破了区分不同商品或服务来源这一基本功能，还同时兼具品质、商誉保证和广告宣传的功能。而且，在个性化竞争之下，商标也越来越具有彰显企业个性的功能。

依照《商标法》（2019年修正）第八条规定，任何能够将自然人、法人或者其他组织的商品与他人的商品区别开的标志，包括文字、图形、字母、数字、三维标志、颜色组合和声音等以及上述要素的组合，均可以作为商标申请注册。

但是也应当认识到，在法律层面，商标是特定商业标识与特定商品或服务之间的联系，而不是商业标识本身。因此，法律意义上所称的商标及其保护，是为了保护商标权利人经过苦心经营而建立起来的自身与其商标的唯一联系，而不是为了保护商标本身。实践中，有些商标会因为演化为某一商品通用名称而失去识别功能，从而失去与其原始权利人的联系，导致原始商标成为公有领域的资源。进一步而言，商标保护不仅包括以损害识别功能为基础的制止混淆保护，也包括以损害广告功能、商誉承载功能为基础的反淡化保护。

一、商标权的取得

对企业而言，取得注册商标的主要方式即依据《商标法》所规定的申请要件及程序进行商标注册。由于《商标法》对商标注册设置了一定的要求，一些不具有显著性的标志或者标志的内容因违反法律的禁止性规定或损害特定民事主体的利益而不可注册。因此，在商标设计及提交申请阶段建议进行相同或近似商标的检索，或征求专业人士建议，以提高商标注册效率。

除了通过注册方式取得注册商标，企业也可以通过受让他人已取得注册的商标而取得对受让商标的专用权。另外，商标本身并非只有经过注册才能称为商标，即使有些商标未经过注册，但只要其已经在商业活动中具有了识别某种商标/服务来源的功能，则商标的使用者同样能取得商标权，只是在通过注册获得许可前不得标记为注册商标。实践中，这一类商标称为"有一定影响力的商标"，且通常已经具有了驰名商标的某些特征。唯其如此，《商标法》第十三条第二款才会规定："就相同或者类似商品申请注册的商标是复制、摹仿或者翻译他人未在中国注册的驰名商标，容易导致混淆的，不予注册并禁止使用。"同理，《商标法》第三十二条也规定："申请商标注册不得损害他人现有的在先权利，也不得以不正当手段抢先注册他人已经使用并有一定影响的商标。"

上述商标权的取得指的是商标所有权层面的取得。实际上，企业对商标的占有使用，也可依授权取得一定范围内的使用权而使用他人注册商标。实务中，通常有独占许可、排他许可及普通许可三种授权类型。三者的具体区分可参见下表：

序号	许可类型	是否可以使用注册商标		说明
		许可方	被许可方	
1	独占使用许可	×	√	—
2	排他使用许可	√	√	权利人不得再许可他人使用
3	普通使用许可	√	√	权利人还可以许可他人使用

但需要说明的是，对于仅取得注册商标使用权的被许可方而言，由于注册商标所有权归属于他人，在商标许可期限届满后，许可方与被许可方常常会对因被许可方实际持续使用而产生的外溢于商标权的商誉权益产生争议。如王老吉与加多宝商标争议案件以及红牛商标争议案件等均是如此。因此，如何在商标许可合作中处理该等争议应当引起重视，力求在相关许可协议中作出有效安排。

二、商标专用权及其权利范围

权利人取得一项商标，即意味着取得了控制他人在特定范围内使用该注册商标的权利——注册商标专用权。这一权利包含两部分内容，即专有使用权和禁用权，且禁用权的范围要大于专有使用权。

依据《商标法》第五十六条的规定，注册商标的专用权，以核准注册的商标和核定使用的商品为限。"核准注册的商标"和"核定使用的商品/服务"共同限定了商标专用权的范围，在这一范围内，他人未经权利人许可不得在相同商品/服务上使用与注册商标相同的商标，且并不考虑混淆因素。此外，禁用权还包括商标权人或者未注册驰名商标持有人有权禁止他人未经许可在相同商品/服务上使用近似商标，或者在类似商品/服务上使用相同或近似商标等容易导致混淆的行为；以及有权禁止他人采用其他不正当手段损害其注册商标声誉等行为。若注册商标构成驰名商标的，商标权人还有权禁止他人在不相同或者不相类似的商品或服务上使用与其注册商标相同或者近似的商标，误导公众，致使该商标权人利益可能受到损害的行为。

另外，就商标权保护范围，应当及于全国范围的相关领域。虽然有些服务类注册商标提供的服务项目具有一定的地域性特点，其相关服务及影响力可能未及全国范围，但并不意味着该注册商标的保护范围仅能覆盖至商标权人提供的服务项目所在区域。

不过，也应当破除一种片面理解商标权的行为，即错误认为商标权是对自身商标标识要素本身的绝对垄断，一旦获得商标注册便可以"禁令一切"。在特定情形下，注册商标权利人享有的权利与社会公共利益或他人合法权益产生冲突时，为了协调商标权利人与社会公众利益及他人合法权益之间的平衡关系，法律对商标权的行使和保护范围势必要作出必要的限制。

三、恶意商标注册申请的禁止

2020年年初新冠肺炎疫情肆虐之际，火神山医院及雷神山医院的建设成为疫情防控期间全社会舆论关注焦点。但与此同时，部分企业竟然将"火神山""雷神山"等作为商标提出注册申请，引发舆论关注。国家知识产权局迅速采取有效措施，对进入实质审查阶段的与疫情相关的"火神山""雷神山""钟南山"等恶意商标注册申请，依法作出了驳回决定。事后，个别知识产权代理机构也因此被市场监管部门依据《商标法》第六十八条处以了顶格罚款10万元的行政处罚。

随后，国家知识产权局发布了《关于严厉打击与新冠肺炎疫情相关非正常商标申请代理行为的通知》，要求加大对代理与疫情防控相关非正常商标申请行为的监控排查力度，依法严厉打击与疫情相关的恶意商标注册申请行为。

实际上，在此之前，国家市场监督管理总局发布了《规范商标申请注册行为若干规定》(自2019年12月1日起施行)，明确就规范商标申请注册行为，规制恶意商标申请等提出了具体要求。在法律责任方面，明确规定：对恶意申请商标注册的申请人，由申请人所在地或者违法行为发生地县级以上市场监督管理部门根据情节给予警告、罚款等行政处罚。有违法所得的，可以处违法所得三倍最高不超过三万元的罚款；没有违法所得的，可以处一万元以下的罚款。对恶意申请商标注册的商标代理机构，由行为人所在地或者违法行为发生地县级以上市场监督管理部门责令限期改正，给予警告，处一万元以上十万元以下的罚款；对直接负责的主管人员和其他直接责任人员给予警告，处五千元以上五万元以下的罚款。情节严重的，知识产权管理部门可以决定停止受理该商标代理机构办理商标代理业务。

2021年7月30日，国家市场监督管理总局发布《市场监督管理严重违法失信名单管理办法》（国家市场监督管理总局令第44号，自2021年9月1日起施行），按照该办法第二条的规定，当事人违反法律、行政法规，性质恶劣、情节严重、社会危害较大，受到市场监督管理部门较重行政处罚的，由市场监督管理部门依照本办法规定列入严重违法失信名单，通过国家企业信用信息公示系统公示，并实施相应管理措施。按照第九条的规定，实施故意侵犯知识产权；提交非正常专利申请、恶意商标注册申请损害社会公共利益；从事严重违法专利、商标代理行为的，且属于第二条规定情形的，列入严重违法失信名单。

诚信原则本身即属于商标注册和使用的基本原则之一。《商标法》不仅明文规定不以使用为目的的恶意商标注册申请，应当予以驳回，而且明确规定有害于社会主义道德风尚或者有其他不良影响的标志不得注册为商标。进一步而言，即使是注册成功的商标，在司法程序中因对方提出异议或经法院审查认为确系违反诚信原则，恶意注册商标，并借用司法资源以商标权谋取不正当利益的，依法不予保护。

因此，从商标合规注册的角度，企业应当树立诚信意识，不得从事不以使用为目的、囤积商标以期牟利的恶意注册行为，也应避免不切实际恶意蹭热点的商标抢注或者为追求标新立异而申请注册有悖社会公序良俗或含有低俗含义的标志作为商标使用。商标代理机构则应当发挥其作为专业机构的预审职责，对于企业提出的商标注册给予合规建议。

第二节　商标领域主要法律法规

国务院国资委《中央企业合规管理办法》将合规中的"规"明确为国家法律法规、党内法规制度（中央企业、国有企业）、监管规定、行业准则和国际条约、规则，以及公司章程、相关规章制度等。

具体到商标领域，核心的法律即为《商标法》、行政法规为《商标法实施条例》。最高人民法院为处理商标侵权争议等，也颁布了一些相关司法解释。另外，为规范商标注册申请，国家市场监督管理总局、国家知识产权局等职能部门出台了相关规范及指引等。这些法律、法规、司法解释、规范等构成了我国较为完整的商标法律体系。现梳理如下：

体系	规范名称	主要内容
法律	《商标法》	明确了商标的申请、审查与核准、续展、变更、转让、使用许可、无效宣告、商标使用的管理、注册商标专用权的保护等
	《民法典》	明确了商标是民事主体依法享有的知识产权之一，商标可用于出质及知识产权质权的设立等
	《刑法》	明确了假冒注册商标罪，销售假冒注册商标的商品罪，非法制造、销售非法制造的注册商标标识罪等侵犯知识产权罪的情形及罚则等
行政法规	《商标法实施条例》	细化了《商标法》中关于商标注册申请的审查、注册商标的变更、转让、续展、商标国际注册、商标评审等规定
司法解释	《最高人民法院关于审理商标授权确权行政案件若干问题的规定》	明确了各类商标授权确权行政案件标准

续表

体系	规范名称	主要内容
司法解释	《最高人民法院关于审理涉及驰名商标保护的民事纠纷案件应用法律若干问题的解释》	明确了驰名商标案件的类型、审理标准等内容
	《最高人民法院关于审理注册商标、企业名称与在先权利冲突的民事纠纷案件若干问题的规定》	明确了审理注册商标、企业名称与在先权利冲突案件的类型等
	《最高人民法院关于审理商标民事纠纷案件适用法律若干问题的解释》	明确了审理商标民事纠纷案件若干问题的标准
	《最高人民法院关于审理商标案件有关管辖和法律适用范围问题的解释》	明确了商标案件的管辖等问题
	《最高人民法院关于人民法院对注册商标权进行财产保全的解释》	明确了法院对注册商标进行保全的流程等
其他	《驰名商标认定和保护规定》	原国家工商行政管理总局明确了商标局、商标评审委员会等行政机关，在工作中对驰名商标认定及保护的标准等
	《国家知识产权局关于加强查处商标违法案件中驰名商标保护相关工作的通知》	明确了机构改革后，相关知识产权管理部门加强查处商标违法案件中驰名商标保护的法定权限、查办时间等内容
	《国家工商局、商标局关于申请认定驰名商标若干问题的通知》	明确了企业申请认定驰名商标的条件、材料、流程等内容
	《国家知识产权局关于〈注册商标专用权质押登记程序规定〉的公告》	明确了办理注册商标专用权质押登记的主体、办理材料、质押合同内容、商标局不予办理质权登记的情况等内容
	《规范商标申请注册行为若干规定》	明确了商标申请行为需要注意的规范
	《商标使用许可合同备案办法》	明确了商标使用许可的许可形式要件、商标使用许可合同的内容、商标使用许可合同备案的材料、流程等内容

续表

体系	规范名称	主要内容
其他	《国家工商行政管理总局关于如何处理商标专用权与外观设计专利权冲突问题的批复》	明确了处理商标专用权与外观设计专利权冲突问题的内容
	《国家知识产权局关于印发〈商标侵权判断标准〉的通知》	明确了商标执法相关部门在处理、查处商标侵权案件时适用的标准

第三节 企业商标管理制度

知识产权属于企业的无形资产之一，企业有必要就知识产权管理制定相应的规章制度，作为知识产权依法合规管理的制度保障。

2021年10月17日，国务院国资委发布《关于进一步深化法治央企建设意见》，要求加强知识产权管理，完善专利、商标、商号、商业秘密等保护制度，坚决打击侵权行为，切实维护企业无形资产安全和合法权益。

商标管理是企业知识产权管理的重要内容，商标管理制度构成企业知识产权管理制度的重要组成部分，是企业知识产权合规义务的重要渊源。企业应当根据自身产品和经营的实际情况，及时将我国有关商标管理的法律法规转化为企业内部规章制度，结合公司管理制度构建完整的商标管理制度，切实加强商标的获取、维护、运用、保护以及合同管理等。

企业商标管理制度的具体内容应包括：及时申请注册/续展商标、规范实施许可和转让、商标规范使用、商标保护及侵权预防等。

一、及时申请注册/续展商标

自然人、法人或者其他组织在生产经营活动中，对其商品或者服务需要取得商标专用权的，应当向商标局申请商标注册。企业在经营期间，应当由法务部门牵头统筹，根据公司经营需要，及时将企业标识、品牌标识等申请注册商标，避免相关标识被他人抢注商标。实践中，很多企业在品牌运营一段时间后才想起注册商标，结果注册时发现他人已经抢先注册，最终不得不从他人处回购商标或被迫另起炉灶。

另外，注册商标的有效期为十年，自核准注册之日起计算。注册商标有效期满，需要继续使用的，商标注册人应当在期满前十二个月内按照规定办理续展手续；在此期间未能办理的，可以给予六个月的宽展期。每次续展注册的有效期为十年，自该商标上一届有效期满次日起计算。期满未办理续展手续的，注销其注册商标。因此，企业应当建立相应制度保障，由专人负责商标续展事宜。

二、规范实施许可和转让

商标许可和转让在企业经营过程中非常普遍，如何合法有效地进行许可和转让，有必要依靠完整的规章制度进行规范。

就许可规范而言，依据《商标法》第四十三条之规定，商标注册人可以通过签订商标使用许可合同，许可他人使用其注册商标。许可人应当监督被许可人使用其注册商标的商品质量。被许可人应当保证使用该注册商标的商品质量。经许可使用他人注册商标的，必须在使用该注册商标的商品上标明被许可人的名称和商品产地。许可他人使用其注册商标的，许可人应当将其商标使用许可报商标局备案，由商标局公告。商标使用许可未经备案不得对抗善意第三人。

就转让规范而言，依据《商标法》第四十二条之规定，转让注册商标的，转让人和受让人应当签订转让协议，并共同向商标局提出申请。受让人应当保证使用该注册商标的商品质量。转让注册商标的，商标注册人对其在同一种商品上注册的近似的商标，或者在类似商品上注册的相同或者近似的商标，应当一并转让。对容易导致混淆或者有其他不良影响的转让，商标局不予核准，书面通知申请人并说明理由。

总之，企业在进行商标许可和转让时，一份完备的书面协议及相关备案流程均是必不可少的。

三、商标规范使用

《商标法》明确规定，不以使用为目的的恶意商标注册申请，应当予以驳回。而商标的规范使用，更是一个重要的合规义务。企业在构建商标合规管理制度时，商标规范使用当属核心内容之一，不仅企业内部各业务部门及员工要规范使用，涉及使用企业标识的经销商以及广告合作商等，也应当规范使用。

具体合规义务可参见本章第五节商标领域主要合规义务。

四、商标保护及侵权预防

企业在日常经营管理中，一方面，要有商标保护意识，在规范使用自身合法注册商标的同时，也要对侵犯自身商标权益的行为及时进行维权，如对与自身商标相同或近似的商标注册要及时提出异议、撤销；对各种侵犯企业商标权益的侵权行为及不正当竞争行为向市场监督管理部门进行投诉或向人民法院起诉等;另一方面,企业自身应当注意防范,避免因自身经营行为侵犯他人商标权益,摒弃"搭便车"或攀附他人商标商誉的行为。

基于此,企业在构建商标合规管理制度时,必须考虑制定相应的合规风险管理制度,具体包括风险评估、应对整改、监测预警、监督检查、沟通协调、持续改进等,另外,企业内部,要就该等制度的落实建立完善的合规风险管理组织、确定负责人员的职责分工、协调合作等机制。

第四节　商标领域的典型违规案例

商标领域典型的违规案例,是识别企业商标法律风险与合规风险的重要信息源。企业开展和加强商标法律合规管理,需要收集、整理、总结商标领域典型的违规案例,为识别商标领域的法律风险与合规风险提供外部信息来源。本节我们整理了如下典型违规案例,供参考。

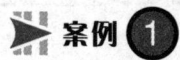

西安某公司恶意抢注"雷神山""火神山"商标案

2020年4月,西安市长安区市场监督管理局就西安某创业咨询服务有限责任公司涉嫌恶意抢注"雷神山""火神山"商标一案,作出行政处罚决定书,处以警告和罚款6000元。

经行政执法人员通过对当事人现场核查、询问调查和取证,发现西安某创业咨询服务有限责任公司于2020年2月20日向国家知识产权局申请注册"雷神山"商标,申请编号:44121863和"火神山"商标,申请编号:44114367,但均被国家知识产权局驳回。且在案件调查取证过程中，当事人明确表示自己目前并没有产品来使用其申请注册的"火神山""雷神山"商标。基于此，西安市长安区市场监督管理局认为，"火神山、雷神山"是武汉火神山医院、武汉雷神山医院的名称，是臆造词，具有较高的独创性和显著性，自2020年1月23日、25日，武汉火神山医院、雷神山医院分别被确定建立，就得到了大量媒体的报道，成为社会舆论的焦点，具有较大的知名度和影响力，故武汉火神山医院、雷神山医院拥有"火神山""雷神山"字号权在先的权利，并且由于其拥有较高的知名度和影响力，"火神山""雷神山"的保护范围较一般字号权更大。当事人将"雷神山"和"火神山"作为商标注册申请，损害了武汉火神山医院、雷神山医院的在先权利，易造成重大社会不良影响，当事人的行为违反了《商标法》第三十二条"申请商标注册不得损害他人现有的在先权利，也不得以不正当手段抢先注册他人已经使用并有一定影响的商标"及《规范商标申请注册行为若干规定》第三条第四款"属于商标法第三十二条规定，损害他人现有的在先权利或者以不正当手段抢先注册他人已经使用并有一定影响的商标的"之规定，损害他人现有商标在先权利，构成了恶意申请商标行为。

启示：企业申请注册商标，应遵守我国《商标法》的规定，不得损害他人在先权利，以不正当手段抢注他人已使用的有一定影响的商标。在法律合规领域，上述案例中的商标抢注人违反了我国《商标法》规定，也违反了道德规范，构成商标法律合规领域典型的违规案例。

案例 2

路虎公司诉奋力公司侵害商标权纠纷案[(2017)粤民终633号]

捷豹路虎有限公司（Jaguar Land Rover Limited）的关联公司先后于1996年、2004年和2005年在中国境内申请注册了第3514202号"路虎"商标、第4309460号"LAND ROVER"等商标，核定使用在第12类"陆地机动车辆"等商品上，具有较高知名度，后转让到路虎公司名下。

广州市奋力食品有限公司（以下简称奋力公司）在其网站、实体店中宣传销售其"路虎维生素饮料"，相关产品、包装盒及网页宣传上使用的被诉标识包括"路虎""LAND ROVER""Land rover 路虎"及上下排列的"路虎 Land Rover"等。奋力公司曾于2010年在第30类"非医用营养液"和第32类"不含酒精的饮料"等商品上申请注册"路虎LAND ROVER"商标，均被商标行政部门不予核准注册或驳回复审。

路虎公司遂提起诉讼，请求法院判令奋力公司立即停止其商标侵权行为，并赔偿侵权损失共计人民币200万元以及为制止侵权行为而支付的合理费用等。法院审理认定：奋力公司并非被诉标识的善意使用者，除了本案所涉被诉标识之外，还申请注册了大量与其他名人和知名企业称谓相同的商标，其利用我国商标注册制度囤积和不当使用商标的主观恶意明显。奋力公司不仅无法对其使用被诉标识的行为作出合理解释，反而以其使用的商标曾经获得授权、申请商标注册并不违法为由坚称不侵权，其利用合法形式来掩盖侵权实质行为的主观恶意明显，严重有违诚信原则，应予制止。

 **案例 3**

MLGB 商标被撤销案[（2018）京行终 137 号]

上海俊客贸易有限公司于 2011 年 12 月 28 日取得"MLGB"商标，核准注册在第 25 类服装、婚纱、领带等商品上。2015 年 10 月，姚某向商标评审委员会提起注册商标无效宣告申请。主要理由为争议商标容易让人想到不文明用语，作为商标使用在服装、帽子等商品上，有害于社会主义道德风尚，具有不良影响。因不服商标评审委员会裁定商标无效，上海俊客贸易有限公司向北京知识产权法院提起行政诉讼。

本案经二审，北京高级人民法院认为，争议商标注册在第 25 类商品上属于 2001 年《商标法》第十条第一款第八项规定的有害于社会主义道德风尚的情形，应予宣告无效。

主要理由是：本案中争议商标由字母"MLGB"构成，虽然该字母并非固定的外文词汇，但是结合姚某在行政审查阶段提交的部分形成于争议商标申请注册日前的相关网页截图，以及考虑到我国网络用户数量规模之大、网络与社会公众生活密切相关等因素，在网络环境下已经存在特定群体对"MLGB"指代为具有不良影响含义的情形下，为了积极净化网络环境、引导青年一代树立积极向上的主流文化和价值观，制止以"擦边球"方式迎合"三俗"行为，发挥司法对主流文化意识传承和价值观引导的职责作用，应认定争议商标本身存在含义消极、格调不高的情形。同时，考虑到虽然上海俊客公司在使用争议商标时，与英文表达一并使用，但其在申请争议商标的同时，还申请了"caonima"等商标，故其以媚俗的方式迎合不良文化倾向的意图比较明显，在实际使用过程中存在对争议商标进行低俗、恶俗商业宣传的情形。因此，综合在案情形，最终认定争议商标的注册违反2001年《商标法》第十条第一款第八项规定。

启示：企业注册和使用商标，不得违反我国《商标法》规定，还应尊重道德规范和公序良俗。上述案例中，商标申请人既违反我国《商标法》，也违反了道德规范，是商标法律合规领域典型的违规案例。

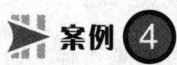 案例 ④

"新华字典"商标侵权案 [（2016）京73民初277号]

自1957年起，商务印书馆有限公司（以下简称商务印书馆）连续出版《新华字典》通行版本。2010~2015年，商务印书馆出版的《新华字典》在字典类图书市场的平均占有率超过50%。截至2016年，商务印书馆出版的《新华字典》全球发行量超过5.67亿册，获得"最受欢迎的字典"等多项荣誉。

商务印书馆诉称华语教学出版社有限责任公司（以下简称华语出版社）生产、销售"新华字典"辞书的行为侵害了商务印书馆"新华字典"未注册驰名商标，且华语出版社使用商务印书馆《新华字典》（第11版）知名商品特有包装装潢的行为已构成不正当竞争，请求法院判令其立即停止侵害商标权及不正当竞争行为、消除影响并赔偿经济损失。

北京知识产权法院审理认为，"新华字典"具有特定的历史起源、发展过程和长期唯一的提供主体以及客观的市场格局，保持着产品和品牌混合属性的商品名称，已经在相关消费者中形成了稳定的认知联系，具有指示商品来源的意义和作用，具备商标的显著特征。"新华字典"已经在全国范围内被相关公众广为知晓，已经获得了较大的影响力和较高的知名度，可以认定"新华字典"为未注册驰名商标。华语出版社在字典上使用"新华字典"构成复制他人未注册驰名商标的侵权行为。《新华字典》(第11版)使用的装潢所体现的文字、图案、色彩及其排列组合具有识别和区分商品来源的作用，具备特有性。华语出版社在辞典商品上使用相近似的装潢设计，足以使相关公众对商品来源产生混淆、误认，构成《反不正当竞争法》第五条第二项规定的不正当竞争行为。北京知识产权法院遂判决华语出版社立即停止侵权行为、消除影响并赔偿商务印书馆经济损失300万元及合理支出27万余元。

第五节 商标领域法律风险、合规风险及主要法律合规义务

在企业合规管理越发重要的今天，商标合规作为一个专项业务领域，具有较强的研究价值，对于提升企业产品品质及企业形象也具有不可替代的积极意义。

一、商标合规管理

除了满足企业合规所要求的合规管理体系、制度制定、合规审查、风险识别与应对、责任追究、考核评价、品牌建设等要求之外，商标合规也有其自身的管理特点。

基于上文商标概述提及的内容，商标的合规管理贯穿商标的取得、使用、保护全流程。

从商标取得方面来看，商标合规包括商标设计合规、注册管理合规以及受让商标管理合规。

从商标使用方面来看，商标合规包括规范使用合规、反商标淡化管理合规、驰名商标认证及管理合规以及预防商标侵权合规管理。

从商标保护方面来看，商标合规包括预防商标注册合规、商标风险监测合规及处置合规。

二、商标领域法律风险与合规风险

商标法律合规管理的主要目的是防范商标领域的法律风险与合规风险。

（一）商标领域的法律风险

商标领域的法律风险包括：

1.违反《商标法》等法律法规的违法法律风险。如前文第四节所列案例1、案例2和案例4。

2.违反涉及商标之合同约定的违约风险，如超越许可产品范围、许可使用期限或许可使用地域使用许可人的许可商标、擅自变更许可人的商标图案规范等。

3.商标侵权风险，如未经许可擅自使用他人商标或者与他人注册商标类似的商标。如前文第四节案例2、案例4。

4.企业怠于保护商标的怠于行使权利风险，主要表现为企业发生商标被抢注、未经许可被使用或者许可商标为违约使用时，企业未能及时通过行政和司法手段维权。

5.商标领域的不当行为风险。如前文第四节案例1、案例4。

（二）商标领域的合规风险

商标领域的合规风险包括：

1.违反《商标法》等法律法规的违法法律风险

如前文第四节所列案例1、案例2和案例4。这一合规风险，与商标领域的法律风险交叉重叠。

2.违反企业内部商标管理规章制度的风险

企业内部商标管理规章制度的主要内容，系来源于将我国《商标法》等法律法规转化为企业内部规章制度。因此，大多对企业有关商标管理内部规章制度的违反，同时构成违法法律风险。此外，企业关于商标设计规范、许可使用规范、商标权保护规范等，系企业内部有关商标特有的规章制度。对其违反，构成商标领域的违规风险。

3.违反道德规范风险

如前文第四节案例1、案例3，即构成违法法律风险，同时也违反公序良俗，构成违反道德规范风险。

三、商标领域主要法律合规义务

法律风险是企业违反法律义务给公司造成法律责任、经济损失和声誉损失的可能性。合规风险是企业违反合规义务（包括法律义务）给公司造成法律责任、经济损失和声誉损失的可能性。因此，企业开展商标领域法律风险与合规风险管理，识别法律风险与合规风险，制定法律风险与合规风险清单，采取风险应对和监测预警措施，其基础是识别企业在商标领域所须遵守的合规义务。

根据前文第二节所列商标领域主要法律法规,我们梳理出企业在商标领域所须遵守的主要法律合规义务。

企业需要根据本身业务、产品特点和经营地域等,收集完整的商标领域法律法规、建立商标领域外法库;充分识别合规义务,建立商标领域合规义务清单。

企业应当密切关注国家法律法规的立改废,及时修正本企业商标领域外法库,及时进行合规义务再识别、修正商标领域合规义务清单。

企业商标领域主要法律合规义务

序号	合规规范名称	合规义务内容	条款内容简要说明
1	《商标法》	商标应当注册取得	《商标法》第4条 对商品或者服务需要取得商标专用权的,应当向商标局申请商标注册
2	《商标法》《烟草专卖法》	特殊商品必须申请注册商标	《商标法》第6条、《烟草专卖法》第19条 卷烟、雪茄烟和有包装的烟丝必须申请商标注册,未经核准注册的,不得在市场销售
3	《商标法》	商标申请应当遵循实信原则	《商标法》第4条、第7条、第27条、第32条 ①不以使用为目的的恶意商标注册申请,应予以驳回; ②商标使用人应当对其使用商标的商品质量负责; ③为申请商标注册所申报的事项和所提供的材料应当真实、准确、完整; ④申请商标注册不得损害他人现有的在先权利,也不得以不正当手段抢先注册他人已经使用并有一定影响的商标
4	《商标法》	申请商标不得侵犯他人在先合法权利	《商标法》第9条 申请商标,不得与他人在先取得的合法权利如商标权、著作权、姓名权、企业名称、肖像权、域名等相冲突

续表

序号	合规规范名称	合规义务内容	条款内容简要说明
5	《商标法》	商标的标识应当合法合规，具有显著性，不得使用同中华人民共和国国家名称、国旗、外国国家名称、国旗、国徽等相同或近似的标识，不得带有欺骗性等标识	《商标法》第10条、《商标法》第11条、《商标法》第12条 ①同中华人民共和国的国家名称、国旗、国徽、国歌、军旗、军徽、军歌、勋章等相同或者近似的，以及同中央国家机关的名称、标志、所在地特定地点的名称或者标志性建筑物的名称、图形相同的等标识不得作为商标使用； ②仅有本商品的通用名称、图形、型号的，仅直接表示商品的质量、主要原料、功能、用途、重量、数量及其他特点等缺乏显著性的标识不得作为商标注册； ③以三维标志申请注册商标的，仅由商品自身的性质产生的形状、为获得技术效果而需有的商品形状或者使商品具有实质性价值的形状，不得注册
6	《商标法》	申请商标不得侵犯他人驰名商标	《商标法》第13条 就相同或者类似商品申请注册的商标是复制、摹仿或者翻译他人未在中国注册的驰名商标，容易导致混淆的，不予注册并禁止使用。就不相同或者不相类似商品申请注册的商标是复制、摹仿或者翻译他人已经在中国注册的驰名商标，误导公众，致使该驰名商标注册人的利益可能受到损害的，不予注册并禁止使用
7	《商标法》	驰名商标宣传禁止	《商标法》第14条 生产、经营者不得将"驰名商标"字样用于商品、商品包装或者容器上，或者用于广告宣传、展览以及其他商业活动中
8	《商标法》	地理标志商标产品应来源于该标志所标示地区	《商标法》第16条 商标中有商品的地理标志，而该商品并非来源于该标志所标示的地区，误导公众的，不予注册并禁止使用（已经善意取得注册的除外）
9	《商标法》	商标应当限定在核定使用范围上的商品或服务	《商标法》第23条 注册商标需要在核定使用范围之外的商品上取得商标专用权的，应当另行提出注册申请

续表

序号	合规规范名称	合规义务内容	条款内容简要说明
10	《商标法》	商标申请应遵守先申请原则	《商标法》第31条 两个或者两个以上的申请人，在同一种商品或者类似商品上，以相同或者近似的商标申请注册的，初步审定并公告申请在先的商标
11	《商标法》	商标到期后应按时进行续展	《商标法》第39条、第40条 ①注册商标的有效期为十年，自核准注册之日起计算。 ②注册商标有效期满，应在期满前十二个月内办理续展手续，每次续展注册的有效期为十年
12	《商标法》《商标法实施条例》	商标变更（名义、地址）时应当向商标局提出变更申请，并且变更商标注册人名义或者地址的，商标注册人应当将其全部注册商标一并变更	《商标法》第41条、《商标法实施条例》第17条、《商标法实施条例》第30条 ①注册商标需要变更注册人的名义、地址或者其他注册事项的，应当提出变更申请。 ②变更商标注册人名义、地址或者其他注册事项的，应当向商标局提交变更申请书。变更商标注册人名义的，还应当提交有关登记机关出具的变更证明文件。商标局核准的，发给商标注册人相应证明，并予以公告；不予核准的，应当书面通知申请人并说明理由。变更商标注册人名义或者地址的，商标注册人应当将其全部注册商标一并变更
13	《商标法》	商标转让	《商标法》第42条 ①转让注册商标的，转让人和受让人应当签订转让协议，并共同向商标局提出申请。受让人应当保证使用该注册商标的商品质量。 ②转让注册商标的，商标注册人对其在同一种商品上注册的近似的商标，或者在类似商品上注册的相同或者近似的商标，应当一并转让
14	《商标法》《最高人民法院关于审理商标民事纠纷案件适用法律若干问题的解释》	许可他人使用注册商标时，商标注册人需要将其商标使用许可报商标局备案，或需要对备案是否影响合同的效力进行约定	《商标法》第43条、《最高人民法院关于审理商标民事纠纷案件适用法律若干问题的解释》第19条 ①许可他人使用其注册商标的，许可人应当将其商标使用许可报商标局备案，由商标局公告。 ②商标使用许可合同未经备案的，不影响该许可合同的效力，但当事人另有约定的除外

续表

序号	合规规范名称	合规义务内容	条款内容简要说明
15	《商标法》《商标法实施条例》	使用他人注册商标的，须在使用该注册商标的商品上标明被许可人的名称和商品产地	《商标法》第43条 经许可使用他人注册商标的，必须在使用该注册商标的商品上标明被许可人的名称和商品产地
16	《商标法》	在使用注册商标的过程中，应当规范使用	《商标法》第49条 商标注册人在使用注册商标的过程中，自行改变注册商标、注册人名义、地址或者其他注册事项的，由地方工商行政管理部门责令限期改正；期满不改正的，由商标局撤销其注册商标
17	《商标法》	在使用商标时应当符合法律的规定，不得有侵犯注册商标专用权的行为	《商标法》第57条、《商标法实施条例》第75条、第76条 ①未经商标注册人的许可，在同一种商品上使用与其注册商标或未注册驰名商标相同的商标的； ②未经商标注册人的许可，在同一种商品上使用与其注册商标或未注册驰名商标近似的商标，或者在类似商品上使用与其注册商标或未注册驰名商标相同或者近似的商标，容易导致混淆的； ③自行改变注册商标或者将多件注册商标组合使用，与他人在同一种商品或者服务上的注册商标相同或构成近似、容易导致混淆的； ④未经商标注册人的许可，在同一种商品或类似商品上将与他人注册商标相同或者近似的标志作为商品名称或者商品装潢使用，误导公众的； ⑤销售侵犯注册商标专用权的商品的； ⑥伪造、擅自制造他人注册商标标识或者销售伪造、擅自制造的注册商标标识的； ⑦未经商标注册人同意，更换其注册商标并将更换商标的商品又投入市场的； ⑧故意为侵犯他人商标专用权行为提供便利条件，帮助他人实施侵犯商标专用权行为的； ⑨给他人的注册商标专用权造成其他损害的，如将与他人注册商标相同或者相近似的文字作为企业的字号在相同或者类似商品上突出使用，容易使相关公众产生误认的；将与他人注册商标相同或者相近似的文字注册为域名，并且通过该域名进行相关商品交易的电子商务，容易使相关公众产生误认的

续表

序号	合规规范名称	合规义务内容	条款内容简要说明
18	《商标法》《反不正当竞争法》	在使用商标中要有合理界限，不得进行不正当竞争	《商标法》第58条、《反不正当竞争法》第6条 不得将他人注册商标、未注册的驰名商标作为企业名称中的字号使用，误导公众
19	《商标法》	假冒注册商标的商品应予以销毁	《商标法》第63条 假冒注册商标的商品不得在仅去除假冒注册商标后进入商业渠道
20	《商标印制管理办法》	商标印制单位应当对商标印制委托人提供的证明文件和商标图样进行核查	《商标印制管理办法》第3条、《商标印制管理办法》第4条、第5条、第6条、第7条 商标印制委托人委托印制注册商标的，应当出示《商标注册证》，签订商标使用许可合同使用他人注册商标，被许可人需印制商标的，还应当出示商标使用许可合同文本；商标注册人单独授权被许可人印制商标的，还应当出示授权书并提供一份复印件
21	《商标法实施条例》	商标出质时，出质人与质押人应当签订质权合同，并向商标局提出处置权登记申请，并且办理注册商标专用权质权登记，出质人应当在相同或者类似商品/服务上注册的相同或者近似商标一并办理质权登记。质权合同和质权登记申请书中应当载明出质的商标注册号	《商标法实施条例》第70条 以注册商标专用权出质的，出质人与质权人应当签订书面质权合同，并共同向商标局提出质权登记申请，由商标局公告
22	《国家知识产权局关于〈注册商标专用权质押登记程序规定〉的公告》	用于出质的商标有效，且没有被法院查封、冻结；商标出质人的名称需要和国家知识产权局登记的名称一致；出质合同需要符合法律的规定	《国家知识产权局关于〈注册商标专用权质押登记程序规定〉的公告》第8条 有下列情形之一的，国家知识产权局不予登记： （一）出质人名称与国家知识产权局档案所记载的名称不一致，且不能提供相关证明证实其为注册商标权利人的； （二）合同的签订违反法律法规强制性规定的；

续表

序号	合规规范名称	合规义务内容	条款内容简要说明
22	《国家知识产权局关于〈注册商标专用权质押登记程序规定〉的公告》	用于出质的商标有效，且没有被法院查封、冻结；商标出质人的名称需要和国家知识产权局登记的名称一致；出质合同需要符合法律的规定	（三）注册商标专用权已经被撤销、被注销或者有效期满未续展的； （四）注册商标专用权已被人民法院查封、冻结的； （五）其他不符合出质条件的
23	《商标印制管理办法》	商标印刷企业需要建立商标出入库制度，并将相关材料存档	《商标印制管理办法》第8条、第9条、第10条 ①商标印制单位承印符合本办法规定的商标印制业务的，商标印制业务管理人员应当按照要求填写《商标印制业务登记表》，载明商标印制委托人所提供的证明文件的主要内容，《商标印制业务登记表》中的图样应当由商标印制单位业务主管人员加盖骑缝章。商标标识印制完毕，商标印制单位应当在15天内提取标识样品，连同《商标印制业务登记表》《商标注册证》复印件、商标使用许可合同复印件、商标印制授权书复印件等一并造册存档。 ②商标印制单位应当建立商标标识出入库制度，商标标识出入库应当登记台账。废次标识应当集中进行销毁，不得流入社会。 ③商标印制档案及商标标识出入库台账应当存档备查，存查期为两年

第六节 商标领域法律合规指引

一、注册商标的规范使用法律合规指引

正是由于商标专用权的"垄断性",对于商标权利人而言,其对商标的使用必须遵守一定的法律要求及商业规范,要保持商标使用的形象与商标注册的形象一致,保持注册商标使用在不同场合中的形象一致。商标注册人即使是使用自己的注册商标,如果使用不规范,也需要承担不利的法律后果。

为此,我们梳理了部分常见的不规范使用注册商标的情形及相应的合规风险,以供参考:

序号	不规范情形	法律后果	法律依据
1	超出核定使用的商品/服务范围使用其注册商标并仍然标注注册商标标记的	由地方工商行政管理部门予以制止,限期改正,并可以予以通报,违法经营额五万元以上的,可以处违法经营额百分之二十以下的罚款,没有违法经营额或者违法经营额不足五万元的,可以处一万元以下的罚款	《商标法》第52条
2	尚未取得商标权利证书,便将申请中的商标标注为注册商标投入使用的		
3	将未注册,也未申请注册的商标标注为"注册商标"字样的		
4	随意拆分、组合、变形注册商标,如变更商标标识元素构成、大小比例、间隔距离、字体形式、颜色背景以及商标组合的排列方式等,但仍然标注注册商标标记的	由地方工商行政管理部门责令限期改正;期满不改正的,由商标局撤销其注册商标	《商标法》第49条
5	擅自改变注册商标的注册人名义、地址或者其他注册事项的		

续表

序号	不规范情形	法律后果	法律依据
6	商标注册有效期满，原注册人没有申请续展仍然继续使用并标注注册商标标记的行为	由商标予以注销，且注销之日起一年内，商标局对与该商标相同或者近似的商标注册申请，不予核准	《商标法》第50条
7	仅是象征性使用①或连续三年不使用	任何单位或者个人可以向商标局申请撤销该注册商标	《商标法》第49条
8	经许可使用他人注册商标，未在使用该注册商标的商品上标明被许可人的名称和商品产地的	由工商行政管理部门责令限期改正；逾期不改正的，责令停止销售，拒不停止销售的，处10万元以下的罚款	《商标法实施条例》第71条
9	伪造或者变造《商标注册证》或者其他商标证明文件的	依照刑法关于伪造、变造国家机关证件罪或者其他罪的规定，依法追究刑事责任	《商标法实施条例》第64条
10	忽视第三方的规范使用，如放任对被许可人、广告商等不规范使用注册商标等	商标许可人未积极履行监督职责，放任被许可人的商标侵权行为，具有明显过错的，应对被许可人侵犯商标专用权的行为承担连带赔偿责任	《商标法》第43条

二、商标侵权抗辩法律合规指引

（一）正当使用抗辩

根据《商标法》第五十九条规定，注册商标中含有的本商品的通用名称、图形、型号，或者直接表示商品的质量、主要原料、功能、用途、重量、数量及其他特点，或者含有地名，商标权人无权禁止他人正当使用。如

---

① 象征性使用包括没有实际使用注册商标，仅有转让或者许可行为，或者仅公布商标注册信息或者仅声明对其注册商标享有专用权的，该等行为通常仅为维持注册商标存在而进行，司法实践中不认定为商标使用。

果他人只是善意地将与注册商标相同或近似的文字用来叙述、说明商品的特点、质量、数量等或者描述某种商业活动的客观事实等，而不具有区分商品来源和不同生产者的作用，则他人的使用不属于商标意义上的使用，不构成对他人商标权的侵害。

以描述商品或服务特点的叙述性使用为例，当注册商标具有描述性时，其他生产者出于说明或客观描述商品或服务特点的目的，以善意方式在必要的范围内予以标注，不会导致相关公众将其视为商标而导致来源混淆的，属于正当使用。

例如，笔者代理的光明乳业股份有限公司与美食达人股份有限公司85℃商标侵权案［（2018）沪73民终289号］中，上海知识产权法院审理认为，美食达人股份有限公司将构成温度标准表达方式的"85℃"的各元素采用不同字体及高低错落的排列等表达方式，客观上增强了该标识的显著性而获得注册，但也限制了其受保护的范围。光明乳业股份有限公司在其产品外包装上标注"85℃"的行为仅是为了向相关公众说明其采用的巴氏杀菌技术的工艺特征，属于合理描述自己经营商品特点的范围，并非对美食达人股份有限公司注册商标的使用，而是对温度表达方式的正当使用，未造成相关公众的混淆和误认，不构成对美食达人股份有限公司涉案注册商标专用权的侵害。

（二）先用权抗辩

按照《商标法》第三十二条的规定，申请商标注册不得损害他人现有的在先权利，也不得以不正当手段抢先注册他人已经使用并有一定影响的商标。该等规定的立法目的主要是保护那些已经在市场上具有一定影响但未注册的商标所有人的权益。同时，按照《商标法》第五十九条的规定，商标注册人申请商标注册前，他人已经在同一种商品或服务，或者类似商品或服务上先于商标注册人使用与注册商标相同或者近似并有一定影响的商标的，商标权人无权禁止该使用人在原使用范围内继续使用该商标，但可以要求其附加适当区别标识。

因此，使用先用权抗辩的，主张适用的一方应当举证证明其在注册商标申请日之前已经存在善意使用相应商标的行为，且该在先使用的商标具有一定影响力，足以使得商标在使用地域内已经起到识别作用。另外，实务中，还要求行为人的使用范围没有超过原使用范围。

（三）合法来源抗辩

根据《商标法》第六十四条第二款规定，销售不知道是侵犯注册商标专用权的商品，能证明该商品是自己合法取得并说明提供者的，不承担赔偿责任。

合法来源抗辩主要适用于销售商。该等抗辩包括两方面的内容：一是销售商需证明自己销售的商品系通过合法渠道采购，即可以提供商品来源信息或披露商品直接提供者。通常需要提供合法有效的采购合同、货款收据、对应发票等，且需保证相关要素的一致性。二是销售商主观上也应当尽到合理注意义务，实务中，如果销售商知道或应当知道自己销售的商品系侵犯他人注册商标的行为而仍然销售的，或者销售商曾收到过商标权人的侵权警告函后仍继续销售的，或者其取得的商品价格明显低于市场上同类商品的进价等的，一般视为未尽到合理注意义务。

不过，需要注意的是，销售商主张合法来源抗辩，虽不需要承担赔偿责任，但仍应当承担停止侵害商标权的行为，即需要停止销售。若原告起诉后，被告仍继续销售的，对于收到诉状到实际停止侵权期间的损失仍应当承担赔偿责任。

(四)权利商标未使用抗辩

根据《商标法》第六十四条第一款规定,注册商标专用权人请求赔偿,被控侵权人以注册商标专用权人未使用注册商标为由提出抗辩的,人民法院可以要求注册商标专用权人提供此前三年内实际使用该注册商标的证据。注册商标专用权人不能证明此前三年内实际使用过该注册商标,也不能证明因侵权行为受到其他损失的,被控侵权人不承担赔偿责任。

绝大多数案件中,商标权利人为追求侵权赔偿结果,往往会提交大量的证据材料证明其商标的知名度及较高的商誉价值,该等材料本身属于相应注册商标的使用证明,如企业获得的行业排名或荣誉奖项等。相反,如果商标权利人没有实际使用注册商标,仅有转让或者许可行为;或者仅是公布商标注册信息、声明享有注册商标专用权的,通常不会认定为商标使用。被控侵权人可据此进行相应抗辩,要求商标权利人提供使用证明。

三、商标领域刑事法律合规指引

《刑法》第二编分则第三章破坏社会主义市场经济秩序罪第七节即为"侵犯知识产权罪",其中涉及商标犯罪的有三项,即第二百一十三条假冒注册商标罪、第二百一十四条销售假冒注册商标的商品罪以及第二百一十五条非法制造、销售非法制造的注册商标标识罪。

(一)假冒注册商标罪

含义		违反国家商标管理法规,未经注册商标所有人许可,在同一种商品、服务上使用与注册商标所有人注册商标相同的商标,且情节严重的行为
构成要件	客体	国家商标管理秩序及他人合法拥有的注册商标专用权
	客观方面	行为人实施了刑法所禁止的假冒注册商标行为,且情节严重

续表

构成要件	主体	任何企业事业单位或者个人假冒他人注册商标,情节达到犯罪标准的即构成本罪
	主观方面	故意,且以营利为目的。过失不构成本罪
立案标准		(一)非法经营数额在5万元以上或者违法所得数额在3万元以上的; (二)假冒两种以上注册商标,非法经营数额在3万元以上或者违法所得数额在2万元以上的; (三)其他情节严重的情形
量刑标准		情节严重的,处3年以下有期徒刑,并处或者单处罚金
		情节特别严重的,处3年以上10年以下有期徒刑,并处罚金。 具有下列情形之一的,属于刑法第213条规定的"情节特别严重"[①]: (一)非法经营数额在25万元以上或者违法所得数额在15万元以上的; (二)假冒两种以上注册商标,非法经营数额在15万元以上或者违法所得数额在10万元以上的; (三)其他情节特别严重的情形
		单位犯本罪的,对单位判处罚金,并对其直接负责的主管人员和其他直接责任人员,依上述量刑规定处罚

(二)销售假冒注册商标的商品罪

含义		销售明知是假冒注册商标的商品
构成要件	客体	国家商标管理秩序及他人合法的注册商标专用权
	客观方面	销售假冒注册商标的商品,并且销售金额较大的行为。销售行为包括批发、零售、代销等形式
	主体	任何单位和个人,销售假冒注册商标的商品,情节达到犯罪标准的即构成本罪
	主观方面	故意,即明知是假冒注册商标的商品而销售的。如果行为人不知情,不构成本罪

[①] 参见《最高人民法院、最高人民检察院关于办理侵犯知识产权刑事案件具体应用法律若干问题的解释》(法释〔2004〕19号)第一条。

续表

立案标准	（一）销售金额在5万元以上的； （二）尚未销售，货值金额在15万元以上的； （三）销售金额不满5万元，但已销售金额与尚未销售的货值金额合计在15万元以上的
量刑标准	违法所得数额较大或者有其他严重情节的，处3年以下有期徒刑，并处或者单处罚金
	违法所得数额巨大或者有其他特别严重情节的，处3年以上10年以下有期徒刑，并处罚金
	单位犯本罪的，对单位判处罚金，并对其直接负责的主管人员和其他直接责任人员，依上述量刑规定处罚

（三）非法制造、销售非法制造的注册商标标识罪

含义		伪造、擅自制造他人注册商标标识或者销售伪造、擅自制造的注册商标标识的行为
构成要件	客体	国家商标管理秩序及他人注册商标的专用权
	客观方面	实施了非法制造、销售非法制造的注册商标标识的行为
	主体	任何单位和个人，伪造、擅自制造他人注册商标标识或者销售伪造、擅自制造的注册商标标识的行为，情节达到犯罪标准的即构成本罪
	主观方面	故意
立案标准		（一）伪造、擅自制造或者销售伪造、擅自制造的注册商标标识数量在2万件以上，或者非法经营数额在5万元以上，或者违法所得数额在3万元以上的； （二）伪造、擅自制造或者销售伪造、擅自制造两种以上注册商标标识数量在1万件以上，或者非法经营数额在3万元以上，或者违法所得数额在2万元以上的； （三）其他情节严重的情形
量刑标准		情节严重的，处3年以下有期徒刑，并处或者单处罚金

续表

量刑标准	情节特别严重的，处 3 年以上 10 年以下有期徒刑，并处罚金。 具有下列情形之一的，属于刑法第 215 条规定的"情节特别严重"[①]： （一）伪造、擅自制造或者销售伪造、擅自制造的注册商标标识数量在 10 万件以上，或者非法经营数额在 25 万元以上，或者违法所得数额在 15 万元以上的； （二）伪造、擅自制造或者销售伪造、擅自制造两种以上注册商标标识数量在 5 万件以上，或者非法经营数额在 15 万元以上，或者违法所得数额在 10 万元以上的； （三）其他情节特别严重的情形
	单位犯本罪的，对单位判处罚金，并对其直接负责的主管人员和其他直接责任人员，依上述量刑规定处罚

四、涉电商平台经营者商标侵权法律合规指引

电子商务活动的方兴未艾，使得涉电商平台的商标侵权案件也与日俱增。依据《电子商务法》第九条之规定，电子商务平台经营者，是指在电子商务中为交易双方或者多方提供网络经营场所、交易撮合、信息发布等服务，供交易双方或者多方独立开展交易活动的法人或者非法人组织。

（一）平台内知识产权投诉的合规处理

《电子商务法》第四十一条要求电子商务平台经营者应当建立知识产权保护规则，与知识产权权利人加强合作，依法保护知识产权。在此基础上，知识产权权利人认为其知识产权受到侵害的，有权通知电子商务平台经营者采取删除、屏蔽、断开链接、终止交易和服务等必要措施。

实务中，该等通知应当采取书面形式，并提供如下材料：

[①] 参见《最高人民法院、最高人民检察院关于办理侵犯知识产权刑事案件具体应用法律若干问题的解释》（法释〔2004〕19 号）第三条。

1. 商标权人的身份信息，被许可方还需要提交许可来源文件；

2. 商标权的权利证明；

3. 构成侵权的初步证据，如平台内能准确定位的被控侵权商品或者服务链接等；

4. 权利人签章的通知真实性的承诺书①。

电子商务平台经营者接到上述通知后，应当及时采取必要措施，并将该通知转送平台内经营者；未及时采取必要措施的，对损害的扩大部分与平台内经营者承担连带责任。平台内经营者接到电子商务平台经营者转送的通知后，可以向电子商务平台经营者提交不存在侵权行为的书面声明。同样地，该等声明一般也要求包括平台内经营者的身份信息，经营者享有的商标权属证明、授权证明等不存在侵权行为的初步证据以及声明真实性的书面保证等。

电子商务平台经营者接到平台内经营者声明后，应当将该声明转送发出通知的商标权人，并告知其可以向有关主管部门投诉或者向法院起诉。电子商务平台经营者在转送声明到达商标权人后十五日内，未收到权利人已经投诉或者起诉通知的，应当及时终止所采取的措施。

（二）平台经营者的商标侵权识别合规义务

根据《电子商务法》第四十五条之规定，电子商务平台经营者知道或者应当知道平台内经营者侵害商标权的，应当根据侵权的具体情形、技术条件以及构成侵权的初步证据、服务类型等因素，及时采取必要措施，未采取必要措施的，与侵权人承担连带责任。

因此，对于电子商务平台经营者而言，应履行制定知识产权保护规则、

---

① 因通知错误造成平台内经营者损害的，依法承担民事责任。恶意发出错误通知，造成平台内经营者损失的，加倍承担赔偿责任。

审核平台内经营者经营资质等法定义务；积极采取有效技术手段，过滤和拦截包含"高仿"等字样的侵权商品链接、被投诉成立后再次上架的侵权商品链接；对于平台内标注为"旗舰店""品牌店"等字样的店铺经营者，应要求相应经营者提供必要的权利证明，如商标权利人的许可文件等。

另外，对于开展自营业务的电子商务平台经营者而言，其属于商品直接销售者或者服务提供者，同样应当遵守商标合规义务。

五、商标侵权判断标准法律合规指引

司法保护和行政保护"双轨制"一直是独具中国特色的知识产权保护模式，为协调司法保护和行政保护判定标准上的统一，国家知识产权局于2020年6月15日印发《商标侵权判断标准》(国知发保字〔2020〕23号)，旨在加强商标行政执法指导工作，统一执法标准，提升执法水平，强化商标专用权保护。

《商标侵权判断标准》共三十八条，涉及商标的使用、同种和类似商品、相同和近似商标、容易混淆、销售免责、权利冲突、权利人辨认等内容细化规定了诸多内容。现择其重点解读如下：

(一) 关于商标的使用

商标诉讼案件中，商标法意义上的商标使用(商标性使用)问题往往成为判断合理使用与商标侵权界限的焦点之一。如果被控标识并非商标性使用，即相关主体对被控标识的使用并非发挥识别商品或服务来源的功能时，一般不宜认定构成侵权。即使构成了商标性使用，也并不必然构成商标侵权，还应判断是否导致相关公众产生混淆或者误认，只有发生实质性混淆或者存在混淆的可能性，才能认定商标侵权行为的存在。

对此,《商标侵权判断标准》明确指出:判断是否构成商标侵权,一般需要判断涉嫌侵权行为是否构成商标法意义上的商标的使用。而判断是否为商标的使用应当综合考虑使用人的主观意图、使用方式、宣传方式、行业惯例、消费者认知等因素。

《商标法》第四十八条定义的"商标的使用",是指将商标用于商品、商品包装或者容器以及商品交易文书上,或者将商标用于广告宣传、展览以及其他商业活动中,用于识别商品来源的行为。《商标侵权判断标准》则创造性地对"商标性使用"的定义进行了扩张,增加了将商标用于服务场所以及服务交易文书上的规定,详见下表:

序号	适用场景	具体情形(列举)	法律依据
1	商标用于商品、商品包装、容器以及商品交易文书上	①采取直接贴附、刻印、烙印或者编织等方式将商标附着在商品、商品包装、容器、标签等上,或者使用在商品附加标牌、产品说明书、介绍手册、价目表等上; ②商标使用在与商品销售有联系的交易文书上,包括商品销售合同、发票、票据、收据、商品进出口检验检疫证明、报关单据等	第4条
2	商标用于服务场所以及服务交易文书上	①商标直接使用于服务场所,包括介绍手册、工作人员服饰、招贴、菜单、价目表、名片、奖券、办公文具、信笺以及其他提供服务所使用的相关物品上; ②商标使用于和服务有联系的文件资料上,如发票、票据、收据、汇款单据、服务协议、维修维护证明等	第5条
3	商标用于广告宣传、展览以及其他商业活动中	①商标使用在广播、电视、电影、互联网等媒体中,或者使用在公开发行的出版物上,或者使用在广告牌、邮寄广告或者其他广告载体上; ②商标在展览会、博览会上使用,包括在展览会、博览会上提供的使用商标的印刷品、展台照片、参展证明及其他资料; ③商标使用在网站、即时通信工具、社交网络平台、应用程序等载体上; ④商标使用在二维码等信息载体上; ⑤商标使用在店铺招牌、店堂装饰装潢上	第6条

(二）相同/近似商标以及相同/类似商品/服务的判断标准

1. 同一种商品/服务

同一种商品，即相同商品，是指涉嫌侵权人实际生产销售的商品名称与他人注册商标核定使用的商品名称相同的商品，或者二者商品名称不同但在功能、用途、主要原料、生产部门、消费对象、销售渠道等方面相同或者基本相同，相关公众一般认为是同一种商品。

同一种服务，即相同服务是指涉嫌侵权人实际提供的服务名称与他人注册商标核定使用的服务名称相同的服务，或者二者服务名称不同但在服务的目的、内容、方式、提供者、对象、场所等方面相同或者基本相同，相关公众一般认为是同种服务。

2. 类似商品/服务

类似商品是指在功能、用途、主要原料、生产部门、消费对象、销售渠道等方面具有一定共同性的商品。

类似服务是指在服务的目的、内容、方式、提供者、对象、场所等方面具有一定共同性的服务。

3. 相同商标

与注册商标相同的商标是指涉嫌侵权的商标与他人注册商标完全相同，以及虽有不同但视觉效果或者声音商标的听觉感知基本无差别、相关公众难以分辨的商标，详见下表：

序号	商标类型	相同情形	法律依据
1	文字商标	①文字构成、排列顺序均相同的； ②改变注册商标的字体、字母大小写、文字横竖排列，与注册商标之间基本无差别的； ③改变注册商标的文字、字母、数字等之间的间距，与注册商标之间基本无差别的；	第14条

续表

序号	商标类型	相同情形	法律依据
1	文字商标	④改变注册商标颜色，不影响体现注册商标显著特征的； ⑤在注册商标上仅增加商品通用名称、图形、型号等缺乏显著特征内容，不影响体现注册商标显著特征的	第14条
2	图形商标	构图要素、表现形式等视觉上基本无差别的	
3	文字图形组合商标	文字构成、图形外观及其排列组合方式相同，商标在整体视觉上基本无差别的	
4	三维商标	显著三维标志和显著平面要素相同，或者基本无差别的	
5	颜色组合商标	组合的颜色和排列的方式相同，或者基本无差别的	
6	声音商标	听觉感知和整体音乐形象相同，或者基本无差别的	
7		其他与注册商标在视觉效果或者听觉感知上基本无差别的	

4.近似商标

与注册商标近似的商标是指涉嫌侵权的商标与他人注册商标相比较，文字商标的字形、读音、含义近似，或者图形商标的构图、着色、外形近似，或者文字图形组合商标的整体排列组合方式和外形近似，或者立体商标的三维标志的形状和外形近似，或者颜色组合商标的颜色或者组合近似，或者声音商标的听觉感知或者整体音乐形象近似等。

对于近似商标的判断，按照《商标侵权判断标准》第十八条的规定，判断与注册商标相同或者近似的商标时，应当以相关公众的一般注意力和认知力为标准，采用隔离观察、整体比对和主要部分比对的方法进行认定。这一标准与《最高人民法院关于审理商标民事纠纷案件适用法律若干问题的解释》中规定的商标近似判断标准基本一致，后者还要求在判断商标是否近似时考虑请求保护注册商标的显著性和知名度。

(三)"容易混淆"的侵权判断标准

《商标法》2013年修正时首次提出了容易混淆的侵权判断标准。按照《商标侵权判断标准》第十九条的规定,在商标侵权判断中,在同一种商品或者同一种服务上使用近似商标,或者在类似商品或者类似服务上使用相同、近似商标的情形下,还应当对是否容易导致混淆进行判断,详见下表:

序号	容易混淆情形	判断因素	法律依据
1	足以使相关公众认为涉案商品或者服务是由注册商标权利人生产或者提供	①商标的近似情况; ②商品或者服务的类似情况; ③注册商标的显著性和知名度; ④商品或者服务的特点及商标使用的方式; ⑤相关公众的注意和认知程度; ⑥其他相关因素	第19~21条
2	足以使相关公众认为涉案商品或者服务的提供者与注册商标权利人存在投资、许可、加盟或者合作等关系		

(四)关于商标权利人许可

《商标侵权判断标准》第八条明确规定:"未经商标注册人许可的情形包括未获得许可或者超出许可的商品或者服务的类别、期限、数量等。"

尽管实务中对于侵权人超出商标权利人许可的商品或者服务的类别、期限、数量等行为仍视为商标侵权几乎不存在争议,但由于此前缺少明文规范,导致部分当事人对于该等行为的性质认识上存在误区,将本应按照侵权案件处理的纠纷当作合同违约行为来处理,由此导致部分权利人因面临损失举证困难而放弃维权。另外,在电商平台,总能发现一些打着"品牌正品尾单""原单正品"等旗号实施虚假宣传、销售疑似假冒他人注册商标产品的商家,而该等商家往往宣称是品牌方加工中的尾单或小量跟单产品,与正品一致。即使这些产品确实与正品无异,但仍属于未经权利人许可的侵权产品。《商标侵权判断标准》的上述规定对于这一问题作出了很好的回应。

为便于读者对这一规定有更为详细的了解,现以笔者代理的上海美津浓有限公司诉王某、上海辉芝工贸有限公司、上海远阜商贸有限公司及第三人嘉兴市良友制衣有限公司侵害商标权纠纷一案〔(2019)沪0115民初45685号〕举例说明。

参考案例

原告系日本知名体育品牌公司在华设立的现地法人,依据母公司授权许可使用美津浓系列注册商标,并就针对该等商标在中国境内的侵权行为提起诉讼救济。被告上海辉芝工贸有限公司则原系原告合作供应商,接受原告产品订单并对外委托OEM工厂进行产品加工。双方协议明确约定被告根据原告指定或批准的规格为原告生产产品并且仅将相应产品销售给原告,不得为原告之外的其他方生产该产品,也不得将该产品销售给原告之外的其他方。

2018年7月,原告发现被告在原告不知情的情况下,擅自通过上海远阜商贸有限公司在原告授权生产的订单产品数量之外向第三人工厂额外增加下单了近万件同类产品,并从原告指定的产品吊牌供应商处采购了相应吊牌,该等吊牌上标注有原告母公司的一系列注册商标标识。另外,经原告调查取证,已经证实被告从第三人工厂提货并低价出售了部分侵权产品。

案件分析

依据《商标法》的相关规定,取得商标专用权的权利人的商标只要处于注册有效期内,未经权利人许可,任何人不得擅自在相同商品上使用与注册商标相同的标识，也不得擅自销售侵犯注册商标专用权的商品，否则将构成商标侵权，并承担相应的法律责任。

尽管大多数情况下，OEM 工厂及相关方系根据品牌方的有效授权进行代加工生产并使用注册商标，其存在使用品牌方商标的合理理由和合法权利。但在涉及商标侵权的问题上，应当区分正当的生产行为所带来的商标使用与超出约定数量生产并贴附品牌方注册商标二者之间的差异。二者在权利来源及规范使用限度上存在本质区别。

商标权本质上是商标所有人对特殊符号与其特定商品或服务之间对应关系的支配权，而不仅仅是对商标符号的支配权。侵犯商标权的本质也并不单纯只是对某一物理标识的歪曲、篡改或者替换，而在于切断了商标标识和商标权利人之间的固有联系，盗用商标权人的商誉，欺骗消费者使其发生混淆和误认。换言之，商标是商业标识与特定商品或服务之间的联系，而不是商业标识本身。因此，保护商标就是为了保护商标权利人经过长期经营而建立起来的自身与商标的唯一联系，而不是为了保护商业标识本身。

基于此，商标权的效能要得到实现，就需要商标与产品进行结合，但是这种结合的行为只能专属于商标权利人，任何其他个人或组织在没有获得商标权利人合法授权的前提下，不得擅自将商标与产品进行结合。行为人违反与授权方约定的数量或者商品类别而使用授权方商标，在超出授权数量、时间或者商品类别上所生产的商品上将产品与商标进行了结合，实际上虚构了其与商品所指示的来源的关系，使相关公众混淆了商品的来源，从而侵害了权利人的商标专用权。

因此，在上述案例中，对于超出原告正品订单数量范围外的近万件被控侵权商品,虽然其质量、原料、工艺、实际生产商都与正品丝毫不差,但在商标使用上具有未经权利人即原告授权的权利瑕疵,且在事后未得到原告的追认授权,显然属于越权使用他人注册商标的生产行为。根据《商标法》第五十七条第一项规定,未经商标注册人许可,在同一种商品上使用与其注册商标相同的商标,属于商标侵权行为。

基于上述分析,在超越商标权利人授权范围外生产的侵权产品盗用和攀附了商标权利人的商誉,攫取了本应属于商标权利人的商业利益。而一旦侵权产品流入市场,还会挤占商标权利人的市场份额,造成其市场需求的减少。更重要的是,该等行为除了损害商标的来源指示功能,还损害了商标的质量保障功能。超越授权范围的产品的生产脱离了商标权利人的有效监管和质量控制,使得其质量难以确保,同时因为不是合法的正品商品,也很可能在售后服务等方面被商标权利人拒绝,从而损害消费者利益,反过来也会降低商标权利人的商誉,造成其市场评价的降低。因此,侵权人理应就其商标侵权行为承担损害赔偿责任。

六、商标侵权惩罚性赔偿法律合规指引

2021年3月2日,最高人民法院公布了《关于审理侵害知识产权民事案件适用惩罚性赔偿的解释》(法释〔2021〕4号),该解释自2021年3月3日起施行。尽管该解释只有七条,却是对知识产权领域适用惩罚性赔偿司法实践的高度凝练,具有十分重要的指引意义。

部分惩罚性赔偿条文见下表:

序号	法律法规名称	相关条文/内容
1	《民法典》	第 1185 条 故意侵害他人知识产权，情节严重的，被侵权人有权请求相应的惩罚性赔偿
2	《商标法》	第 63 条 侵犯商标专用权的赔偿数额，按照权利人因被侵权所受到的实际损失确定；实际损失难以确定的，可以按照侵权人因侵权所获得的利益确定；权利人的损失或者侵权人获得的利益难以确定的，参照该商标许可使用费的倍数合理确定。对恶意侵犯商标专用权，情节严重的，可以在按照上述方法确定数额的一倍以上五倍以下确定赔偿数额。赔偿数额应当包括权利人为制止侵权行为所支付的合理开支
3	《最高人民法院关于审理侵害知识产权民事案件适用惩罚性赔偿的解释》	全文

（一）商标惩罚性赔偿的适用方法

在具体商标侵权案件中由于适用法定赔偿条款和适用惩罚性赔偿条款的条件、证明责任、请求赔偿数额等均不相同，权利人只能在法定赔偿条款与惩罚性赔偿条款中二选一适用。如权利人要求适用惩罚性赔偿的标准，则类似于诉讼时效，权利人需要主动要求适用惩罚性赔偿条款，并应当在起诉时明确赔偿数额、计算方式以及所依据的事实和理由。实务中，一般情况下权利人最晚应当在一审法庭辩论终结前提出该主张。

（二）商标惩罚性赔偿的适用条件

根据《商标法》《最高人民法院关于审理侵害知识产权民事案件适用惩罚性赔偿的解释》的相关规定，在商标侵权中要适用惩罚性赔偿条款，需要满足"恶意/故意"+"情节严重"的条件。相关情形见下表：

条件	情形	相关规定
恶意/故意	（1）被告经原告或者利害关系人通知、警告后，仍继续实施侵权行为的； （2）被告或其法定代表人、管理人是原告或者利害关系人的法定代表人、管理人、实际控制人的； （3）被告与原告或者利害关系人之间存在劳动、劳务、合作、许可、经销、代理、代表等关系，且接触过被侵害的知识产权的； （4）被告与原告或者利害关系人之间有业务往来或者为达成合同等进行过磋商，且接触过被侵害的知识产权的； （5）被告实施盗版、假冒注册商标行为的； （6）其他可以认定为故意的情形。	《最高人民法院关于审理侵害知识产权民事案件适用惩罚性赔偿的解释》第3条
情节严重	（1）因侵权被行政处罚或者法院裁判承担责任后，再次实施相同或者类似侵权行为； （2）以侵害知识产权为业； （3）伪造、毁坏或者隐匿侵权证据； （4）拒不履行保全裁定； （5）侵权获利或者权利人受损巨大； （6）侵权行为可能危害国家安全、公共利益或者人身健康； （7）其他可以认定为情节严重的情形。	《最高人民法院关于审理侵害知识产权民事案件适用惩罚性赔偿的解释》第4条

另需注意的是，虽然《商标法》中对适用惩罚性赔偿的条件使用的是"恶意"条件，《最高人民法院关于审理侵害知识产权民事案件适用惩罚性赔偿的解释》对适用惩罚性赔偿的条件使用的是"故意"条件，但根据最高人民法院相关负责人的答复，"故意"与"恶意"的含义一致，并无区别。

（三）商标惩罚性赔偿金额的计算

惩罚性赔偿的落脚点为赔偿的金额，其基准源于权利人实际所受损失、侵权所获利益、许可使用费等，并需要结合被告主观过错程度、侵权行为的情节严重程度等因素，计算最终的惩罚倍数。但根据相关法律法规的规定，其一般不包括权利人维权的合理费用。综上，惩罚性赔偿金额＝权利人实际所受损失/侵权所获利益/许可使用费×倍数+合理开支。

七、"中华老字号"标识法律合规指引

老字号本身并不是一个规范的法律术语，其本质仍只是企业字号的一种特殊表现形式。目前，在更高效力层级的法律层面，尚不存在一部老字号相关的基本法，对于老字号的保护，仍需适用《商标法》《反不正当竞争法》等知识产权领域的相应法律。

2006年4月，商务部发布《关于实施"振兴老字号工程"的通知》，首次对"中华老字号"给出了一个政策性定义，即指历史悠久，拥有世代传承的产品、技艺或服务，具有鲜明的中华民族传统文化背景和深厚的文化底蕴，取得社会广泛认同，形成良好信誉的品牌。与此同时，商务部发布了《"中华老字号"认定规范（试行）》，该认定规范对"中华老字号"的认定条件作出了明确规定，认定条件包括：品牌创立于1956年（含）以前；拥有商标所有权或使用权；传承独特的产品、技艺或服务；具有良好信誉，得到广泛的社会认同和赞誉，经营状况良好等。

另外，目前各地还有针对"地方老字号"的具体认定及规范要求。如上海市商务委员会于2012年9月颁布了《"上海老字号"认定规范（试行）》，对于"上海老字号"的认定及管理作出了具体规定。

2007年4月，商务部发布《"中华老字号"标识使用规定》，对于"中华老字号"标识使用及管理作出了明确规定，具体规范要求见下表：

序号	合规要点	合规义务
1	"中华老字号"标识属商务部所有,由标准图形和"中华老字号"中英文文字组成,图形可单独使用,也可与文字组合使用	(1)未被认定为"中华老字号"的企业或个人,不得使用"中华老字号"标识和文字。 (2)"中华老字号"标识只能用于与获得"中华老字号"称号相一致的产品或服务上,不得扩大使用范围。 (3)被取消"中华老字号"资格的企业,自取消之日起,停止使用"中华老字号"标识,并负责清理自身使用的有关"中华老字号"标识
2	"中华老字号"企业可以在相应产品或服务的包装、装潢、说明书、广告宣传及互联网等媒介中使用统一规定的"中华老字号"标识	(1)"中华老字号"标识在使用时,必须根据规定式样使用,可按比例放大或缩小,但不得更改标识的比例关系和色相。 (2)"中华老字号"标识在印刷时,附着媒介的底色不得影响标识的标准色相,不得透叠其他色彩和图案
3	"中华老字号"企业的企业名称和注册商标所有权发生变更后,"中华老字号"标识的使用权随之变更	企业应于变更后10日内经所在省级商务主管部门报商务部备案

第四章
专利法律合规管理

第一节 专利概述

一、专利的概念

专利（patent），从字面上理解是指专有的权利和利益。

"专利"一词来源于拉丁语 Litterae patentes，意为公开的信件或公共文献，是中世纪的君主用来颁布某种特权的证明，后来指英国国王亲自签署的独占权利证书。

在现代，专利一般是由政府机关或者代表若干国家和地区的区域性组织根据申请而颁发的一种文件。这种文件记载了发明创造的内容，并且在一定时期内产生这样一种法律状态，即获得专利的发明创造在一般情况下他人只有经专利权人许可才能予以实施。

专利权是国家授予申请人在一段时间内禁止他人未经许可为生产经营目的实施其专利的权利。在专利制度下，每一个自然人或法人都有取得专利保护的同等权利。在向专利局办理申请手续、经过专利局的形式审查或（和）实质审查被授予专利权之后，任何人未经专利权人许可，实施其专利的，就构成了侵犯专利权的行为，须依法承担侵权的民事责任。为了合理调整发明人与申请人之间，申请人、专利权人与国家、公众之间的各种关系，必须通过专利法来规范申请专利的主体、专利保护的客体、申请和审查批准专利的程序、专利权人的权利和义务、对专利权提供的保护等问题，因此，专利法是各国专利制度的基础。

在我国，专利分为发明、实用新型和外观设计三种类型。依照《专利法》（2020年修正）第二条的规定，发明创造是指发明、实用新型和外观设计。

1. 发明，是指对产品、方法或者其改进所提出的新的技术方案。

2. 实用新型，是指对产品的形状、构造或者其结合所提出的适于实用的新的技术方案。

3. 外观设计，是指对产品的整体或者局部的形状、图案或者其结合以及色彩与形状、图案的结合所作出的富有美感并适于工业应用的新设计。

二、专利和专利管理的特点

（一）专利和专利管理的特点

专利和专利管理具有六大特点：

1. 系统性

专利管理是一个整体的系统。从纵向过程来看，专利管理贯穿了企业研发、生产、采购、销售、进出口等整个环节；从横向组织来看，虽然企业通常会设立知识产权部来负责专利管理事务，但管理流程与法务、研发、生产、采购、进出口等部门的日常工作密切相关。

2. 开放性

专利管理是一个开放性的系统，对内需要与研发、生产、法务等部门，尤其是与研发部门协同配合，保持信息不断更新，落实到具体的专利管理上，往往是一个：实施—调整—再实施的动态过程。对外则与监管部门、其他企业进行大量的信息交换，例如，专利申请、专利检索、专利许可谈判等。

3. 特异性

不同类型的企业，适用的专利管理体系不同。高新技术企业与传统工业企业的体系有所不同；同为高新技术企业，软件开发型企业和生物科技型企业也会有所差异。所以一个企业的专利管理体系，需要综合考量行业、类型、业务组成甚至企业所处的不同阶段。

4. 专业性

专利的申请、维护和运营往往会由专业人士来承担。以目前欧美大企业的专利管理部门为例，专利部一般由三部分组成：信息检索服务部、专利代理服务部、专利诉讼保护及市场监视管理部。而单单专利检索就需要专业技术人员和法律专业人才协作进行可专利性、侵权、专利法律状态、技术主题、专利同族等检索，其他部门同样对技术人员和法律人员的专业性有很高的要求。所以企业的专利管理体现出专业性强的特点，专利管理机构往往需要以技术专业人员和法律专业人员为主进行建设、管理和负责。因为不少企业不具备同时拥有技术专业人员和法律专业人员的条件，所以会选择企业和服务机构联合管理的方式。

5. 时间性

专利管理的时间性是由专利权本身的时间性决定的，专利权的法律保护受时间限制，一旦有效期届满，权利自动终止。同时专利权人每年需要缴纳专利年费，以维持专利权有效，如果错失了缴费期限，就会导致专利失效。监控自身专利的专利缴费和专利状态、失效或保护期满是专利管理的重要组成部分。

6. 地域性

依一国法律取得的专利权，作为无形财产权一般只在授予其专有性权利的国家内受到法律保护，在其他国家原则上不发生效力，除非两国之间有双边的专利保护协定，或共同参加了有关保护专利的国际公约。因此，当企业的专利产品或技术出口到国外或在境外参展时，了解出口国的专利状况，防止专利侵权发生是企业专利管理的一项重要工作内容。

（二）专利保护与商业秘密保护的异同

专利保护和商业秘密保护是两种重要的知识产权保护方式，它们之间密切相关又有所区别。在探讨专利权和商业秘密保护这个问题之前，首先我们需要了解专利权和商业秘密的异同。

1. 专利权和商业秘密的定义

专利权，是指发明创造人或其权利受让人对特定的发明创造在一定期限内依法享有的独占实施权。专利权具有独占性、时间性、地域性。

商业秘密，是指不为公众所知悉、能为权利人带来经济利益、具有实用性并经权利人采取保密措施的技术信息和经营信息。商业秘密一般包括经营秘密和技术秘密。

技术秘密和专利之间又存在一定的重叠关系，权利人就一项技术既可以申请专利，也可以选择作为技术秘密保护，但由于技术秘密必须处于保密状态，而专利则是以公开换独占，因此，权利人只能选择一种保护方式。

2. 专利权和商业秘密的区别

从两者的定义我们可以归纳出专利和商业秘密有六点不同：

（1）两者的新颖性、创造性要求不同

专利权的取得应符合《专利法》规定的三性，即新颖性、创造性及实用性，即专利权的取得对于新颖性、创造性的要求相对较高。

商业秘密对技术信息的新颖性和创造性要求较低，只需满足不为公众所知悉、能为权利人带来经济效益、具有实用性并经权利人采取保密措施等条件。可见商业秘密的新颖性、创造性要求相比专利而言要低得多。

（2）两者的取得方式不同

专利权的取得需要依据法定程序，向国务院专利行政部门申请并经审查通过后才能获得。

商业秘密的取得属于原始取得，无需经行政审批，基于权利人自身的智力劳动成果，智力劳动成果一经产生即已获得。

（3）两者的排他性不同

一项发明创造只授予一项专利权，专利权人对其所拥有的专利权享有排他性，即一项技术信息不能同时为多个专利权利主体享有，权利主体是唯一的。该独占性受法律保护。

商业秘密是通过权利人自己保护的方式实现商业秘密的独占性，但法律并未明确保护商业秘密的权利人的唯一性，不同的权利主体也可以同时拥有相同或近似的商业秘密。

（4）两者保护范围不同

可申请专利的保护范围必须符合法律规定，而且专利权保护的范围以权利要求的内容为准，说明书与附图可用于解释和说明权利要求。一旦专利获得授权，未写入权利要求书中的内容不作为专利保护的范围。

商业秘密保护的范围就宽泛得多，任何不为公众所知悉、能为权利人带来经济利益的技术信息都可以作为商业秘密加以保护。商业秘密可以是从技术开发开始到技术开发完成，以及今后技术开发预期的全部技术信息。

（5）两者生效时间和保护期限不同

一项技术方案从申请专利到授权，少则需要数月，多则需要两年甚至更长的时间，专利权自授权公告之日起才会生效。依照《专利法》（2020年修正）第四十二条规定，发明专利权的期限为二十年，实用新型专利权的期限为十年，外观设计专利权的期限为十五年，均自申请之日起计算。

商业秘密的保护期限则是从产生之日起生效，商业秘密的保密义务是一项法律义务。即使权利人与义务人未约定保密期限，只要该商业秘密未被披露且仍具有经济价值，且权利人对该商业秘密采取了合理的保密措施，该商业秘密属于法律意义上的商业秘密，知悉商业秘密的单位和个人应当继续履行保密义务。

（6）两者的维护方式不同

专利授权后需要缴纳年费来维护专利，一旦停止缴纳年费，专利权即终止。

商业秘密的维护方式是为了使商业秘密具备秘密性而由商业秘密的所有者自行采取的一系列的保密措施和开展的持续性保密工作。

3. 专利权和商业秘密法律合规管理模式的区别

基于专利权和商业秘密的以上区别，两者的法律合规管理模式也有所不同。

（1）法律依据不同。专利管理的法律基础是《专利法》《专利法实施细则》等独立的法律法规。而商业秘密的法律基础则散见于《反不当竞争法》《民法典》《刑法》《公司法》等法律法规中，并没有一部专门的法律法规对商业秘密进行规范。

（2）面临的法律风险与合规风险不同。专利权一旦取得，保护的对象相对明确，在法定期限内权利相对稳定。专利维护中的法律风险与合规风险，主要来自专利缴费和专利法律状态更新不及时，以及竞争对手的无效申请。而商业秘密保护的风险则主要来自两个方面：一是对商业秘密界定认识不足。因为商业秘密的客体没有明确的法律界定，这时常会导致需要保护的技术信息可能不具备秘密性、商业利益和实用性或者商业秘密保护的范围过大或过小。二是企业内部保密制度不健全，例如，内部职工保密意识不强，企业内部涉及商业秘密的部门未设有监控系统等原因导致商业秘密泄露。相比较而言，专利的法律合规管理所面临的风险更加具体且更易于把控。

（3）使用的手段不同。专利权的保护是一种法律赋予的排他性独占性保护，在法律上禁止盗窃、仿冒、反向工程、独立开发等。权利人只要证明其单独拥有该项专利权，即可排除他人拥有相同的专利权。在专利的法律合规管理中，工作重点更偏向于专利监控和专利权纠纷解决。但商业秘密保护不能排除他人单独开发，也无法排除竞争对手通过反向工程拥有或使用相同的商业秘密。同时，在商业秘密侵权诉讼中，由于商业秘密范围难界定、难举证，原告的维权难度大。所以商业秘密保护的工作重点更偏向于建立和完善保密制度和采取保密措施。

通过上述几个方面的比较，我们不难发现，专利和商业秘密两种保护模式各有其优缺点。两种保护模式的选择，要综合考量技术信息本身、企业自身情况、行业和市场特征，等等。两种保护模式也经常组合运用。例如，某一技术信息可以首先以商业秘密的形式暂时加以保护，在专利管理部门评估后，认为其本身符合授予专利的要件，且技术方案容易通过反向工程获得并进行仿制，适合采取专利的方式进行保护，再申请专利加以保护。

（三）专利的法律合规管理与研发管理的协同

企业技术开发中的专利法律合规问题是研发管理的重要环节。一般而言，企业的研发管理工作包括立项、布局、成果落地、成果实施等环节，每个流程都需要融入专利的法律合规管理，防控各环节的法律风险与合规风险。

1. 研发立项阶段

（1）专利的法律合规管理部门需要对有关项目的主要内容及关键技术、创新点进行 FTO 分析（free to operate，专利自由实施分析，指的是实施人在不侵犯他人专利权的情况下对该技术自由地进行使用和开发，并将通过该技术生产的产品投入市场），判断研发项目所涉及的技术方案是否可能侵犯第三人的专利权。这是整个研发项目是否继续的基础。

（2）如果研发项目涉及的产品将销往国外，还要针对目标国进行专利预警分析，以排除研发项目涉及的产品进入目标国市场的法律风险与合规风险。

此外，研发项目落地后专利权的归属也是目前专利权纠纷的重灾区。在研发立项时，专利的法律合规管理部门需要根据不同的研发模式，制定和备案与专利权归属相应的资料。例如，如果是合作开发，应在合作开发合同中明确约定专利权的归属。如果是由研发部门自行研发，则需关注发明人的身份，同时做好研发过程的记载，以便于充分证明专利权的合理归属，避免出现职务发明的权属争议。

2. 研发项目规划布局阶段

当研发成果面临诉讼时，专利的稳定性就显得格外重要。一般而言，专利组合相对于单个专利来说，稳定性大大增强。所以研发管理部门需要在专利法律合规工作的指导下，建立科学的专利布局策略。具体而言，需要围绕主要成果、核心技术做好基础专利或核心专利的布局，并且围绕基础专利或核心专利做好外围专利布局。针对不同类型的专利，从诉讼角度考虑，按不同策略设计专利组合，从而达到侵权证据易于获得、侵权认定清晰、无效涉案专利困难的效果。

3. 研发成果申报阶段

研发成果产生前后与专利的法律合规工作有着最直接的关联。只有当研发管理部门和专利的法律合规管理部门深入交流和密切合作，才能使研发成果具有更高的价值，也就是既有较高的权利稳定性，又有较大的保护范围。同时行政审查的程序性要求，也是专利法律合规工作的重点，以免出现非自身意愿的视为撤回情形。

4. 研发成果实施阶段

研发成果实施阶段专利的法律合规工作同样贯穿其中。研发成果的使用、转让、质押融资、入股等活动，既要确保自身的创新成果得到合理保护，提前准备应对措施，又要确保避免侵犯他人专利权。同时还要避免出现专利权因未缴年费而终止、职务发明创造奖励不到位、权属证据灭失等情形的发生。

三、专利行政管理部门及其职责

根据我国《专利法》第三条规定，国务院专利行政部门负责管理全国的专利工作；统一受理和审查专利申请，依法授予专利权。省、自治区、直辖市人民政府管理专利工作的部门负责本行政区域内的专利管理工作。

专利受理、审查和授权等工作统一由国家知识产权局专利局来负责。为了方便申请人，根据专利申请业务的需要，国家知识产权局在上海、北京、南京、杭州、昆明、沈阳、长沙、济南、成都等城市设有专利代办处，专利代办处主要承担专利局授权或委托的专利申请受理、专利费用收缴、专利收费减缴备案、专利优先审查、专利实施许可合同备案、专利权质押登记、出具专利登记簿副本等专利业务工作及相关的服务性工作。为了推进专利快速审查，国家知识产权局在北京、浦东、天津、昆明等地区设立了五十多家知识产权保护中心，知识产权保护中心的主要职责是：按照国家知识产权局建设要求，开展知识产权快速协同保护工作，提供快速审查与确权服务、快速维权服务、保护协作服务、专利导航与运营服务。

各地管理专利工作的部门是指由省、自治区、直辖市人民政府以及专利管理工作量大又有实际处理能力的设区的市人民政府设立的管理专利工作的部门，负责本行政区域内的专利管理工作，包括：处理专利侵权纠纷案件；查处假冒他人专利、冒充专利行为；调解专利纠纷等。因此，如果发现有专利侵权、假冒专利等情况，除了可以通过向法院提起诉讼的方式进行维权，还可以通过向地方管理专利工作的部门举报来进行维权。

（一）国家知识产权局的主要职责

1. 负责拟订和组织实施国家知识产权战略

拟订加强知识产权强国建设的重大方针政策和发展规划。拟订和实施强化知识产权创造、保护和运用的管理政策和制度。

2. 负责保护知识产权

拟订严格保护商标、专利、原产地地理标志、集成电路布图设计等知识产权制度并组织实施。组织起草相关法律法规草案，拟订部门规章，并监督实施。研究鼓励新领域、新业态、新模式创新的知识产权保护、管理和服务政策。研究提出知识产权保护体系建设方案并组织实施，推动建设知识产权保护体系。负责指导商标、专利执法工作，指导地方知识产权争议处理、维权援助和纠纷调处。

3. 负责促进知识产权运用

拟订知识产权运用和规范交易的政策，促进知识产权转移转化。规范知识产权无形资产评估工作。负责专利强制许可相关工作。制定知识产权中介服务发展与监管的政策措施。

4. 负责知识产权的审查注册登记和行政裁决

实施商标注册、专利审查、集成电路布图设计登记。负责商标、专利、集成电路布图设计复审和无效等行政裁决。拟订原产地地理标志统一认定制度并组织实施。

5. 负责建立知识产权公共服务体系

建设便企利民、互联互通的全国知识产权信息公共服务平台，推动商标、专利等知识产权信息的传播利用。

6. 负责统筹协调涉外知识产权事宜

拟订知识产权涉外工作的政策，按分工开展对外知识产权谈判。开展知识产权工作的国际联络、合作与交流活动。

7. 完成党中央、国务院交办的其他任务。

(二) 国家知识产权局与其他行政部门有关职责分工

1. 与国家市场监督管理总局的职责分工

国家知识产权局负责对商标专利执法工作的业务指导，制定并指导实施商标权、专利权确权和侵权判断标准，制定商标专利执法的检验、鉴定和其他相关标准，建立机制，做好政策标准衔接和信息通报等工作。国家市场监督管理总局负责组织指导商标专利执法工作。

2. 与商务部的职责分工

国家知识产权局负责统筹协调涉外知识产权事宜。商务部负责与经贸相关的多双边知识产权对外谈判、双边知识产权合作磋商机制及国内立场的协调等工作。

3. 与国家版权局的职责分工

有关著作权管理工作，按照党中央、国务院关于版权管理职能的规定分工执行。

第二节 专利领域主要法律法规

国资委《中央企业合规管理办法》将合规规范定义为国家法律法规、党内法规制度（中央企业、国有企业）、监管规定、行业准则和国际条约、规则，以及公司章程、相关规章制度等。

具体到专利领域，企业在申请、维护和运营专利过程中需要遵守的外部规范主要包括：法律法规、司法解释、部门规章、其他规范性文件、行业监管规则、标准、行政许可、知识产权国际条约和协议等。其中专利领域的核心法律法规为《专利法》和《专利法实施细则》。

专利领域相关外部规范主要梳理如下：

制定部门	规范名称	生效/修正生效时间
全国人民代表大会常务委员会	《专利法》	2021年6月1日
国务院	《专利法实施细则》	2010年2月1日
国务院	《专利代理条例》	2019年3月1日
最高人民法院	《最高人民法院关于审理侵犯专利纠纷案件应用法律若干问题的解释》	2010年1月1日
最高人民法院	《最高人民法院关于对诉前停止侵犯专利权行为适用法律问题的若干规定》	2001年7月1日
最高人民法院	《最高人民法院关于审理专利授权确权行政案件适用法律若干问题的规定（一）》	2020年9月12日
最高人民法院	《最高人民法院关于涉网络知识产权侵权纠纷几个法律适用问题的批复》	2020年9月14日
最高人民法院、最高人民检察院	《最高人民法院、最高人民检察院关于办理侵犯知识产权刑事案件具体应用法律若干问题的解释（三）》	2020年9月14日
最高人民法院	《最高人民法院关于知识产权民事诉讼证据的若干规定》	2020年11月18日
最高人民法院	《最高人民法院关于审理申请注册的药品相关的专利权纠纷民事案件适用法律若干问题的规定》	2021年7月5日
最高人民法院	《最高人民法院关于审理侵害知识产权民事案件适用惩罚性赔偿的解释》	2021年3月3日
最高人民法院	《最高人民法院关于知识产权侵权诉讼中被告以原告滥用权利为由请求赔偿合理开支问题的批复》	2021年6月3日
国家知识产权局	《专利权质押登记办法》	2021年11月15日
国家知识产权局	《专利实施强制许可办法》	2012年5月1日
国家知识产权局	《专利行政执法办法》	2011年2月1日

续表

制定部门	规范名称	生效/修正生效时间
国家知识产权局	《专利实施许可合同备案办法》	2011年8月1日
国家知识产权局	《关于规范申请专利行为的办法》	2021年3月11日
国家知识产权局	《重大专利侵权纠纷行政裁决办法》	2021年6月1日
国家知识产权局	《药品专利纠纷早期解决机制行政裁决办法》	2021年7月5日
国家药品监督管理局、国家知识产权局	《药品专利纠纷早期解决机制实施办法（试行）》	2021年7月4日
海关总署	《关于〈中华人民共和国知识产权海关保护条例〉的实施办法》	2009年7月1日
国家市场监督管理总局	《市场监督管理严重违法失信名单管理办法》	2021年9月1日
国家市场监督管理总局	《专利代理管理办法》	2019年5月1日

第三节 企业专利管理制度

2021年10月17日国务院国资委发布《关于进一步深化法治央企建设意见》，要求加强知识产权管理，完善专利、商标、商号、商业秘密等保护制度，坚决打击侵权行为，切实维护企业无形资产安全和合法权益。

专利管理是企业知识产权管理的重要内容，专利管理制度构成企业知识产权管理制度的重要组成部分，是企业知识产权合规义务的重要渊源。企业应当根据本身产品和经营的实际情况，及时将我国有关专利管理的法律法规转化为企业内部规章制度，结合公司管理制度构建完整的专利管理制度，切实加强专利的获取、维护、运用、保护以及合同管理等。

企业专利管理制度的具体内容应包括及时申请注册专利、规范实施许可和转让、专利规范使用、专利权保护及侵权预防等方面。

一、专利查新、检索制度

专利查新、检索制度的合规管理重点在于：

1. 企业在研发过程中，尤其是项目立项时，应当充分利用专利文献制定正确研究方向和技术路线，避免重复开发或者发生专利侵权纠纷。

2. 向国外出口新技术、新产品时应当进行 FTO（free to operate，专利自由实施分析）分析工作，避免在目标国侵犯第三人专利权。

二、专利备案制度

重点备案的资料有：研发项目独立开发、合作开发合同；专利权转让合同；专利权评估文件；涉及专利权的公司批准文件；专利权成果转化方案；专利权纠纷处理方案；具体的专利权奖励措施；涉及专利活动会议的决议；专利管理机构领导小组组成成员、专利管理机构成员名单；专利申请、运用中涉密范围人员名单；知识产权保护承诺书及相关的劳动合同；有关的专利管理工作规定及实施细则等。

三、专利权归属评判制度

专利权归属评判制度的合规管理重点在于：

1. 区分是否为职务发明；

2. 委托/合作开发合同，专利权归属；

3. 如涉及职务发明，署名权、奖励、报酬的分配和实施。

四、专利档案集中管理制度

企业应掌握科研、开发等工作的每一阶段进程。在每一阶段进程和科研工作完成后，研究人员须将全部试验报告、数据手稿、图纸、声像等相关原始技术资料收集整理，交项目负责人归档，并交专利合规管理部门统一保存。

五、专利申请保密制度

专利申请保密制度的合规管理重点在于：
1. 研发及申请专利相关资料的保护；
2. 劳动合同中的保密条款、竞业禁止条款，以及专利申请/研发保密承诺书等。

六、专利合同制度

需要制订、审查和备案的重点合同包括：委托开发合同、合作开发合同、技术转让合同、专利实施许可合同。

企业需要加强专利合同的签订、履约和纠纷管理。

七、专利保护制度

专利保护制度的合规管理重点在于：
1. 专利管理机构进行专利权申请、登记、备案工作；

2.各业务部门应配合专利管理部门日常跟踪专利的登记注册、授权情况；

3.任何部门或个人发现侵权或者侵权的可能，应采取积极措施配合专利管理部门在行政执法机关或司法机关的指导下解决问题。

第四节 专利领域的典型违规案例

专利管理不合规，企业需要承担的风险包括法律风险、合规风险及全面风险中的其他风险。法律风险包括法律环境、违法、违约、侵权、怠于行使权利、不当行为法律风险。合规风险包括违法、违反规章制度、违反道德规范等导致的风险。全面风险中，除法律风险与合规风险外，还包括战略风险、财务投融资风险、市场风险、运营风险等。专利管理不合法、不合规，企业需要承担的法律风险和合规风险包括民事责任、行政责任和刑事责任，还可能承担企业上市风险、产品/技术出口市场风险、专利运营风险等其他风险。

专利领域典型的违规案例，是识别企业专利法律风险与合规风险的重要信息源。企业开展和加强专利法律合规管理，需要收集、整理、总结专利领域典型的违规案例，为识别专利领域的法律风险与合规风险提供外部信息来源。

针对上述专利法律风险与合规风险，本节整理了如下法律责任及相关典型专利违规案例，以供参考。

一、民事责任

根据《专利法》相关规定，侵犯他人专利权的民事责任包括如下：

1. 停止侵权

停止侵权是指侵权人应当停止擅自制造、使用、许诺销售、销售、进口专利产品或者使用专利方法以及使用、许诺销售、销售、进口依该专利方法直接获得的产品的行为。如侵权人不停止侵权，专利权人可以向人民法院起诉，也可以请求管理专利工作的部门处理。管理专利工作的部门处理时，认定侵权行为成立的，可以责令侵权人立即停止侵权行为。侵权人期满不停止侵权行为的，管理专利工作的部门可以申请人民法院强制执行。具体规定可参阅我国《专利法》第六十五条。

2. 赔偿损失

专利权是一种无形财产，侵权人给专利权人造成经济上的损失时，专利权人或者利害关系人有权依法要求侵权人赔偿经济损失。赔偿数额的计算方法一般有4种：(1)实际损失：以权利人因被侵权所受到的实际损失确定。(2)获得利益：以侵权人因侵权所获得的利益确定。(3)专利许可费倍数：权利人的损失或者侵权人获得的利益难以确定的，参照该专利许可使用费的倍数合理确定。对故意侵犯专利权，情节严重的，可以在按照上述方法确定数额的一倍以上五倍以下确定赔偿数额。(4)法定赔偿：权利人的损失、侵权人获得的利益和专利许可使用费均难以确定的，人民法院可以根据专利权的类型、侵权行为的性质和情节等因素，确定给予三万元以上五百万元以下的赔偿。

同时，赔偿数额还应当包括权利人为制止侵权行为所支付的合理开支。具体规定可参阅我国《专利法》第七十一条。

3. 消除影响

消除影响主要是责令侵权人通过新闻媒介以及发表讲话、声明，承认其侵权行为，并作出不再侵权的保证。

以上几种承担民事责任的方式，可以单独适用，也可以合并适用。

下面列举专利领域承担民事责任的典型案例:

(一) 侵犯他人专利权,导致企业被诉承担民事赔偿责任

奥克斯侵犯格力实用新型专利权

2018年4月24日,对于珠海格力电器股份有限公司(以下简称格力)诉宁波奥克斯空调有限公司(以下简称奥克斯)侵犯专利权的6件案件,广州知识产权法院进行了一审宣判,其中3件案件构成专利侵权,判令奥克斯共计赔偿格力4600万元;另外3件案件不构成专利侵权,格力的诉讼请求被驳回。这一判决金额刷新了至今为止空调行业专利诉讼案赔偿金额的最高纪录,也再次引发业内人士对专利诉讼的讨论。

在构成专利侵权的3个案件中,其中一件专利赔偿金额为4000万元的案件受到业内的极大关注。该件专利是格力于2008年4月25日向国家知识产权局申请"一种空调机的室内机"实用新型专利权,2009年5月20日获得授权公告。在该案中,格力诉称第一被告奥克斯以及第二被告广州晶东贸易有限公司(以下简称晶东公司)未经许可,生产、销售、许诺销售使用格力电器该项专利技术的8个型号空调产品,侵犯了格力电器的专利权。故请求法院判令二被告立即停止侵权,被告奥克斯赔偿格力电器经济损失及合理费用合计4000万元。

在其余两件涉案专利案件中,奥克斯制造销售被诉空调的行为被法院认定构成侵权,且奥克斯构成举证妨碍责任,奥克斯被判赔偿格力诉讼请求的600万元,三件专利共计赔偿4600万元。

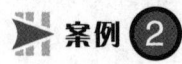**案例 2**

三菱化学和希尔德公司专利侵权纠纷

2015年1月,三菱化学以希尔德公司侵害国立研究开发法人物质材料研究机构和其公司共有的红色荧光粉中国专利(中国专利第ZL201110066517.7号)为由,向深圳市中级人民法院提起诉讼,请求法院判令其停止在中国生产和销售被控侵权荧光粉产品等侵权行为并赔偿损失。希尔德公司就该专利向专利复审委员会提出无效请求,专利复审委员会作出维持本专利有效的无效审查决定。其后,希尔德公司不服以上无效审查决定,于2016年7月、2018年12月分别提起行政诉讼一审及二审(终审),但法院均作出判决,全面驳回了希尔德公司的主张,并维持了本专利的有效性,本专利有效性得以确定。

2018年10月,深圳市中级人民法院判令希尔德公司停止上述侵权行为并向三菱化学支付损害赔偿金共200万元。希尔德公司不服上述判决,并于同年11月向广东省高级人民法院上诉,但该法院全面驳回了希尔德公司的主张,于2020年12月作出了维持一审判决的终审判决,判令希尔德公司停止其侵权行为,并向三菱化学赔偿200万元。

(二)未制定职务发明奖酬管理制度,导致企业被诉承担民事赔偿责任

> **典型案例**
>
> **怡信公司与曾某福职务发明奖酬纠纷案,公司被判赔20万元**
>
> 2007年5月23日,怡信公司向国家知识产权局申请了涉案实

用新型专利"便携可充式喷液瓶",并于 2008 年 5 月 7 日获得授权。涉案专利证书记载的发明人为许某明、曾某福、王某,专利权人为怡信公司,涉案专利权的期限于 2017 年 5 月 23 日届满。

2011 年至 2016 年,怡信公司曾以涉案专利权被侵害为由对不同被告提起了多起侵权诉讼。上述案件的最终审理结果为各被告构成侵权,需停止侵权行为并向怡信公司赔偿 8000 元至 500000 元不等的经济损失及合理开支。怡信公司在诉讼中获得判决支持的侵权赔偿数额合计 1125000 元。

曾某福于 2006 年 6 月入职怡信公司,后于 2008 年 10 月离职,其间曾任工程部课长、项目副经理等职务。曾某福从怡信公司离职后提起诉讼,诉请怡信公司支付职务发明报酬 100 万元。曾某福在职时双方未约定奖酬,公司亦未依法制定职务发明奖酬规章制度,起诉时营业利润也难以查明。

法院综合考虑涉案专利类型、涉及发明人、有效期、对公司内其他专利研发影响,所获涉案专利侵权损害赔偿等,最终酌定怡信公司应当支付曾某福职务发明报酬 20 万元。

启示:企业应当及早制定职务发明奖酬制度,主动落实对职务发明人的奖酬,避免事后引发诉讼。

二、行政责任

(一)侵犯他人专利权的行政责任:停止侵权

根据《专利法》第六十五条的规定,未经专利权人许可,实施其专利,即侵犯其专利权,引起纠纷的,专利权人或者利害关系人可以请求管理专利工作的部门处理。管理专利工作的部门处理时，认定侵权行为成立的，可以责令侵权人立即停止侵权行为；进行处理的管理专利工作的部门应当事人的请求，可以就侵犯专利权的赔偿数额进行调解。

> **典型案例**
>
> ### 拜耳医药与创诺医药专利侵权纠纷行政案
>
> 请求人拜耳医药保健有限责任公司于2000年1月12日向国家知识产权局提交名称为"用ω-羧基芳基取代的二苯脲作为raf激酶抑制剂"的发明专利申请，2005年9月21日获得授权，专利号为ZL00802685.8。该专利权在请求人提起侵权纠纷处理请求时合法有效。2019年1月，拜耳医药保健有限责任公司就该发明专利向上海市知识产权局提出侵权纠纷行政处理请求。请求人称，其实施该专利的专利产品为抗肿瘤药索拉非尼（Sorafenib），被请求人上海创诺医药集团有限公司未经许可在其官方网站和某大型展会上许诺销售的原料药索拉非尼，落入涉案发明专利的权利要求1和权利要求27的保护范围，涉嫌侵犯其专利权。被请求人辩称：其并未以生产经营为目的销售涉案产品，公司网站上展示的涉案产品列明了"R&D"即研发状态；其在展会宣传材料上展示的涉案产品标注了文档状态，并且进行了限定声明，不应构成许诺销售行为；以上行为是法律所允许的为获取行政审批所需信息而开展的研究和试验活动，不构成专利侵权。
>
> 经查，被请求人在其官网登载了涉案专利产品信息并在展会的宣传单页和展板上载明涉案专利产品和研发状态，宣传单页和展板下方均印有"Products under patent are not offered for sales until patent expiration in the relevant country."字样。被请求人展位相关人员在

咨询录音中表示涉案产品"可以做",并提供名片。上海市知识产权局认为,以在网络和展销会上展出等方式作出销售产品意思表示的,属于《专利法》第十一条规定的许诺销售。被请求人在其官网"公司产品"栏目展示涉案产品信息,在商业展会上分类展示产品信息、发放宣传单页,具有推销目的。被请求人所称其注明产品的研发状态是为了寻找潜在研发合作客户,仍应认定为销售商品的意思表示。被请求人所作的关于在专利到期之前在相关国家不予售卖专利保护产品的限定声明,不能排除被请求人具有推销涉案产品的目的。另《专利法》第六十九条第五项规定的提供行政审批例外情形仅限于"制造、使用、进口",因此被请求人许诺销售涉案产品的行为,并不适用该项规定。

2019年5月,上海市知识产权局认定被请求人存在许诺销售"索拉非尼"原料药行为,且该涉案产品落入涉案专利权保护范围,构成侵犯涉案专利权行为,依法作出责令其停止许诺销售侵犯涉案专利的索拉非尼、删除进行许诺销售的网站信息、销毁印有侵权产品的所有宣传资料的决定。

(二)假冒专利的行政责任:责令改正并予公告,没收违法所得及处以罚款

《专利法》第六十八条规定:"假冒专利的,除依法承担民事责任外,由负责专利执法的部门责令改正并予公告,没收违法所得,可以处违法所得五倍以下的罚款;没有违法所得或者违法所得在五万元以下的,可以处二十五万元以下的罚款。"

> 典型案例

宁波义帮医疗器械有限公司假冒专利案

浙江省宁波市市场监管局查处

宁波义帮医疗器械有限公司假冒专利案

处罚金额：29.9万元

违法事实：擅自宣称标注专利标识

2019年12月24日，浙江省宁波市市场监管局执法人员依法对宁波义帮医疗器械有限公司开展执法检查。经查，当事人实际经营者房某于2016年、2018年两次递交"一种医用治疗专用绷带布的加工方法"发明专利申请，截至案发均未被授予发明专利权。当事人2017年起在压力绷带产品包装上标注专利标识，销售3000余件，违法所得15万元。

针对当事人的假冒专利行为，宁波市市场监管局依法责令当事人改正，并作出罚没款合计29.9万元的行政处罚。本案中，当事人将尚处于申请阶段的专利申请号标注于产品上致使公众混淆误认，市场监管部门依法查处，保护消费者的合法权益。

（三）非正常专利申请的行政处罚

> 典型案例

名称：上海**专利代理有限公司

法定代表人（负责人）姓名：徐某

行政处罚决定书文号：沪市监总处〔2021〕322020000510号

违法行为类型：从事非正常专利申请行为，严重扰乱专利工作秩序

处罚依据：《专利代理条例》第二十五条第一款

行政处罚内容：罚款3万元，警告

作出行政处罚机关名称：上海市市场监督管理局

作出行政处罚决定日期：2021年2月5日

三、刑事责任

根据《刑法》第二百一十六条［假冒专利罪］的规定：假冒他人专利，情节严重的，处三年以下有期徒刑或者拘役，并处或者单处罚金。

> **典型案例**
>
> 专利权人张某强于2011年3月3日向国家知识产权局申请实用新型专利"可调节温度的安全水褥"，并获得授权。随后专利权人将该专利长期独家授权于菁英坊床用水循环加热器厂使用。菁英坊床用水循环加热器厂利用专利技术生产眠尔康牌水热床。
>
> 2015年8月起，被告人张某、郑某某在未经专利授权的情况下，仿造"眠尔康"牌水热床，并在外包装盒上印制使用未经授权的涉案专利的专利号，后将假冒的专利产品销售给金某、储某等人，被告人产品在天津大量销售，导致专利权人张某强的正品货物一直未能进入天津市场，经查二被告销售假冒专利床垫金额达1658806元。
>
> 2016年德州市德城区人民检察院指控被告人张某、郑某某犯假冒专利罪，并于2017年向德州德城区人民法院提起公诉。该案于2017年6月22日公开开庭审理。最终，法院判决张某犯假冒专利罪，判处有期徒刑一年六个月，缓刑二年，并处罚金10万元。郑

某某犯假冒专利罪,判处有期徒刑一年三个月,缓刑二年,并处罚金10万元。

四、企业上市风险

(一)专利侵权导致企业上市滑铁卢

> **典型案例**

1. 案例概况:安翰科技是一家主营"磁控胶囊胃镜系统"机器人的医疗器械公司。2019年3月安翰科技递交科创板IPO申请,5月,重庆金山发起专利侵权诉讼,认为安翰科技的"磁控胶囊胃镜系统"产品侵犯了自己的8项专利权,提起专利侵权诉讼并索赔天文数字5000万元。随后安翰科技向国家知识产权局提交了重庆金山8项专利全部无效的申请。金山科技于10月也对安翰科技与胶囊相关的9件专利提起了无效申请。

2. 结果:作为首批获受理的科创企业,安翰科技于3月22日进入科创板"考场",就在IPO的关键时期,遭遇了竞争对手的沉重一击。2019年11月25日,在长达8个月的等待之后,安翰科技最终选择了主动撤回科创板审核申请,终止IPO进程。

3. 启示:安翰科技撤回上市申请固然有很多考量因素,但重庆金山的专利侵权诉讼,对安翰科技的IPO历程,起到了直接的干扰作用。虽然国家知识产权局对于涉案专利中的6项宣布无效,但对安翰科技来说,这样的结果来得太迟了。薄弱的知识产权护城河,是科创企业上市不得不面对的问题。

(二) 专利未及时缴纳年费影响企业上市进程

> 典型案例

1. 案例概况：2010年1月22日，证监会审核通过了东方财富和苏州恒久的IPO申请；3月9日，公司网上发行新股。据安排，苏州恒久本应在3月19日登陆创业板。但没想到的是，就在当年2月24日，国家知识产权局网站公布，苏州恒久拥有的有机光导管体（1）-（4）四项外观技术专利权因未及时续费已被终止，同时终止专利权的还有一项有机光导管体实用新型技术专利。这与苏州恒久招股说明书不一致。因此，就在公司股票上市前夜，即2010年3月18日晚，苏州恒久公告称，有关监管部门要求保荐机构就媒体报道的专利权终止问题进行核查，公司股票暂缓上市。2010年6月11日，创业板发审委重新审核苏州恒久首发申请，公司首发许可被撤销，证监会要求公司将申购款返还证券持有人。

2. 结果：六年后的苏州恒久光电再次冲刺IPO，而监管层此番对公司的专利情况也给予了重点关注。要求发行人代表进一步说明对发行人相关专利、商标管理的内部控制制度是否建立健全并有效运行，是否存在知识产权争议或纠纷等风险。虽然苏州恒久光电终于得以成功上市，但是因为不注重知识产权管理而付出的六年时间却不会再回来。

3. 启示：发明创造获得专利权后，企业一定要定期做好监测，以免忘记缴纳年费，导致专利权丧失而得不偿失。企业应当建立和完善专利年费监控缴纳制度，安排专人监控专利年费或者委托第三方专业机构进行监控缴费，以避免因未及时缴纳专利年费导致专利权终止等后果。

五、产品/技术出口市场风险

随着中国企业"走出去"的增多,企业出口的货物被诉侵犯国外企业在海外的专利权的案件逐渐增多。在很长一段时间里,我国以货物贸易为"走出去"的主要方式,专利技术尤其是核心专利技术少,知识产权意识薄弱,致使我国企业在海外屡遭专利钳制。据统计,中国企业已成为近些年美国337调查的最大受害者,在2012年美国总共发起的40起337调查中中国企业被诉13起,其中以专利侵权为诉由发起的比例超过90%。337调查,是指美国国际贸易委员会根据美国《1930年关税法》第337节及相关修正案进行的调查,调查的对象主要为进口产品侵犯美国知识产权的行为。

典型案例

1. 案例概况:2005年7月,荷兰Unilin公司、爱尔兰地板工业公司和美国北卡罗来纳地板公司以"地板锁扣"专利遭中国企业侵权为由,联合向美国国际贸易委员会(USITC)提出申请,要求对侵权产品实施普遍排除令,并对被诉企业的违法行为发布禁制令。圣象、四川升达、菲林格尔3家木地板巨头利用德国一项40年前就已失效的地板锁扣技术(俗称"圆弧扣"),聘请了美国的地板专家以及两家芝加哥工程公司,根据此种原理绕道设计出了新的产品。我国企业先后组成4个小组,在全球范围内招聘律师团应诉,总应诉费超过800万美元。USITC作出初裁,认为不构成侵权。初裁后,荷兰Unilin公司转而在申诉中指出,"圆弧扣"专利仍包含在该公司起诉的三项专利之内。

2. 结果:USITC最终裁定,38家全球被诉企业在美销售的地板专利侵权成立,其中包括升达、圣象等中国18家地板企业。而按照终裁，中国每年出口到美国总量为3000万平方米的强化木地板面临退货风险。

3. 启示：从以上案例中可以看到，企业开拓海外市场的过程中知识产权风险无处不在，因此从一开始就树立知识产权风险防范和国际保护意识非常重要。企业产品/技术出口应提前在目标出口国进行尽职调查和合规审查，预防违反当地的法律规定或者侵犯他人专利权。企业在新产品投放市场前，对于产品的各项技术特征，都存在专利侵权的风险。即使企业已进行了专利申请和保护，在实施自己的专利权之前，也需要开展专利侵权风险排查，即FTO（Freedom to Operate，技术的自由实施）。

第五节 专利领域主要法律合规义务

企业开展专利领域法律风险与合规风险管理，识别法律风险与合规风险，制定法律风险与合规风险清单，采取风险应对和监测预警措施，其基础是识别企业在专利领域所需遵守的法律合规义务。

根据前文第二节所列专利领域主要法律法规，我们梳理出企业在专利领域所须遵守的主要法律合规义务。

企业需要根据本身业务、产品特点和经营地域等，收集完整的专利领域法律法规、建立专利领域外法库；充分识别合规义务，建立专利领域合规义务清单。

企业应当密切关注国家法律法规的立改废，及时修正本企业专利领域外法库，及时进行合规义务再识别、修正专利领域合规义务清单。

法律依据	合规义务内容
《专利法》第7条	对发明人或者设计人的非职务发明创造专利申请,任何单位或者个人不得压制
《专利法》第10条	中国单位或者个人向外国人、外国企业或者外国其他组织转让专利申请权或者专利权的,应当依照有关法律、行政法规的规定办理手续。转让专利申请权或者专利权的,当事人应当订立书面合同,并向国务院专利行政部门登记,由国务院专利行政部门予以公告。专利申请权或者专利权的转让自登记之日起生效
《专利法》第11条	发明和实用新型专利权被授予后,除本法另有规定的以外,任何单位或者个人未经专利权人许可,都不得实施其专利,即不得为生产经营目的制造、使用、许诺销售、销售、进口其专利产品,或者使用其专利方法以及使用、许诺销售、销售、进口依照该专利方法直接获得的产品。外观设计专利权被授予后,任何单位或者个人未经专利权人许可,都不得实施其专利,即不得为生产经营目的制造、许诺销售、销售、进口其外观设计专利产品
《专利法》第12条	任何单位或者个人实施他人专利的,应当与专利权人订立实施许可合同,向专利权人支付专利使用费。被许可人无权允许合同规定以外的任何单位或者个人实施该专利
《专利法》第14条	专利申请权或者专利权的共有人对权利的行使有约定的,从其约定。没有约定的,共有人可以单独实施或者以普通许可方式许可他人实施该专利;许可他人实施该专利的,收取的使用费应当在共有人之间分配。除前款规定的情形外,行使共有的专利申请权或者专利权应当取得全体共有人的同意
《专利法》第15条	被授予专利权的单位应当对职务发明创造的发明人或者设计人给予奖励;发明创造专利实施后,根据其推广应用的范围和取得的经济效益,对发明人或者设计人给予合理的报酬
《专利法》第19条	任何单位或者个人将在中国完成的发明或者实用新型向外国申请专利的,应当事先报经国务院专利行政部门进行保密审查。保密审查的程序、期限等按照国务院的规定执行。对违反本条第一款规定向外国申请专利的发明或者实用新型,在中国申请专利的,不授予专利权
《专利法》第20条	申请专利和行使专利权应当遵循诚实信用原则。不得滥用专利权损害公共利益或者他人合法权益。滥用专利权,排除或者限制竞争,构成垄断行为的,依照《中华人民共和国反垄断法》处理
《专利法》第23条	授予专利权的外观设计不得与他人在申请日以前已经取得的合法权利相冲突

续表

法律依据	合规义务内容
《专利法》第43条、第44条	专利权人应当自被授予专利权的当年开始缴纳年费；没有按照规定缴纳年费的，专利权在期限届满前终止
《专利法》第47条	宣告专利权无效的决定，对在宣告专利权无效前人民法院作出并已执行的专利侵权的判决、调解书，已经履行或者强制执行的专利侵权纠纷处理决定，以及已经履行的专利实施许可合同和专利权转让合同，不具有追溯力。但是因专利权人的恶意给他人造成的损失，应当给予赔偿。依照前款规定不返还专利侵权赔偿金、专利使用费、专利权转让费，明显违反公平原则的，应当全部或者部分返还
《专利法》第51条	实行开放许可的专利权人可以与被许可人就许可使用费进行协商后给予普通许可，但不得就该专利给予独占或者排他许可
《专利法》第68条	假冒专利的，除依法承担民事责任外，由负责专利执法的部门责令改正并予公告，没收违法所得，可以处违法所得五倍以下的罚款；没有违法所得或者违法所得在五万元以下的，可以处二十五万元以下的罚款；构成犯罪的，依法追究刑事责任
《专利法》第69条	负责专利执法的部门、管理专利工作的部门依法行使规定的职权时，当事人应当予以协助、配合，不得拒绝、阻挠
《专利法》第78条	违反本法第十九条规定向外国申请专利，泄露国家秘密的，由所在单位或者上级主管机关给予行政处分；构成犯罪的，依法追究刑事责任
《专利法实施细则》第84条	下列行为属于专利法第六十三条规定的假冒专利的行为： （一）在未被授予专利权的产品或者其包装上标注专利标识，专利权被宣告无效后或者终止后继续在产品或者其包装上标注专利标识，或者未经许可在产品或者产品包装上标注他人的专利号； （二）销售第（一）项所述产品； （三）在产品说明书等材料中将未被授予专利权的技术或者设计称为专利技术或者专利设计，将专利申请称为专利，或者未经许可使用他人的专利号，使公众将所涉及的技术或者设计误认为是专利技术或者专利设计； （四）伪造或者变造专利证书、专利文件或者专利申请文件； （五）其他使公众混淆，将未被授予专利权的技术或者设计误认为是专利技术或者专利设计的行为
《刑法》第216条	假冒他人专利，情节严重的，处三年以下有期徒刑或者拘役，并处或者单处罚金

续表

法律依据	合规义务内容
《最高人民法院关于审理专利纠纷案件适用法律问题的若干规定》第19条	假冒他人专利的，人民法院可以依照专利法第五十八条的规定追究其民事责任。管理专利工作的部门未给予行政处罚的，人民法院可以依照民法通则第一百三十四条第三款的规定给予民事制裁，适用民事罚款数额可以参照专利法第五十八条的规定确定
《最高人民法院关于审理侵犯专利纠纷案件应用法律若干问题的解释》第12条	将侵犯发明或者实用新型专利权的产品作为零部件，制造另一产品的，人民法院应当认定属于专利法第十一条规定的使用行为；销售该另一产品的，人民法院应当认定属于专利法第十一条规定的销售行为。将侵犯外观设计专利权的产品作为零部件，制造另一产品并销售的，人民法院应当认定属于专利法第十一条规定的销售行为，但侵犯外观设计专利权的产品在该另一产品中仅具有技术功能的除外
《最高人民法院关于审理侵犯专利纠纷案件应用法律若干问题的解释（二）》第21条	明知有关产品系专门用于实施专利的材料、设备、零部件、中间物等，未经专利权人许可，为生产经营目的将该产品提供给他人实施了侵犯专利权的行为，权利人主张该提供者的行为属于侵权责任法第九条规定的帮助他人实施侵权行为的，人民法院应予支持。 明知有关产品、方法被授予专利权，未经专利权人许可，为生产经营目的积极诱导他人实施了侵犯专利权的行为，权利人主张该诱导者的行为属于侵权责任法第九条规定的教唆他人实施侵权行为的，人民法院应予支持
《最高人民法院关于审理侵犯专利纠纷案件应用法律若干问题的解释（二）》第48条	拒绝、阻碍管理专利工作的部门依法执行公务的，由公安机关根据《中华人民共和国治安管理处罚法》的规定给予处罚；情节严重构成犯罪的，由司法机关依法追究刑事责任
《市场监督管理严重违法失信名单管理办法》第9条	实施下列破坏公平竞争秩序和扰乱市场秩序的违法行为，且属于本办法第二条规定情形的，列入严重违法失信名单： （二）故意侵犯知识产权；提交非正常专利申请、恶意商标注册申请损害社会公共利益；从事严重违法专利、商标代理行为

第六节 专利领域主要法律风险、合规风险及应对措施

本节主要对专利领域主要法律风险、合规风险及应对措施进行概括列举，更为具体的法律合规指引见本章第七节。

法律风险与合规风险	法律依据	应对措施描述
违反职务发明应给予发明人奖励和报酬的规定	《专利法》第15条	企业应建立专利奖励制度，明确给予发明人奖励和报酬
违反专利转让规定	《专利法》第10条	避免口头约定专利转让，除订立书面专利转让合同外，还需向国务院专利行政部门登记。中国单位或者个人向外国人、外国企业或者外国其他组织转让专利申请权或者专利权的，还应当出具国务院商务主管部门颁发的《技术出口许可证》或者《自由出口技术合同登记证书》，或者地方商务主管部门颁发的《自由出口技术合同登记证书》
违反侵犯他人专利权规定	《专利法》第11条、第65条、第71条，《最高人民法院关于审理侵犯专利纠纷案件应用法律若干问题的解释》第12条	在采购、研发、生产、销售等环节，对所涉及到的产品或技术进行FTO分析，尤其是目标市场国、主要竞争对手进行专利检索分析，防止或避免专利侵权
违反专利实施许可规定	《专利法》第12条	避免口头约定专利实施许可，除订立书面专利实施许可合同外，建议向国家知识产权局申请专利实施许可合同备案登记。被许可人无权允许合同规定以外的任何单位或者个人实施该专利，许可人也应按照许可合同约定的许可类型实施许可

续表

法律风险与合规风险	法律依据	应对措施描述
违反共有专利相关规定	《专利法》第14条	建议共有人之间对权利行使进行书面约定，避免未获得全体共有人的同意，单独行使共有的专利申请权或者专利权
违反保密审查规定	《专利法》第19条、第78条	向外国申请专利的，避免泄露国家秘密，务必向国家知识产权局申请保密审查
违反诚信原则，滥用专利权损害公共利益或者他人合法权益	《专利法》第20条	避免非正常专利申请；避免滥用专利权损害公共利益或者他人合法权益，在知识产权侵权诉讼中被告可以以原告滥用权利为由请求赔偿合理开支；避免滥用专利权，排除或者限制竞争，构成垄断行为
违反外观设计不得与他人在先合法权利相冲突规定	《专利法》第23条	避免外观设计与他人在先取得的合法权利，例如商标权、著作权等相冲突
违反专利权年费缴纳规定	《专利法》第43条、第44条	建议安排专人监控专利年费缴纳期限，或委托第三方专业机构监控并缴纳年费，避免因为超过缴费期限未缴年费而使专利权在保护期限届满前终止
违反宣告专利权无效的决定不具有追溯力除外规定	《专利法》第47条	专利权人应避免恶意申请专利或恶意诉讼；被诉侵权人应当尽早向国家知识产权局提出专利权无效宣告的请求。例如，在答辩期内提出专利权无效宣告的请求且符合相关法律规定的，法院可能会根据案件的情况中止审理
违反开放许可规定	《专利法》第51条	开放许可避免独占或者排他许可
违反假冒专利规定	《专利法》第68条、《专利法实施细则》84条、《刑法》第216条、《最高人民法院关于审理专利纠纷案件适用法律问题的若干规定》第19条	（一）慎重审查产品上标注专利标识：避免在未被授予专利权的产品或者其包装上标注专利标识、避免专利权被宣告无效后或者终止后继续在产品或者其包装上标注专利标识，避免未经许可在产品或者产品包装上标注他人的专利号；（二）慎重审查产品说明书等材料中明示"专利"：避免在产品说明书等材料中将未被授予专利权的技术或者设计称为专利技术或者专利设计，将专利申请称为专利，或者未经许可使用他人的专利号，使公众将所涉及的技术或者设计误认为是专利技术或者专利设计；（三）禁止伪造或者变造专利证书、专利文件或者专利申请文件

续表

法律风险与合规风险	法律依据	应对措施描述
违反协助、配合负责专利执法的部门、管理专利工作的部门依法行使职权的规定	《专利法》第69条、《最高人民法院关于审理侵犯专利纠纷案件应用法律若干问题的解释（二）》第48条	避免拒绝、阻碍负责专利执法的部门、管理专利工作的部门依法执行公务
帮助他人实施侵权行为、积极诱导他人实施了侵犯专利权的行为	《最高人民法院关于审理侵犯专利纠纷案件应用法律若干问题的解释（二）》第48条	（一）避免明知有关产品系专门用于实施专利的材料、设备、零部件、中间物等，未经专利权人许可，为生产经营目的将该产品提供给他人实施侵犯专利权的行为； （二）避免明知有关产品、方法被授予专利权，未经专利权人许可，为生产经营目的积极诱导他人实施了侵犯专利权的行为

第七节 专利领域法律合规指引

在企业合规管理越发重要的形势下，专利法律合规作为一个专项法律合规领域，具有较强的研究价值，对于提升企业技术核心竞争力、产品品质及企业形象具有积极作用。我们可以从专利的确权、用权、保护三个维度对专利法律合规的主要内容进行分析。

首先，从专利确权方面来看，专利法律合规包括专利权属法律合规、专利申请审查法律合规以及专利转让管理法律合规。

其次，从专利用权方面来看，专利法律合规包括专利规范使用法律合规、专利许可法律合规以及预防专利侵权法律合规。

最后，从专利保护方面来看，专利法律合规包括专利维权法律合规、专利侵权风险法律合规。

下面以专利规范使用法律合规、专利侵权风险法律合规为例，展开说明。

一、专利规范使用法律合规指引

由于专利专用权的"排他性"，对于专利权人而言，其对专利的使用必须遵守一定的法律要求及商业规范。专利权人即使使用自己的专利，如果使用不规范，也需要承担不利的法律后果。

为此，我们梳理了部分常见的不规范使用专利的情形及相应的法律风险与合规风险，以供参考：

序号	不规范情形	法律后果	法律依据
1	广告中涉及专利产品或专利方法的，未标明专利号和专利种类	由市场监督管理部门责令停止发布广告，对广告主处十万元以下的罚款	《广告法》第12条
2	未取得专利权的，在广告中谎称取得专利权		
3	使用未授权专利权的专利申请和已经终止、撤回、无效的专利作广告		
4	在未被授予专利权的产品或者其包装上标注专利标识，专利权被宣告无效或者终止后继续在产品或者其包装上标注专利标识，或者未经许可在产品或者产品包装上标注他人的专利号；或者销售上述产品	假冒专利的，除依法承担民事责任外，由负责专利执法的部门责令改正并予公告，没收违法所得，可以处违法所得五倍以下的罚款；没有违法所得或者违法所得在五万元以下的，可以处二十五万元以下的罚款。构成犯罪的，依法追究刑事责任	《专利法》第68条、《专利法实施细则》第84条、《刑法》第216条、《最高人民法院关于审理专利纠纷案件适用法律问题的若干规定》第19条
5	在产品说明书等材料中将未被授予专利权的技术或者设计称为专利技术或者专利设计，将专利申请称为专利，或者未经许可使用他人的专利号，使公众将所涉及的技术或者设计误认为是专利技术或者专利设计		
6	伪造或者变造专利证书、专利文件或者专利申请文件		
7	其他使公众混淆，将未被授予专利权的技术或者设计误认为是专利技术或者专利设计的行为		

续表

序号	不规范情形	法律后果	法律依据
8	未采用中文标明专利权的类别，例如，中国发明专利、中国实用新型专利、中国外观设计专利；未采用国家知识产权局授予专利权的专利号进行标注；附加其他文字、图形标记及其标注方式误导公众	专利标识不符合规定的，由管理专利工作的部门责令改正。专利标识标注不当，构成假冒专利行为的，由管理专利工作的部门依照专利法第六十八条的规定进行处罚	《专利法实施细则》第83条；《专利标识标注办法》第5~8条；《专利法》第68条
9	依照专利方法直接获得的产品、该产品的包装或者该产品的说明书等材料上标注专利标识的，未采用中文标明该产品系依照专利方法所获得的产品		
10	专利权被授予前在产品、该产品的包装或者该产品的说明书等材料上进行标注的，未采用中文标明中国专利申请的类别、专利申请号，也未标明"专利申请，尚未授权"字样		

二、专利侵权抗辩法律合规指引

（一）以没有落入专利权保护范围为由进行抗辩

根据《专利法》第十一条的规定，发明和实用新型专利权被授予后，除本法另有规定的以外，任何单位或者个人未经专利权人许可，都不得实施其专利，即不得为生产经营目的制造、使用、许诺销售、销售、进口其专利产品，或者使用其专利方法以及使用、许诺销售、销售、进口依照该专利方法直接获得的产品。外观设计专利权被授予后，任何单位或者个人未经专利权人许可，都不得实施其专利，即不得为生产经营目的制造、许诺销售、销售、进口其外观设计专利产品。按照《专利法》第六十四条的规定，发明或者实用新型专利权的保护范围以其权利要求的内容为准，说明书及附图可以用于解释权利要求的内容。外观设计专利权的保护范围以表示在图片或者照片中的该产品的外观设计为准，简要说明可用于解释图片或者照片所表示的该产品的外观设计。

专利侵权判定原则包括全面覆盖原则和等同原则。全面覆盖原则指：人民法院判定被诉侵权技术方案是否落入专利权的保护范围，应当审查权利人主张的权利要求所记载的全部技术特征。被诉侵权技术方案包含与权利要求记载的全部技术特征相同或者等同的技术特征的，人民法院应当认定其落入专利权的保护范围；被诉侵权技术方案的技术特征与权利要求记载的全部技术特征相比，缺少权利要求记载的一个以上的技术特征，或者有一个以上技术特征不相同也不等同的，人民法院应当认定其没有落入专利权的保护范围。等同原则指：被诉侵权的技术方案与专利权利保护的技术方案在某个或者某些技术特征上有不同之处，但是与所记载的技术特征以基本相同的手段，实现基本相同的功能，达到基本相同的效果，并且本领域普通技术人员在被诉侵权行为发生时无须经过创造性劳动就能够联想到的特征，那么该技术特征就等同于受保护的技术特征，也受到保护，这种模仿行为就构成专利侵权。

例如，上海知识产权法院（2017）沪73民初278号胡某诉摩拜公司侵害发明专利权纠纷一案，法院认为：虽然摩拜单车和涉案专利均具备"报警"功能，但实现该功能的技术路径不同。被控侵权摩拜单车的车锁控制系统不具备"比对信号不一致时控制器控制防盗报警器报警"的技术特征，与涉案专利权利要求1记载的技术特征"比对信号不一致时控制器控制防盗报警器报警"既不相同，也不构成等同。法院判决被控侵权的摩拜单车的车锁控制系统及其操作方法没有落入涉案专利的保护范围，不构成对涉案专利权的侵害。

（二）现有技术抗辩

根据《专利法》第六十七条的规定，在专利侵权纠纷中，被控侵权人有证据证明其实施的技术或者设计属于现有技术或者现有设计的，不构成侵犯专利权。根据《专利法》第二十二条的规定，"现有技术"是指专利申请日以前在国内外为公众所知的技术。

根据现有技术抗辩理论，虽然被控侵权技术落入涉案专利权保护范围，但因被控侵权技术使用的是公开的现有技术，根据上述规定，法院将直接判定被控侵权技术不构成侵权。在此情形下，被控侵权人无须启动专利无效程序就可免责，由此可减少当事人诉累。

现有技术抗辩是抗辩权的一种，其举证责任应由提出抗辩的一方当事人来承担。对于出版物公开，当事人须提供有明确出版时间的出版物；对使用公开，当事人可通过公证等方式来举证证明相关现有技术的技术特征及其公开时间。总之，抗辩人不但要证明现有技术特征与被控侵权技术特征相同，更要证明相关现有技术的公开时间在专利申请日之前。鉴于专利诉讼的专业性、复杂性，在当事人提供了初步证据，但其对技术细节的进一步举证存在困难时，法院可以根据当事人的申请采取证据保全、现场勘验等措施。

（三）先用权抗辩

按照《专利法》第七十五条第二款的规定，在专利申请日前已经制造相同产品、使用相同方法或者已经做好制造、使用的必要准备，并且仅在原有范围内继续制造、使用的，不视为侵犯专利权。

因此，使用先用权抗辩的，主张适用的一方应当根据具体情况准备所需的证据材料：

1. 证明在先研发的事实

该技术在研发设计过程中所有记录材料，包括立项、研讨、技术摘要、试验、会议记录、论证、项目验收等，即技术研发过程中的所有相关资料均可以用来证明，包括中间失败的数据和记录材料。

2. 证明在先使用的事实

可以证明在专利申请日前生产、销售专利产品或使用专利方法的证据，如销售合同、发货单、销售发票、物流单证、购买相关设备、原材料的票据等。

（四）合法来源抗辩

根据《专利法》第七十七条的规定，为生产经营目的使用、许诺销售或者销售不知道是未经专利权人许可而制造并售出的专利侵权产品，能证明该产品合法来源的，不承担赔偿责任。

合法来源辩护旨在保护诚信买受人（"善意买受人"），免除其因使用或销售专利侵权产品的赔偿责任，从而保障交易安全。合法来源抗辩是免除赔偿责任的抗辩，而非不侵权抗辩。

《专利法》规定了合法来源抗辩成立的两个条件：（1）善意买受人购买侵权产品必须有正常的商业渠道，具有合法来源；（2）善意买受人不知道侵犯了他人的专利权。若两个条件都满足，则买受人将受到合法来源抗辩的保护。

从买受人角度来看，援引合法来源抗辩可以避免在专利侵权案件中承担损害赔偿责任，具体建议如下：在采购前对卖方进行初步尽职调查，并记录尽职调查过程和结论；保留采购合同和发票，注明产品的名称、类型和数量。

从专利权人的角度来看，为了及时制止侵权行为，建议如下：证据材料中应载明：（1）被侵权的专利的基本信息；（2）对比该专利与侵权产品的技术特征；（3）侵权产品的生产商信息；以及要求善意买受人披露侵权生产商的身份信息，而不是要求损害赔偿，从而找到侵权的源头。

（五）权利用尽抗辩

根据《专利法》第七十五条第一款的规定，专利产品或者依照专利方法直接获得的产品,由专利权人或者经其许可的单位、个人售出后,使用、许诺销售、销售、进口该产品的,不视为侵犯专利权。

权利用尽抗辩是为保证商品的自由流通,维护正常的市场秩序。根据司法实践,权利用尽抗辩成立需满足以下几个条件:权利用尽抗辩需由被告主动提出;被控侵权产品需来源于专利权人或其合法被许可人;被控侵权产品已经通过"售出"转移出去,且权利人已经得到对价;买受人对售出的专利产品的处置方式包括"使用""许诺销售""销售""进口"。

(六)非生产经营目的抗辩

根据《专利法》第十一条的规定,发明和实用新型专利权被授予后,除本法另有规定的以外,任何单位或者个人未经专利权人许可,都不得实施其专利,即不得为生产经营目的制造、使用、许诺销售、销售、进口其专利产品,或者使用其专利方法以及使用、许诺销售、销售、进口依照该专利方法直接获得的产品。外观设计专利权被授予后,任何单位或者个人未经专利权人许可,都不得实施其专利,即不得为生产经营目的制造、许诺销售、销售、进口其外观设计专利产品。

按照北京市高级人民法院制定的《专利侵权判定指南》(最高人民法院尚未制定相关的规定,在最高人民法院发布相关规定之前,北京市高级人民法院制定的该判定指南作为参考。下同)第 130 条的规定,为私人利用等非生产经营目的实施他人专利的,不构成侵犯专利权。按照其第 105 条的规定,搭售或以其他方式转让侵犯专利权产品的所有权,变相获取商业利益的,也属于销售该产品。以生产经营目的赠送侵犯他人专利权的产品的,亦同。

(七)正当使用抗辩

根据《专利法》第七十五条第四款规定,专为科学研究和实验而使用有关专利的，不视为侵犯专利权。

北京市高级人民法院制定的《专利侵权判定指南》（最高人民法院尚未制定相关的规定，在最高人民法院发布相关规定之前，北京市高级人民法院制定的该判定指南作为参考。下同）第135条规定："专为科学研究和实验，是指专门针对专利技术方案本身进行的科学研究和实验，其目的是研究、验证、改进他人专利技术，在已有专利技术的基础上产生新的技术成果。本条第一款中的使用有关专利的行为，包括该研究实验者自行制造、使用、进口有关专利产品或使用专利方法的行为，也包括他人为该研究试验者制造、进口有关专利产品的行为。"

根据《专利法》第七十五条第五款规定，为提供行政审批所需要的信息，制造、使用、进口专利药品或者专利医疗器械的，以及专门为其制造、进口专利药品或者专利医疗器械的，不视为侵犯专利权。

北京市高级人民法院制定的《专利侵权判定指南》第136条规定："行政审批所需要的信息，是指《中华人民共和国药品管理法》《中华人民共和国药品管理法实施条例》以及《药品注册管理办法》等相关药品管理法律法规、部门规章等规定的实验资料、研究报告、科技文献等相关材料。"

三、专利侵权判断标准法律合规指引

按照我国《专利法》第十一条规定，发明和实用新型专利权被授予后，除本法另有规定的以外，任何单位或者个人未经专利权人许可，都不得实施其专利，即不得为生产经营目的制造、使用、许诺销售、销售、进口其专利产品，或者使用其专利方法以及使用、许诺销售、销售、进口依照该专利方法直接获得的产品。外观设计专利权被授予后，任何单位或者个人未经专利权人许可，都不得实施其专利，即不得为生产经营目的制造、许诺销售、销售、进口其外观设计专利产品。

司法保护和行政保护"双轨制"一直是独具中国特色的知识产权保护模式。具体到专利领域，国家知识产权局于2016年5月5日印发《专利侵权行为认定指南（试行）》（国知发管字〔2016〕31号）；北京市高级人民法院出台《专利侵权判定指南》；二者都涉及专利侵权的判断，现择其重点解读如下：

（一）关于"制造"

专利侵权诉讼案件中，如何认定构成"制造专利产品的行为"在司法实践中成了一个问题，笔者通过相关法律规定对制造行为的侵权认定问题进行简要阐述。

北京市高级人民法院制定的《专利侵权判定指南》第99条规定："制造发明或者实用新型专利产品，是指权利要求中所记载的产品技术方案被实现，产品的数量、质量不影响对制造行为的认定。"《专利侵权判定指南》第100条规定："制造外观设计专利产品，是指专利权人向国务院专利行政部门申请专利时提交的图片或者照片中的该外观专利产品被实现。下面根据相关法律规定举例说明制造专利产品的行为。"

序号	适用场景	侵权判断	法律依据
1	以不同制造方法制造产品的行为，但以方法限定的产品权利要求除外	应当认定为制造发明或者实用新型专利产品行为	《专利侵权判定指南》第99条
2	将部件组装成专利产品的行为；将原材料经化学反应、将零部件经物理组装形成专利产品的行为	应当认定为制造专利产品行为	《专利侵权判定指南》第99条《专利侵权行为认定指南（试行）》第1节

续表

序号	适用场景	侵权判断	法律依据
3	委托加工或贴牌生产行为	如果委托加工或贴牌生产的产品侵犯专利权，承揽人或加工人的加工构成实施专利的行为，定作人或委托人的委托行为也构成制造专利产品的行为	《专利侵权行为认定指南（试行）》第1.1.2
4	在已有产品上添加图案和/或色彩获得专利产品的行为	如果最终产品落入外观设计专利保护的范围，则该添加图案和/或色彩的行为属于制造专利产品的行为	《专利侵权行为认定指南（试行）》第1.1.3
5	制造产品仅供出口的行为	未经专利权人许可擅自制造侵权产品并出口到国外，虽然因产品全部销往国外，并不会影响专利权人在本国市场销售其专利产品，但仍构成制造专利产品的行为	《专利侵权行为认定指南（试行）》第1.1.4

（二）关于"使用"

《专利法》虽然规定了实施行为中的"使用"，但并未对"使用"的具体含义和边界进行更为清楚的解读和确认。如何厘清专利法意义上的"使用"往往成为判断专利合理使用与专利侵权界限的要点之一。

北京市高级人民法院制定的《专利侵权判定指南》第101条规定："使用发明或者实用新型专利产品，是指权利要求所记载的产品技术方案的技术功能得到了应用或者效果得以实现。"《专利侵权判定指南》第104条规定："使用外观设计专利产品，是指该外观设计产品的功能、技术性能得到了应用。需要特别注意：单纯使用侵犯外观设计专利权的产品的行为不属于侵犯专利权的行为。"下面根据相关法律规定举例说明"使用"行为。

序号	适用场景	侵权判断	法律依据
1	将侵犯发明或者实用新型专利权的产品作为零部件或中间产品，制造另一产品的	应当认定属于对专利产品的使用	《专利侵权判定指南》第102条
2	将专利产品组装成另一产品	将侵犯发明或实用新型专利权的产品作为零部件或中间产品制造另一产品的，一般应当认定属于对侵权产品的使用	《专利侵权行为认定指南（试行）》第1.2.1
3	拥有、储存或保存侵权产品	拥有、储存或保存侵犯专利权产品的行为，通常不构成使用侵权产品的行为	《专利侵权行为认定指南（试行）》第1.2.2
4	使用专利方法	使用专利方法，是指权利要求记载的专利方法技术方案的每一个步骤均被实现，使用该方法的结果不影响对是否构成侵犯专利权的认定。省略专利方法的步骤或者未按专利方法的顺序完整地再现专利方法，均不构成使用专利方法的侵权行为	《专利侵权判定指南》第103条；《专利侵权行为认定指南（试行）》第1.2.3

（三）关于"销售"

准确认定专利法意义的"销售"行为的含义和边界，尤其是将其与买卖行为明确区分，对于侵权行为认定与专利权人维权，以及社会公众利益保障，均至关重要。下面根据相关法律规定举例说明"销售"行为。

序号	适用场景	侵权判断	法律依据
1	侵犯专利权的产品买卖合同依法成立	可认定构成销售侵犯专利权的产品，该产品所有权是否实际发生转移一般不影响销售是否成立的认定	《专利侵权判定指南》第105条；《专利侵权行为认定指南（试行）》第3节
2	搭售或以其他方式转让侵犯专利权产品的所有权，变相获取商业利益的	也属于销售该产品；搭售行为构成侵权，包括搭售品构成侵权和被搭售品构成侵权的情形	《专利侵权判定指南》第105条；《专利侵权行为认定指南（试行）》第1.3.2

续表

序号	适用场景	侵权判断	法律依据
3	以生产经营目的赠送侵犯他人专利权的产品的；或者基于广告宣传目的免费赠送的搭送行为	以生产经营目的赠送侵犯他人专利权的产品的，也属于销售该产品；如果销售商搭送的产品或服务侵犯了他人专利权，即使销售的产品未侵权，搭送行为和主销售行为合并成一种特殊的销售行为，构成侵犯专利权的行为	《专利侵权判定指南》第105条《专利侵权行为认定指南（试行）》第1.3.2
4	将侵犯发明或者实用新型专利权的产品作为零部件或中间产品，制造另一产品后，销售该另一产品的	应当认定属于对专利产品的销售；但该中间产品在制造过程中的物理化学性能发生实质性变化的除外	《专利侵权判定指南》第106条《专利侵权行为认定指南（试行）》第1.3.1
5	将侵犯外观设计专利的产品作为零部件，制造另一产品并销售的	应当认定属于销售外观设计专利产品的行为，但侵犯外观设计专利的产品在另一产品中仅具有技术功能的除外。仅具有技术功能，是指该零部件构成最终产品的内部结构，在最终产品的正常使用中不产生视觉效果，只具有技术作用和效果	《专利侵权判定指南》第106条《专利侵权行为认定指南（试行）》第1.3.1
6	将侵犯他人专利权的产品用于出租的	应当认定属于对专利产品的销售	《专利侵权判定指南》第108条

（四）关于"许诺销售"

许诺销售行为并非销售的准备行为，该行为有其存在的独立性。立法者单独规定许诺销售行为的重要意义在于尽早遏制侵权产品的流通行为，同时准确打击侵权产品的来源方。下面根据相关法律规定举例说明"许诺销售"行为。

序号	适用场景	侵权判断	法律依据
1	以做广告、在商店橱窗中陈列、在网络或者在展销会上展出等方式作出销售侵犯他人专利权产品的意思表示的	可以认定为许诺销售；判断许诺销售行为是否构成专利侵权，以表示在广告或展示的标的物为准，而判断销售是否构成专利侵权，以实际销售的标的物为准	《专利侵权判定指南》第107条《专利侵权行为认定指南（试行）》第4节
2	以口头、电话、传真等方式作出销售侵犯他人专利权产品的意思表示的	可以认定为许诺销售	《专利侵权行为认定指南（试行）》第4节

（五）关于"进口"

下面根据相关规定举例说明"进口"行为。

序号	适用场景	侵权判断	法律依据
1	将落入产品专利权利要求保护范围的产品、依照专利方法直接获得的产品或者含有外观设计专利的产品在空间上从境外越过边界运进境内的行为	进口行为的成立，不以产品交付给进口商为判断基准，只要产品进入海关，即可判定进口行为成立	《专利侵权判定指南》第109条《专利侵权行为认定指南（试行）》第5节
2	专利权人或其被许可人在我国境外售出其专利产品或依照专利方法直接获得产品后，购买者将该产品进口到我国境内以及随后在我国境内使用、许诺销售、销售该产品的	不构成侵犯专利权的行为	《专利侵权行为认定指南（试行）》第5节

（六）产品制造方法专利的延伸保护

按照北京市高级人民法院制定的《专利侵权判定指南》第110条的规定，方法专利延及产品，指一项方法发明专利权被授予后，任何单位或个人未经专利权人许可，除了不得为生产经营目的使用该专利方法外，还不得为生产经营目的使用、许诺销售、销售、进口依照该专利方法所直接获得的产品。

下面根据相关规定举例说明产品制造方法专利的延伸保护。

序号	要点	侵权判断	依据
1	延伸保护仅涉及产品制造方法	产品制造方法能延伸到该产品制造方法直接获得的产品,但该产品必须是专利法意义上的产品,产品本身必须能作为专利法保护的客体	《专利侵权行为认定指南(试行)》第1.6.1
2	产品制造方法能延伸到该产品制造方法直接获得的产品	所谓"直接获得"是指完成专利方法的最后一个步骤后所获得的最初产品	《专利侵权行为认定指南(试行)》第1.6.2
3	延伸保护与是否获得新产品无关	对于依照专利方法直接获得的产品,无论该产品是新产品还是已知产品均可获得延伸保护	《专利侵权行为认定指南(试行)》第1.6.3

四、专利侵权惩罚性赔偿法律合规指引

2021年3月2日,最高人民法院正式公布了《关于审理侵害知识产权民事案件适用惩罚性赔偿的解释》(法释〔2021〕4号)。该解释自2021年3月3日起施行。尽管该解释只有短短的七条,却是对知识产权领域适用惩罚性赔偿司法实践的高度凝练,具有十分重要的指引意义。

附部分惩罚性赔偿条文:

序号	法律法规名称	相关条文/内容
1.	《民法典》	第1185条 故意侵害他人知识产权,情节严重,被侵权人有权请求相应的惩罚性赔偿

续表

序号	法律法规名称	相关条文/内容
2.	《专利法》	第71条 侵犯专利权的赔偿数额按照权利人因被侵权所受到的实际损失或者侵权人因侵权所获得的利益确定；权利人的损失或者侵权人获得的利益难以确定的，参照该专利许可使用费的倍数合理确定。对故意侵犯专利权，情节严重的，可以在按照上述方法确定数额的一倍以上五倍以下确定赔偿数额。赔偿数额还应当包括权利人为制止侵权行为所支付的合理开支
3.	《最高人民法院关于审理侵害知识产权民事案件适用惩罚性赔偿的解释》	全文

（一）专利惩罚性赔偿的适用方法

在具体专利侵权案件中由于适用法定赔偿条款和适用惩罚性赔偿条款的条件、证明责任、请求赔偿数额等均不相同，权利人只能在法定赔偿条款与惩罚性赔偿条款中二选一适用。如权利人要求适用惩罚性赔偿的标准，则权利人需要主动要求适用惩罚性赔偿条款，并应当在起诉时明确赔偿数额、计算方式以及所依据的事实和理由。实务中，一般情况下权利人最晚应当在一审法庭辩论终结前提出该主张。

（二）专利惩罚性赔偿的适用条件

根据《专利法》《最高人民法院关于审理侵害知识产权民事案件适用惩罚性赔偿的解释》的相关规定，在专利侵权中要适用惩罚性赔偿条款，需要满足"故意"+"情节严重"的条件。相关情形如下：

条件	情形	相关法条
故意	（一）被告经原告或者利害关系人通知、警告后，仍继续实施侵权行为的； （二）被告或其法定代表人、管理人是原告或者利害关系人的法定代表人、管理人、实际控制人的； （三）被告与原告或者利害关系人之间存在劳动、劳务、合作、许可、经销、代理、代表等关系，且接触过被侵害的知识产权的； （四）被告与原告或者利害关系人之间有业务往来或者为达成合同等进行过磋商，且接触过被侵害的知识产权的； （五）被告实施盗版、假冒注册商标行为的； （六）其他可以认定为故意的情形	《最高人民法院关于审理侵害知识产权民事案件适用惩罚性赔偿的解释》第3条
情节严重	（一）因侵权被行政处罚或者法院裁判承担责任后，再次实施相同或者类似侵权行为； （二）以侵害知识产权为业； （三）伪造、毁坏或者隐匿侵权证据； （四）拒不履行保全裁定； （五）侵权获利或者权利人受损巨大； （六）侵权行为可能危害国家安全、公共利益或者人身健康； （七）其他可以认定为情节严重的情形	《最高人民法院关于审理侵害知识产权民事案件适用惩罚性赔偿的解释》第4条

（三）专利惩罚性赔偿金额的计算

惩罚性赔偿的落脚点为赔偿的金额，其基准源于权利人实际所受损失、侵权所获利益、许可使用费等，并需要结合被告主观过错程度、侵权行为的情节严重程度等因素，计算最终的惩罚倍数。但根据相关法律法规的规定，其一般不包括权利人维权的合理费用。综上，惩罚性赔偿金额 = 原告实际损失数额/被告违法所得数额或因侵权所获得的利益/许可使用费 × 倍数 + 合理开支。

如何从侵权人的获利总额中确定涉案专利技术的具体价值，一直是司法裁判中的难点。在确定赔偿数额时，往往需要考虑涉案专利对整体产品利润额的"贡献度"，以专利技术在整体产品中所占的价值比重，核算和确定专利侵权损害赔偿数额。

我国并没有明确的成文法对"贡献度"问题进行规定,但在司法解释中有相关规定。在《最高人民法院关于审理侵犯专利权纠纷案件应用法律若干问题的解释》(法释〔2009〕21号)(以下简称《专利权解释》)中,在专利赔偿数额计算中提到了该规则,即《专利权解释》第十六条规定:人民法院依据《专利法》第六十五条第一款的规定确定侵权人因侵权所获得的利益,应当限于侵权人因侵犯专利权行为所获得的利益;因其他权利所产生的利益,应当合理扣除。侵犯发明、实用新型专利权的产品系另一产品的零部件的,人民法院应当根据该零部件本身的价值及其在实现成品利润中的作用等因素合理确定赔偿数额。侵犯外观设计专利权的产品为包装物的,人民法院应当按照包装物本身的价值及其在实现被包装产品利润中的作用等因素合理确定赔偿数额。根据以上《专利权解释》相关规定,具体确定涉案专利及其价值对整体产品利润的贡献率时,需要考虑三方面因素:一是被诉整体产品本身的价值,二是涉案专利价值,三是以涉案专利技术方案制造的产品零部件在实现整体产品利润率中的贡献度。该司法解释是对零部件侵权适用技术分摊规则在司法实践中的依据。技术分摊规则的应用,第一步,首先去除非技术部分,如广告宣传、明星代言等明显不是由科学技术所贡献出的产品利润,在技术分摊规则的思路下应首先剥离;然后在技术内作进一步分析。第二步,再行区分核心和非核心部分;在一个产品中,解决技术问题的主要部分往往是核心部件,起到辅助功能的部件是非核心部件;专利技术涉及的是核心部件,现有技术和常规手段部分是非核心部件。

深圳市中级人民法院《知识产权案件适用惩罚性赔偿裁判指导意见(试行)》(以下简称《指导意见》)第十四条规定:确定赔偿基数时,应考虑专利、商标、著作权、商业秘密等不同的知识产权对产品的贡献度。同一被诉侵权产品同时侵犯数个知识产权的,应对涉案知识产权对产品的贡献度进行区分，合理地扣除其他权利产生的价值，一般以最小可销售单位计算实际损失或侵权获利。根据《指导意见》精神，不仅在专利侵权纠纷案件中计算赔偿数额时需要考虑涉案权利"贡献度"问题，在其他类型的知识产权案件中也应该予以考虑。

五、专利领域刑事法律合规指引

《刑法》分则篇第三章破坏社会主义市场经济秩序罪第七节即为"侵犯知识产权罪"，其中涉及专利犯罪的有一项，即第二百一十六条假冒专利罪。

假冒专利罪

含义		违反国家专利法规，假冒他人专利，情节严重的行为
构成要件	客体	国家专利管理秩序及他人合法拥有的专利专用权
	客观方面	违反国家专利管理法规，在法律规定的专利有效期限内，假冒他人被授予的专利，情节严重的行为
	主体	任何企业事业单位或者个人假冒他人专利，情节达到犯罪标准的即构成本罪
	主观方面	故意，且以营利为目的。过失不构成本罪
立案标准		（一）非法经营数额在二十万元以上或者违法所得数额在十万元以上的； （二）给专利权人造成直接经济损失在五十万元以上的； （三）假冒两项以上他人专利，非法经营数额在十万元以上或者违法所得数额在五万元以上的； （四）其他情节严重的情形
量刑标准		自然人犯本罪的，处三年以下有期徒刑或者拘役，并处或者单处罚金
		单位犯本罪的，对单位判处罚金，并对其直接负责的主管人员和其他直接责任人员，依上述量刑规定处罚

六、生物医药行业专利法律合规指引

（一）生物医药行业最新专利立法动态

1.《人类遗传资源管理条例》于2019年7月1日生效，条例对利用人类遗传资源进行国际合作或国内合作从而获得药品和医疗器械上市作出了相关规定。

2.《中药领域发明专利审查指导意见（征求意见稿）》于2020年4月公开向公众征求意见，标志着中药专利申请被重视并提上了日程。

3. 2020年9月11日国家药监局综合司、国家知识产权局办公司发布了《药品专利纠纷早期解决机制实施办法（试行）（征求意见稿）》，该实施办法实质上是为了系统性地设立中国版药品专利链接制度，主要内容为建立中国上市药品专利信息登记平台、明确药品专利信息登记范围、规定仿制药申请人专利状态声明制度、明确专利权人或者利害关系人提出异议的时限、对化学药品设置审评审批等待期、对药品审评审批实施分类处理、加大对仿制药专利挑战的鼓励力度。

4. 2020年9月12日生效的《最高人民法院关于审理专利授权确权行政案件适用法律若干问题的规定（一）》第十条，提及药品专利申请人在申请日以后提交补充实验数据，主张专利申请符合创造性以及可实现性时，人民法院需进行相应审查。

5. 按照2020年10月17日第四次修正后的《专利法》第四十二条的规定，对在中国获得上市许可的新药相关发明专利，国务院专利行政部门应专利权人的请求给予专利权期限补偿。补偿期限不超过五年，新药批准上市后总有效专利权期限不超过十四年。第七十六条对于申请注册药品专利权是否落入他人药品专利权保护范围的相关纠纷作出规定，并提及要求国务院药品监督管理部门会同国务院专利行政部门制定药品上市许可审批与药品上市许可申请阶段专利纠纷解决的具体衔接办法,为创新药企业提供了一系列的保障。

6. 2020 年 12 月 11 日,国家知识产权局对《专利审查指南》作出修改,修改内容主要涉及药品专利申请的补交实验数据、化合物的创造性、微生物菌种保藏、单克隆抗体、生物技术领域发明创造性判断,新修改的《专利审查指南》自 2021 年 1 月 15 日起施行。

7. 2021 年 2 月 9 日,国家知识产权局发布《药品专利纠纷早期解决机制行政裁决办法(征求意见稿)》,该办法旨在依法办理涉药品上市审评审批过程中的专利纠纷行政裁决案件。

8. 2021 年 7 月 4 日,国家药监局、国家知识产权局发布《药品专利纠纷早期解决机制实施办法(试行)》(以下简称《实施办法》),自发布之日起施行。

9. 2021 年 7 月 4 日,国家药监局、国家知识产权局发布《药品专利纠纷早期解决机制实施办法(试行)》政策解读(以下简称《实施办法》政策解读)。

10. 2021 年 7 月 4 日,最高人民法院公布《最高人民法院关于审理申请注册的药品相关的专利权纠纷民事案件适用法律若干问题的规定》(以下简称《药品专利权纠纷司法解释》),自 2021 年 7 月 5 日起施行。

11. 2021 年 7 月 5 日,国家知识产权局发布《药品专利纠纷早期解决机制行政裁决办法》(以下简称《行政裁决办法》),自发布之日起施行。

12. 中国上市药品专利信息登记平台(以下简称信息平台)网址:https://zldj.cde.org.cn/home#/home。

(二)生物医药企业专利法律合规审查要点

1. 建立企业核心专利及技术的及时响应及管理制度

设立专门部门或者指定专门人员负责专利管理工作;建立健全企业内部

专利资产管理档案；将企业自主研发的核心技术及衍生技术的专利保护策略建立数据库，管理核心技术的布局情况并及时申请专利；建立已申请专利的流程管理制度，监控各种时限、按规定及时续费等，确保核心技术及专利不存在瑕疵，并支撑企业专利业务的运营；建立已授权专利的再评估制度，定期评估专利价值，将不再需要的专利通过转让、许可或放弃等方式予以处置。

2. 建立数据资料合规制度

对于合作研发的生物医药技术，建立完善的资料保存制度，包括但不限于实验数据、临床数据等。

3. 建立职务发明相关规章制度

与发明人约定发明创造的知识产权归属，发明人提交入职前职务发明的相关说明，发明人离职后去其他公司的专利权归属约定等；建立职务发明的内部评审制度，对于经确认的职务发明应当进行综合评价，决定是否申请专利或者采取其他知识产权保护措施，并积极维护知识产权的有效性；对于经综合评价决定放弃的专利权或者其他知识产权，应当在放弃之前告知发明人；建立和完善职务发明奖励和报酬制度，遵循精神激励和物质奖励相结合的原则，明确职务发明奖励、报酬的条件、程序、方式和数额；企业与发明人约定奖励、报酬的数额或者方式的，应当切实履行承诺；企业在制定职务发明的奖励和报酬规章制度时，应当充分听取和吸纳研发人员的意见和建议并经过职工代表大会等民主形式表决通过。

4. 建立和完善保密制度

建立研发人员及核心人员的保密制度，包括但不限于制定保密文件的受控制度；与研发人员及核心人员签订保密协议，签订离职后的竞业限制协议等。

5. 建立企业内控合规制度

建立健全生物医药专利及技术、医疗器械专利等的许可、侵权、维权等内控合规制度。

（1）企业在生产经营过程中，包括采购、生产、研发、销售等环节，需对所涉及的产品或技术进行分析，既要确保自身的创新成果得到合理保护，又要确保避免侵犯他人专利权；建立采购/供应商专利合规制度：对于采购的原料药、生物医药设备、检测试剂等，审查其是否存在专利权，专利权是否存在瑕疵、是否存在明显的专利侵权风险等；对于供应商进行主体审查，包括专利涉诉情况、专利运营情况、被执行情况、失信情况等。

（2）企业将专利产品或技术出口到国外，或在境外参展时，由于专利保护的地域性，需要了解相关技术在目的国的专利状况，防止专利侵权。

（3）企业与高校、科研院所进行技术转移转化，合作开发技术、委托第三方研发技术或引进国外技术，受让取得技术或者授权使用技术，要对所涉技术的国内外专利进行分析，尤其要弄清国内专利状况，防止专利侵权，还需要明确专利权属以及权利和义务，避免引发权属纠纷。

（4）企业在上市或投资并购过程中，需要开展专利尽职调查，防范专利侵权，提前准备应对措施；对于目前企业专利进行梳理，对于涉及职务发明专利、委托开发、合作开发、政府资助等易引发权属纠纷的情形，确定权属以及权利及义务；例如，企业在科创板上市中，核心技术的取得方式及来源直接关系到企业核心技术的稳定性，如果企业的核心技术系自主研发取得，需要重点关注企业核心技术人员的学历背景、技术实力及相关从业经验等，一方面有助于判断企业凭借自有研发人员是否足以取得目前科技成果，是否具有逻辑上的合理性；另一方面，需要通过如访谈、函证等方式，确认企业的核心技术人员是否与原任职单位存在竞业禁止、保密安排或其他技术或知识产权方面的争议及纠纷，以判断现有核心技术及知识产权的权属是否清晰、完整及独立；如果企业的核心技术的取得存在合作开发、委托第三方研发、受让取得或者授权使用的情况，其核心技术因涉及第三方，因此其核心技术的稳定性、可持续性及是否对第三方存在重大依赖等问题往往容易受到监管部门的关注，若存在上述情况，应重点关注相关协议关于权属约定、协议解除条件以及违约责任等条款，综合判断其核心技术的稳定性及可持续性。

（5）企业进行产品展览、展销、宣传以及产品上市之前，要开展必要的FTO尽职调查，避免侵犯他人在先专利权。

（三）建立药品全生命周期的专利法律合规制度

1. 项目立项阶段

通过专利检索手段了解竞争对手的专利布局情况及该研发项目的新颖性和创造性，从而确定现有专利权的规避方案以及该研发项目的专利申请方案。

2. 实验室研究/临床前研究阶段

待细胞实验数据或动物实验数据初步出来后，进行补充专利检索，可以根据补充检索的情况来设定对照实验，通过对照试验数据来证明该研发项目具体技术方案的创造性；完善实验数据后，准备申请专利，在专利申请递交之前再次通过专利检索来确认技术方案的新颖性和创造性，避免遗漏最新公开的专利文献；注意专利申请发明人的确定，需要重点关注发明人的学历背景、技术实力及相关从业经验等，是否足以取得目前的科技成果，是否具有逻辑上的合理性，此外需确认发明人是否与原任职单位存在竞业禁止、保密约定或其他技术或知识产权方面的争议及纠纷，以判断现有核心技术及专利的权属是否清晰、完整及独立；注意研发外包的专利归属约定，避免专利权属纠纷。

3. 临床研究阶段

根据临床实验数据情况，可以在先专利申请作为优先权基础补充数据递交新专利申请，或者进行该项目相关的系列专利申请，例如，组合物专利、制备工艺专利、新剂型专利等衍生专利进行专利布局，核心技术方案可以考虑申请 PCT 专利（PCT 是《专利合作条约》，即 Patent Cooperation Treaty 的英文缩写，根据 PCT 的规定，专利申请人可以通过 PCT 途径递交国际专利申请，向多个国家申请专利）；注意专利申请发明人的确定，需要重点关注发明人的学历背景、技术实力及相关从业经验等，是否足以取得目前的科技成果，是否具有逻辑上的合理性，此外需确认发明人是否与原任职单位存在竞业禁止、保密约定或其他技术或知识产权方面的争议及纠纷，以判断现有核心技术及专利的权属是否清晰、完整及独立；注意研发外包的专利归属约定，避免专利权属纠纷。

4. 药品上市许可申请阶段

如果是创新药申请上市，向国家药品审评机构负责的中国上市药品专利信息登记平台登记药品名称、相关专利号、专利种类、专利状态、专利权人、专利保护期限届满日等内容；如果是仿制药申请上市，对照中国上市药品专利信息登记平台载明的专利信息，针对被仿制药每一件相关的药品专利作出声明，并提供声明依据；专利权人或利害关系人对专利声明、声明依据有异议的，在规定期限内（自国家药品审评机构公开药品上市许可申请之日起 45 日内）就申请上市药品的相关技术方案是否落入相关专利权保护范围向人民法院起诉或向国务院行政部门申请行政裁决。仿制药药品上市申请时，仿制药企业要提前做好药品上市前的 FTO 分析，将药品专利侵权的可能性控制在可控范围内，对于难以规避的专利权，做好挑战专利（专利无效宣告）和应诉的充分准备，并争取拿到专利挑战成功首仿药的 1 年市场独占期。

5. 上市销售阶段

药品上市许可持有人可以自行生产，也可以委托其他生产企业进行生产。如果委托生产，要注意调查受托方的资质、药品生产质量等问题，委托生产药品合同中应明确约定知识产权（包括专利权和相关的技术秘密）归属条款，或另行签订专利实施许可合同。创新药在上市销售阶段应注意仿制药上市许可申请，如发现仿制药申请人提交药品上市许可申请的声明，对该声明、声明依据有异议的，及时在规定期限内（自国家药品审评机构公开药品上市许可申请之日起45日内）就申请上市药品的相关技术方案是否落入相关专利权保护范围向人民法院起诉或向国务院行政部门申请行政裁决。对于创新药（或原研药）企业，可以实时监控信息平台上公开的相关仿制药声明、相关仿制药申请信息，尤其是四类声明。一旦发现四类声明，原研药企业要尽快利用45天的时间期限做好专利侵权比对，确定是否提起诉讼或者申请行政裁决，并确定采取哪种救济途径。

第五章 著作权法律合规管理

第一节 著作权概述

随着我国影视、游戏、音乐等文创行业的日益繁荣，尤其是短视频行业的突飞猛进，相关著作权的合规管理日益受到人们的重视。创意可以转化为作品，作品可以转化为经济效益。根据中国互联网信息中心（CNNIC）数据显示，截至2021年6月，我国网民规模达10.11亿，短视频用户规模达8.88亿，占网民整体的87.8%。市场之大，引得各路资本竞相涌入，著作权侵权问题也日益凸显。人人影视因侵犯影视作品著作权被关闭，平台主创人员锒铛入狱；乐拼玩具厂因仿冒乐高玩具构成侵犯著作权罪，主要责任人员均已获罪。由此可见，著作权的合规管理对于文创企业来说是势在必行。

根据《著作权法》的规定，著作权即版权，是指作者或其他著作权人依法对文学、艺术和科学领域的作品所享有的民事权利的总称。广义上的著作权还包括邻接权，即作品传播者的权利，称之为"与著作权有关的权利"。《著作权法》将作品分为如下九大类：（1）文字作品；（2）口述作品；（3）音乐、戏剧、曲艺、舞蹈、杂技艺术作品；（4）美术、建筑作品；（5）摄影作品；（6）视听作品；（7）工程设计图、产品设计图、地图、示意图等图形作品和模型作品；（8）计算机软件；（9）符合作品特征的其他智力成果。除上述作品种类外，我国《著作权法》还规定了民间文学艺术作品这一特殊种类的作品受法律保护。

一、作品认定标准

《著作权法》保护的是文学、艺术和科学等领域作品作者的著作权。我国《著作权法》第三条明确规定，作品是指文学、艺术和科学领域内具有独创性并能以一定形式表现的智力成果。由此可见，关于作品的认定标准主要有以下两个方面：

（一）具有独创性

关于作品独创性的定义，在抖音诉伙拍侵害信息网络传播权纠纷案件[①]中，北京互联网法院有明确界定。该院认为，作品具有独创性，应当具备两个要件：第一，是否由作者独立完成；第二，是否具备创作性。所谓独立完成，是指创作者独立完成并不存在抄袭行为，具体到个案认定中就要分析作品与所用素材或者类似已发表作品之间是否存在客观可识别的差异。关于创作性，是指作品能体现出制作者的个性化表达。个性化表达是创作性的关键，体现的是作者独特的构思和角度。个性化表达是创作性的关键，体现的是作者独特的构思和角度。该院认为："关于创作性的标准，在形成和发展过程中始终与所处的社会环境、行业特点相联系，根据实际的社会环境、各种类型作品本身的特点进行发展和完善。基于短视频的创作和传播有助于公众的多元化表达和文化的繁荣，故对于短视频是否符合创作性要求进行判断之时，对于创作高度不宜苛求，只要能体现出制作者的个性化表达即可认定其有创作性。视频的创作性与视频长短无关。"[②]

[①] 参见北京微播视界科技有限公司与百度在线网络技术（北京）有限公司、百度网讯科技有限公司著作权权属、侵权纠纷案，北京互联网法院（2018）京 0491 民初 1 号民事判决书。

[②] 参见北京微播视界科技有限公司与百度在线网络技术（北京）有限公司、百度网讯科技有限公司著作权权属、侵权纠纷案，北京互联网法院（2018）京 0491 民初 1 号民事判决书。

（二）能以一定形式表现

在我国《著作权法》2020年第三次修改之前，我国《著作权法实施条例》第二条关于作品的定义，是要求能以某种有形形式复制。事实上，很多学者和司法工作者对此提出了质疑，因为该定义把很多不能以有形形式复制的"作品"排除在著作权法的保护范围之外。所以，《著作权法》第三次修订的时候把"以某种有形形式复制"修改为"能以一定形式表现"，拓展了作品的保护范围，弥补了法律保护的盲区。

二、著作权的分类

根据权益性质不同，著作权可分为著作人身权和著作财产权两大类别。

（一）著作人身权

我国《著作权法》规定的著作人身权有：发表权、署名权、修改权、保护作品完整权。发表权，即决定作品是否公之于众的权利；署名权，即表明作者身份，在作品上署名的权利；修改权，即修改或者授权他人修改作品的权利；保护作品完整权，即保护作品不受歪曲、篡改的权利。

著作人身权具备民事领域人身权的一般特征，不能与所涉作品的作者分离，不能转让，不能继承，其中署名权、修改权、保护作品完整权也没有保护期限的限制。

（二）著作财产权

我国《著作权法》规定的著作财产权有：复制权、发行权、出租权、展览权、表演权、放映权、广播权、信息网络传播权、摄制权（制片权）、改编权、翻译权、汇编权12项权利。复制权，即以印刷、复印、拓印、录音、录像、翻录、翻拍、数字化等方式将作品制作一份或者多份的权利；发行权，即以出售或者赠与方式向公众提供作品的原件或者复制件的权利；出租权，即有偿许可他人临时使用视听作品、计算机软件的原件或者复制件的权利，计算机软件不是出租的主要标的的除外；展览权，即公开陈列美术作品、摄影作品的原件或者复制件的权利；表演权，即公开表演作品，以及用各种手段公开播送作品的权利；放映权，即通过放映机、幻灯机等技术设备公开再现美术、摄影、视听作品等的权利；广播权，即以有线或者无线方式公开传播或者转播作品，以及通过扩音器或者其他传送符号、声音、图像的类似工具向公众传播广播的作品的权利，但不包括本款第十二项规定的权利；信息网络传播权，即以有线或者无线方式向公众提供，使公众可以在其选定的时间和地点获得作品的权利；摄制权，即以摄制视听作品的方法将作品固定在载体上的权利；改编权，即改编作品，创作出具有独创性的新作品的权利；翻译权，即将作品从一种语言文字转换成另一种语言文字的权利；汇编权，即将作品或者作品的片段通过选择或者编排，汇集成新作品的权利。

著作财产权可以继承、转让。著作人身权中的发表权和著作权财产权的保护期限是作者终生及其死亡后五十年，截止于作者死亡后第五十年的12月31日；如果是合作作品，截止于最后死亡的作者死亡后第五十年的12月31日。

三、著作权的特点

1. 著作权自作品完成之日自动产生

在我国，商标权、专利权的授予是需要向国家知识产权局相关部门申请的，获得注册/授权后才会获得法律赋予的专有权保护。但是著作权不需要注册或申请，著作权系自作品完成之日自动产生。

2. 著作权人身权益保护没有期限限制

根据我国相关法律规定，商标专用权的有效期为十年，自商标核准注册之日起计算。发明专利权的期限为二十年，实用新型专利权的期限为十年，外观设计专利权的期限为十五年，均自申请日起计算。但是著作权中的署名权、修改权、保护作品完整权却没有保护期限的限制，可以永久获得著作权法的保护。

3. 著作权权益可以分离

前文提到，根据著作权权益性质不同，著作权可以分为著作人身权和著作财产权。著作人身权由于其不能转让、继承，只能由作者本人享有，但是著作财产权可以授权或者转让他人。换言之，著作权权益可分离（或者说分开）使用，这样可以最大限度地实现著作权的价值。

四、著作权的合理使用

未经许可使用他人作品涉嫌侵犯他人著作权，但是合理使用情形除外。按照我国《著作权法》第二十四条的规定，在十二种情况下使用作品，可以不经著作权人许可，不向其支付报酬，但应当指明作者姓名或者名称、作品名称，并且不得影响该作品的正常使用，也不得不合理地损害著作权人的合法权益。

司法实践中，侵权人用到最多的抗辩就是我国《著作权法》第二十四条第二款，即"为介绍、评论某一作品或者说明某一问题，在作品中适当引用他人已经发表的作品（以下称原作品）"。关于该条款的运用须主要考虑以下四个因素：第一，引用的原作品应该是已经公开发表的作品，不能引用还没有公开发表的作品。第二，引用原作品的目的，应为符合评论、介绍等转换性使用的目的。所谓转换性使用，在上海知识产权法院审理的《80后独立宣言》海报案[①]中，法院认为"涉案动画形象——葫芦娃、黑猫警长在电影海报中的使用属于转换性使用，即对原作品的使用不是单纯地再现原作品本身的文学、艺术价值，而是通过在新作品中的使用使原作品在被使用过程中具有了新的价值、功能或性质（说明主角的年龄特征即'80后'），从而改变了其原先的功能或目的"。第三，引用的比例要适当，被引用作品只是属于辅助、配角、从属的地位（不能突出使用）。第四，不会对原作品的正常使用或市场销售造成不良影响，也就是说，对于原作品而言不具有替代作用，观众不会因为看了介绍、评论而不去看原作品。

另外，还需要注意引用的必要性问题。在同一部作品的不同部分对原作品的使用，可能有的部分构成合理使用，而有的部分则构成侵权。比如，在北京市海淀区人民法院审理的《张爱玲画话》一书侵权纠纷案[②]中，对该书第一部分，法院认为原作品只是个引子，主要是引出下文和装饰美化作用，引用不具有必要性；而该书的第二部分中，法院则认为正文主要内容是对原作的介绍和评论，符合引用必要性的条件。

五、著作权法律合规管理

随着我国影视、游戏、音乐等文创行业的日益繁荣，相关著作权的法律合规管理日益受到人们的重视。所谓著作权合规，就是指符合、遵守、执行

[①] 参见上海美术电影制片厂诉浙江新影年代文化传播有限公司、华谊兄弟上海影院管理有限公司著作权侵权纠纷案，上海知识产权法院（2015）沪知民终字第730号民事判决书。

[②] 参见皇冠文化出版有限公司诉被告天津社会科学院出版社等侵害著作权纠纷，北京市海淀区人民法院（2009）海民初字第5557号民事判决书。

用于企业的著作权法律合规规范。[①] 企业著作权法律合规规范包括外部合规规范和内部合规规范。外部合规规范包括有关著作权的国际条约、国际规范以及国际组织的决定；企业在国外经营所在的国家和地区的著作权法律、法规、监管规则、标准、司法判例、商业惯例和道德规范以及部分具有域外效力的外国著作权法律法规；国内著作权法律法规（包括司法解释）、部门规章、规范性文件、行业监管规则、标准、行政许可和授权；行业准则；强制性规范；法院判决和行政决定；商业惯例；道德规范等。内部著作权合规规范包括企业与第三方之间的著作权合同及协议；企业所在行业的关于著作权的自律性规则；企业内部关于著作权的规章制度等。

本书前面章节中已经介绍了企业知识产权合规管理体系，在此不作赘述。需要说明的是，著作权的合规方针就是使企业的运营符合著作权合规规范，保护企业的著作权合法权益，防范潜在的著作权侵权风险，提高企业的著作权管理能力。

第二节　著作权领域主要法律法规

一、著作权法律合规的外部规范

国务院国资委《中央企业合规管理办法》将合规中的"规"定义为国家法律法规、党内法规制度（中央企业、国有企业）、监管规定、行业准则和国际条约、规则，以及公司章程、相关规章制度等。

---

① 郭青红：《企业合规管理体系实务指南》，人民法院出版社2020年版，第10页。

具体到著作权领域，核心的法律即为《著作权法》，行政法规则为《著作权法实施条例》等。另外，为规范著作权管理，最高人民法院为处理著作权侵权争议等，颁布了一些相关司法解释，国家知识产权局等职能部门也出台了相关规范及指引等。该等内容构成了较为完整的著作权法律体系。现梳理如下：

制定部门	规范名称	生效/修正生效时间
全国人民代表大会常务委员会	《中华人民共和国著作权法》	2021年6月1日
	《中华人民共和国民法典》	2021年1月1日
	《中华人民共和国刑法》	2021年3月1日
国务院	《中华人民共和国著作权法实施条例》	2013年3月1日
	《著作权集体管理条例》	2013年12月7日
	《信息网络传播权保护条例》	2013年3月1日
	《计算机软件保护条例》	2013年3月1日
	《中华人民共和国知识产权海关保护条例》	2018年3月19日
	《出版管理条例》	2020年11月29日
	《广播电视管理条例》	2020年11月29日
	《电子出版物出版管理规定》	2015年8月28日
	《传统工艺美术保护条例》	2013年7月18日
	《电影管理条例》	2002年2月1日
	《实施国际著作权条约的规定》	2020年11月29日
	《中华人民共和国计算机信息网络国际联网管理暂行规定》	1997年5月20日
最高人民法院	《最高人民法院关于审理著作权民事纠纷案件适用法律若干问题的解释》	2021年1月1日
	《最高人民法院关于审理侵害信息网络传播权民事纠纷案件适用法律若干问题的规定》	2021年1月1日

续表

制定部门	规范名称	生效/修正生效时间
最高人民法院	《最高人民法院、最高人民检察院关于办理侵犯知识产权刑事案件具体应用法律若干问题的解释》	2004年12月22日
	《最高人民法院、最高人民检察院关于办理侵犯知识产权刑事案件具体应用法律若干问题的解释（二）》	2007年4月5日
	《最高人民法院、最高人民检察院关于办理侵犯知识产权刑事案件具体应用法律若干问题的解释（三）》	2020年9月14日
	《最高人民法院关于审理侵害知识产权民事案件适用惩罚性赔偿的解释》	2021年3月3日
	《最高人民法院关于互联网法院审理案件若干问题的规定》	2018年9月7日
	《最高人民法院关于全面加强知识产权审判工作为建设创新型国家提供司法保障的意见》	2007年1月11日
	《最高人民法院关于加强著作权和与著作权有关的权利保护的意见》	2020年11月16日
	《最高人民法院、最高人民检察院、公安部关于办理侵犯知识产权刑事案件适用法律若干问题的意见》	2011年1月11日
	《最高人民法院、最高人民检察院关于办理侵犯著作权刑事案件中涉及录音录像制品有关问题的批复》	2005年10月18日
	《最高人民法院关于全国部分法院知识产权审判工作座谈会纪要》	1998年7月20日
国家版权局	《使用文字作品支付报酬办法》	2014年11月1日
	《教科书法定许可使用作品支付报酬办法》	2013年12月1日
	《著作权质权登记办法》	2011年1月1日
	《著作权行政处罚实施办法》	2009年6月15日
	《著作权行政投诉指南》	2006年6月1日

续表

制定部门	规范名称	生效/修正生效时间
国家版权局	《互联网著作权行政保护办法》	2005年5月30日
	《计算机软件著作权登记办法》	2002年2月20日
	《国家版权局关于对境外著作权集体管理组织诉讼主体资格问题的复函》	2004年3月30日
	《国家版权局办公厅关于习题集类教辅图书是否侵犯教材著作权问题的意见》	2003年10月17日
	《国家版权局办公厅关于对〈撤销软件著作权登记申请书〉的答复》	2003年10月14日
	《国家版权局关于对著作权经营许可问题的意见》	2003年6月4日
国家新闻出版广电总局（该部门已撤销）、商务部	《出版物市场管理规定》	2016年6月1日

二、著作权监管部门及其职责

国家版权局以及地方人民政府享有著作权行政执法权的有关部门（以下称著作权行政管理部门）负责著作权的监督和管理工作，有权按照《著作权行政处罚实施办法》的规定就相关的著作权违法行为实施行政处罚。著作权行政管理部门主要包括各级市场监督管理局、网信办、国家广播电视总局、海关以及公安部门。

国家版权局是国务院著作权行政管理部门，主管全国的著作权管理工作。根据《著作权行政处罚实施办法》第六条的规定，国家版权局可以查处在全国有重大影响的著作权违法行为，以及认为应当由其查处的其他著作权违法行为。地方著作权行政管理部门负责查处本辖区发生的违法行为。权利人发现侵权行为后，可以根据情况向侵权行为实施地、侵权结果发生地（包括侵权复制品储藏地、依法查封扣押地、侵权网站服务器所在地、侵权网站主办人住所地或者主要经营场所地）的著作权行政管理部门投诉。在某些情况下，著作权行政管理部门可以依法将投诉移交另一著作权行政管理部门处理。

各级市场监督管理局负责市场综合监督管理，国家市场监督管理局起草市场监督管理有关法律法规草案，制定有关规章、政策、标准，组织实施质量强国战略、食品安全战略和标准化战略，拟订并组织实施有关规划，规范和维护市场秩序，营造诚实守信、公平竞争的市场环境。各级市场监督管理局一般都会设立文化执法大队负责相关区域的版权执法工作。

网信办是指中华人民共和国国家互联网信息办公室。网信办的主要职责是落实互联网信息传播方针政策和推动互联网信息传播法治建设，指导、协调、督促有关部门加强互联网信息内容管理，负责网络新闻业务及其他相关业务的审批和日常监管，指导有关部门做好网络游戏、网络视听、网络出版等网络文化领域业务布局规划，协调有关部门做好网络文化阵地建设的规划和实施工作，负责重点新闻网站的规划建设，组织、协调网上宣传工作，依法查处违法违规网站，指导有关部门督促电信运营企业、接入服务企业、域名注册管理和服务机构等做好域名注册、互联网地址（IP 地址）分配、网站登记备案、接入等互联网基础管理工作，在职责范围内指导各地互联网有关部门开展工作。

国家广播电视总局负责起草广播电视、网络视听节目服务管理的法律法规草案，制定部门规章、行业标准并组织实施和监督检查，指导、推进广播电视领域的体制机制改革；负责对各类广播电视机构进行业务指导和行业监管，会同有关部门对网络视听节目服务机构进行管理。实施依法设定的行政许可，组织查处重大违法违规行为。

海关主要负责查处进出口业务中的版权侵权工作。根据《中华人民共和国知识产权海关保护条例》的规定，海关可以依职权主动查处版权侵权货物，也可以依照权利人的申请查处版权侵权货物。海关依职权主动查处的前提条件是相关的版权在海关进行过备案；权利人申请海关查处应当在海关规定的期限内提供预查封货物价值的等额现金担保。

公安部门主要根据《刑法》第二百一十七条、第二百一十八条查处侵犯著作权罪、销售侵权复制品罪。

第三节 企业著作权管理制度

著作权管理是企业知识产权管理的重要内容，著作权管理制度构成企业知识产权管理制度的重要组成部分，是企业知识产权合规义务的重要渊源。企业应当根据本身实际情况，及时将我国有关著作权管理的法律法规转化为企业内部规章制度，结合公司管理制度构建完整的著作权管理制度，切实加强企业著作权的获取、维护、运用、保护以及合同管理等。

企业通常需要建立以下著作权管理制度：

一、作品创作流程制度

委托作品和合作作品的创作流程一般通过协议约束，简单明了，而法人作品和职务作品的创作流程规范往往容易被人忽略，需要予以明确的指引。

根据我国《著作权法》的规定，法人作品是由法人或者非法人组织主持，代表法人或者非法人组织意志创作，并由法人或者非法人组织承担责任的作品，法人或者非法人组织视为作者。

职务作品是自然人为完成法人或者非法人组织工作任务所创作的作品，著作权由作者享有，法人或者非法人组织有权在其业务范围内优先使用。但是，主要利用法人或者非法人组织的物质技术条件创作，并由法人或者非法人组织承担责任的工程设计图、产品设计图、地图、示意图、计算机软件等职务作品属于特殊职务作品，署名权由作者享有，其他权利由法人或者非法人组织享有。

这两类作品的一般创作流程包括企业发布创作任务、确定创作人员、提供创作条件/材料、把控创作进度、验收创作成果。规范的流程可以保证法人作品或者职务作品的完成效率和完成质量，也可以为将来的权属争议储备必要的证据。

二、作品素材审核制度

对于企业的原创作品，在创作过程中，要让参与人员明确作品的创作思路、创意或灵感来源以及素材来源，并组织专业人员对上述素材进行审核。审核的重点主要是作品中的音乐、视频、图片、文字、字体等作品素材是否侵犯他人在先作品权利。

这里需要特别说明的是字体。有些字体会构成我国《著作权法》上规定的美术作品从而受到版权保护。字体的版权通常不被人所熟知，但这也是版权合规中很重要的一环，无论是PPT抑或是海报、视频中的文字，都需要使用合规的字体，防范版权风险。

作品创作过程中，确定上述作品素材没有侵权风险后才能在创作过程中使用，避免作品完成后因存在侵权问题而不能使用或者陷于诉累。

三、作品著作权权属确认制度

著作权权属确认制度，主要是为了明确作品的著作权归属，预防著作权权属纠纷，确定著作权的侵权责任承担。

对于法人作品和职务作品，要明确作品的认定标准及权利归属，并提醒员工重点关注，必要情况下也可以让员工出具书面的知情书。明确要求员工在法人作品或者职务作品完成后，将作品创作的思路、底稿、阶段产品等全部交还公司。

对于委托作品和合作作品，最好在作品创作之前，签订书面的《委托创作协议》或者《作品合作协议》，明确双方的权利义务、作品的著作权归属、作品后续创作的启动条件、权利归属以及著作权衍生品的权利归属，这些都可以有效避免或减少作品的权属争议。

当然，作品完成后最好在作品醒目位置作好著作权权属声明，以明确作品的著作权人。因为根据《著作权法》的规定，除有相反证据证明外，在作品上署名的自然人、法人或者非法人组织为作者。司法实践中，著作权权属声明也可以作为判断著作权权属的初步凭证。

四、作品登记制度

虽然根据我国《著作权法实施条例》第六条的规定，著作权自作品创作完成之日起产生，作品登记遵循自愿原则。但是为了维权方便，还是建议在作品完成后及时进行权属登记。在没有相反证据的情况下，著作权登记证书可以作为企业拥有作品著作权的初步权利凭证。各省、自治区、直辖市版权局负责本辖区作者或其他著作权人的作品登记工作。

当然，企业也应当完善作品的登记及存档流程。不同类型的作品要分类归档，分类存放，衍生作品也要注意一并存档，避免相互混淆或者标识不清。

五、作品保密制度

作品创作过程中，一定要注意作品核心创意的保护。尤其是一些剧本的大纲、人物小传或者作品的半成品等。因为尚未形成作品，还不能受《著作权法》保护。一旦泄露出去，有可能被竞争对手或者其他别有用心之人抢先创作完成，从而丧失巨大商机或者市场竞争优势。需要明确的是，在作品创作阶段，作品的核心创意一般都是通过商业秘密的形式进行保护的。

六、作品著作权使用制度

作品完成后，通常要通过管理和使用才能实现其价值。作品的使用可以分为作品的内部使用和作品的外部使用。

作品的内部使用就是公司内部使用作品的行为；作品的外部使用，主要指著作权许可、转让、质押、出资等。企业应当建立作品的使用登记制度，由专业部门、专业人员负责管理。登记的内容包含使用的主体、用途、期限等，便于掌控作品流向，实现作品的良性运转。

七、作品著作权保护制度

作品保护阶段的著作权合规，最重要是建立重点作品著作权保护预警制度，可以委托第三方专业机构进行著作权的侵权监测，也可以自行检测。发现著作权侵权行为后，可以通过行政投诉、民事诉讼、刑事报案三种途径解决。三种途径各有优势，行政投诉的优势是反应迅速，制止侵权及时，同时还可以为后续的民事诉讼固定必要的证据；劣势就是不能处理民事赔偿问题，当然，双方愿意和解或者调解的除外。民事诉讼最大的优势就是可以主张损失赔偿，维权比较彻底。刑事报案不仅可以追究侵权人的刑事责任，还可以通过提起附带民事诉讼的方式主张民事赔偿，但是相对于与民事诉讼赔偿范围比较有限。不管是民事诉讼或者刑事诉讼，人民法院在必要的时候，都可以查封或者扣押侵权人的财产。

当然，在启动相应维权程序前著作权人需要准备好以下材料，以确保将来能尽到自己的举证责任：

1. 证明作品著作权归属的权利凭证

（1）著作权登记证书：可以作为权利人拥有著作权的初步凭证。虽然著作权不像专利和商标，需要进行申请注册程序才能取得相应的权利，但是著作权登记证书可以作为权利人拥有著作权的初步凭证。

（2）作品原件/底稿等：如果作品没有进行著作权登记，权利人可以提供作品的底稿、原件等证明著作权的创作及权属状况。

（3）其他可以证明著作权归属的权利凭证，比如作了著作权声明的公开出版物。

2. 侵权人的侵权证据

侵权证据可以是委托公证机构对购买涉嫌侵权产品的过程，侵权产品的生产、销售过程进行公证保全的证据；也可以是侵权产品实物、侵权产品宣传册、销售合同、侵权网站、通过著作权行政管理机关查处的侵权证据，等等。

3. 赔偿请求的依据

（1）请求人因侵权所受的损失：请求人主张以自己所受到的损失作为赔偿数额的依据时，需要提供自己因销售数量减少情况及其与侵权行为之间的因果关系,请求人因被请求人侵权造成销售量减少的总数与每件被控侵权产品销售的合理利润相乘之积为请求人损失数额的依据。

(2)被控侵权人因侵权行为所获的收益:请求人主张以被请求人的获利作为赔偿数额的依据时,需要提供被请求人的相应账册,或申请著作权行政管理部门对被请求人的财务会计账册进行调查勘验,以被请求人因侵权导致的销售量增加的总数或者被请求人制造的被控侵权产品的总数,与每件被控侵权产品销售的合理利润相乘之积为被请求人所获收益的依据。

(3)著作权权利使用费:著作权人与他人签订的著作权转让/许可合同中约定的转让/许可使用费可以作为请求赔偿的依据,也是法院判决赔偿金额的重要参考依据。

(4)法定赔偿的参考依据:当权利人的损失、侵权人获得的利益和著作权许可使用费均难以确定时,实践中一般会考虑作品的类型、独创性、市场价值以及侵权人的侵权方式、持续时间、影响等情况,酌情确定相应的赔偿金额。权利人也可以据此准备一些相应的证据作为法定赔偿的参考依据。

第四节　著作权领域的典型违规案例

著作权领域典型的违规案例,是识别企业著作权法律风险与合规风险的重要信息源。企业开展和加强著作权法律合规管理,需要收集、整理、总结著作权领域典型的违规案例,为识别著作权领域的法律风险与合规风险提供外部信息来源。

近几年,著作权行政处罚案例处罚的主体主要是大型视频网站、大型音乐网站、大型文学网站、大型直播带货平台,这些平台是著作权侵权的高发地带。2021年6月1日，国家版权局联合全国"扫黄打非"工作小组办公室选定了"2020年度全国打击侵权盗版十大案件"[①]，这些可以作为近年来著作权合规管理的典型案例的参考。在此分享一些2020年度法律适用方面有借鉴意义的典型司法案例。

1.《倩女幽魂》手游与《微微一笑很倾城》小说著作权及不正当竞争纠纷案

【案情简介】2020年1月14日，北京知识产权法院对杭州网易雷火科技有限公司（以下简称网易雷火公司）、网易（杭州）网络有限公司（以下简称网易杭州公司）、广州网易计算机系统有限公司（以下简称网易公司）与北京大神圈文化科技有限公司（以下简称大神圈公司）之间的著作权侵权及不正当竞争纠纷案作出了终审判决。终审判决维持了一审判决中网易雷火公司、网易杭州公司、网易公司运营的《倩女幽魂》手游（以下简称《倩》手游）侵犯了大神圈公司对《微微一笑很倾城》小说（以下简称《微》小说）享有的游戏改编权和信息网络传播权的认定，且对一审判决50万元的经济损失赔偿金额进行了认可，但酌情把一审判决认定的合理开支由18.5万元调整为5万元，即总的赔偿额度由68.5万元调整为55万元。至此，这场耗时三年的《倩》手游与《微》小说侵害著作权及不正当竞争纠纷一案终于落下了帷幕。

【案例评析和启示】司法实践中，游戏作品侵权常见的是游戏作品之间的抄袭、游戏作品与电影作品之间的抄袭，本案涉及的是文学作品与网络游戏之间的抄袭认定。法院在判定二者实质性相似

---

① 载 https://baijiahao.baidu.com/s？id=1701330965957900782&wfr=spider&for=pc。

时的一些认定规则可以为今后同类案件的判决提供一些参考。比如，在区分作品的思想与表达时，法院认为文学作品的表达，不仅表现为文字性的表达，也包括文字所表述的故事内容，当文学作品的人物形象、情节选择、场景设计反映出作者独特的选择、判断、取舍，即可成为著作权法保护的表达。该判决加强了对原创IP的著作权保护力度，降低了维权的难度，便于权利人维权，也有利于游戏市场的净化。同时也告诉我们，游戏开发方应当注重原创内容的开发以吸引游戏玩家，而不应当通过对知名IP的"搭便车"行为博人眼球。

2. 纯音频侵犯影视作品著作权案

【案情简介】原告优酷信息技术（北京）有限公司（以下简称原告）诉被告上海宽娱数码科技有限公司（以下简称被告）侵犯信息网络传播权案由北京互联网法院审理，案件缘起于被告运营的bilibili网站用户未经许可上传了纯音频版的《我不是药神》。

原告方认为其享有影片《我不是药神》的独占性信息网络传播权。被告网站用户将电影《我不是药神》的纯音频上传"影视剪辑"栏目中，并将标题编辑为"[1080P]我不是药神 影视原声"。被告未经许可，擅自提供涉案电影的全部影视原音的播放和下载服务，侵害了原告享有的信息网络传播权，构成帮助侵权。

被告方认为，对于只有电影原声的音频，由于缺乏必要的画面，没有实质性地体现出作品的完整表达方式、作者表达出的思想内容及作者在影像方面的独特构思；使用的形式和内容非常有限，没有对著作权人的利益构成实质损害。而且对于被告来说，这样的音频很难被发现是一部作品而给予高度注意。此外，被告系信息网络存储空间服务提供者,涉案音频系网络用户上传,被告不存在应知或明知网络用户利用网络服务侵害他人著作权的情形,不构成帮助侵权,没有明显的过错。因此,本案被告不应承担赔偿侵权责任。

2020年6月,一审法院认定,宽娱公司应当知晓网络用户利用其网络服务侵害优酷公司信息网络传播权的行为,构成帮助侵权。

【案例评析和启示】过往涉及影视作品信息网络传播权的案件主要是未经许可非法传播完整的影视作品、影视作品片段、影视作品剧照,很少涉及未经许可传播影视作品音频的行为。本案是一例比较有前瞻性的判例,为以后类似案件的处理提供了参考。

本案中有个重要的争议焦点就是提供涉案音频是否属于提供涉案电影的行为?法院认为,涉案音频系涉案电影作品的完整伴音,该伴音是涉案电影不可分割的组成部分,包含了导演、录音、剪辑等多环节创作活动的成果,属于涉案电影独创性表达的重要部分,并非公有领域的创作元素。并且,该伴音包含被固定在电影作品音轨上的口语、音乐、音效等多种声音元素,在此均未脱离涉案电影而单独使用,事实上仍然是对涉案电影作品进行信息网络传播的一种途径。这在某种程度上仍然属于未经许可非法传播涉案电影作品的行为。

3. "配音秀" App 侵犯影视作品著作权案

【案情简介】因"配音秀"App将"阿狸"动画短片片段作为素材,北京梦之城文化有限公司(以下简称原告)认为杭州秀秀科技有限公司(以下简称被告)侵害了其作品信息网络传播权,故向北京互联网法院提起诉讼。

原告方认为"阿狸"是其公司主要的原创动漫形象。被告未经允许，在其运营的涉案软件中将涉案作品片段作为配音素材予以提供，同时一并提供有基于涉案作品片段形成的配音视频。前述侵权视频的传播严重损害了原告对涉案作品享有的信息网络传播权。即使法院认定前述侵权视频由网络用户提供，因被告对于侵权视频的传播存在明显过错，构成帮助侵权，仍应承担责任。

被告方认为被控侵权视频由网络用户上传，被告仅提供信息存储空间，对于被控侵权视频不具有明知或应知的过错，且及时履行了删除义务，应适用避风港条款免除赔偿责任。被控侵权视频时长大多在一至两分钟，不会对涉案作品构成实质性替代。且"配音秀"属于新型网络服务，一旦被认定为侵权，即意味着宣告此类经营模式的终结。如此，既不利于配音这一语言艺术在互联网领域的传播，亦会对从事此类服务的互联网企业造成沉重打击。综上，被告请求法院判决驳回原告全部诉讼请求。最终，法院经过审理，认定被告公司的行为侵犯了原告公司著作权，判令被告公司赔偿原告公司经济损失1.5万元及合理费用250元。

【案例评析和启示】配音秀目前深受年轻人喜爱，各大平台为了迎合市场需求，吸引流量，也在大力推广和扶持平台用户的配音秀作品。不容否认的是，这些"配音秀"服务在一定程度上能够起到丰富大众文化生活的作用，具有积极意义。

但是，被告在实际经营中应对著作权保护给予充分关注。本案中网络用户上传被控侵权视频的行为已非"为个人"，而是"向公众"，其上传行为已落入原告信息网络传播权控制的范围，不构成合理使用，属于侵权行为。

被告对用户的这一侵权行为是应知的，而且从中直接获利，却未能尽到与其服务模式相适应的注意义务，其行为构成帮助侵权。至于被告辩称的被控侵权视频时长大多在一至两分钟，不会对涉案作品构成实质性替代。法院认为"片段之短"未必推出"损害之微"，"百姓趋之"并不可以"无忌为之"。本院建议被告重新审视自身服务，合理借鉴行业先进经验，一方面加强内容审核；另一方面落实上传用户实名注册制度，努力构建良性、健康、正当的经营模式，并在此基础上谋求持续发展。

可以预见，未来还会有更多新的互联网新生产品，本案的判决为这些新产业的发展设置了一条底线——尊重知识产权、健康发展，这才是企业生存的长久之道。

4. 国内首例 MOBA 类游戏短视频侵权案

【案情简介】2020年2月18日，广州互联网法院公布了国内首例 MOBA 类游戏短视频侵权案一审判决。《王者荣耀》是一款广受青睐的 MOBA 类手机游戏。深圳市腾讯计算机系统有限公司（以下简称腾讯公司）负责运营《王者荣耀》游戏并享有其维权权利。原告腾讯公司认为被告运城市阳光文化传媒有限公司（以下简称阳光文化公司）在其运营的视频平台中的"游戏"专栏下设《王者荣耀》专区并吸引用户上传大量游戏视频，取得巨大商业利益，侵害其作品信息网络传播权并且与其同类型业务构成不正当竞争。

被告辩称，游戏画面不构成作品且即便游戏画面构成作品也是由游戏用户创造，原告腾讯公司对其不享有著作权，应当归属于创造该短视频的游戏用户。同时被告认为在短视频中对于游戏画面的使用构成合理使用，不构成侵权。视频平台未进行引诱，不应当承担共同侵权责任。

法院通过审理认定 MOBA 类游戏画面构成电影或类电影作品，并且在此案中游戏用户通过操作产生的游戏画面并非创作也不构成合理使用。因此，判决被告阳光文化公司立即停止在视频平台上传播包含有《王者荣耀》游戏画面的视频并赔偿原告腾讯公司 480 万元及合理费用 16 万元。

【案例评析和启示】本案为国内首例认定 MOBA 类游戏整体画面为类电影作品的判决，具有重要的指导意义。并且在判决书中对于游戏用户对游戏整体画面是否享有著作权及传播行为是否构成合理使用提供了明确的法律指引。

游戏行业发展迅猛，视频网站、网络直播平台也纷纷将游戏内容纳入其运营板块。其中游戏画面是否构成作品、构成何种作品及其著作权权利归属是核心问题。法院认为，涉案游戏场景画面精美，人物形象鲜明生动，层次丰富，体现出创作者对美术、人物角色设定、战斗主题的独特选择、编排。这些表达与他人现有的游戏表达不构成实质性相似，也不属于公有领域司空见惯的表达，具有独创性；且游戏整体画面所呈现的任何部分都可以通过录制、截屏、打印等多种方式复制，因此，认定涉案游戏具有独创性与可复制性，是科学技术发展的产物，符合作品的构成要件。值得注意的是，虽然法院认为《王者荣耀》游戏的连续画面不是通过摄制方法固定在一定介质上，但是作品类型强调的是表现形式而非创作方法。因此，在符合一系列有伴音或者无伴音的画面组成的特征时，《王者荣耀》游戏的整体画面宜认定为类电影作品。

游戏用户在视频网站及网络直播平台上传播游戏画面，法院认为，虽然该游戏画面是由用户操作获得，但用户仅是将该游戏画面从不可感知的状态变为可感知状态，虽有一定的主动性但并非创作，对其不享有著作权。而利用该画面制作短视频，在本案中其使用的比例超出了合理使用的范围，构成侵权。经过修订的现行《著作权法》中，已将电影或类电作品以及短视频、游戏作品等统称为视听作品，这对游戏公司、视频网站等可谓是重大利好，有助于对这些作品提供更加有利的保护。

第五节　著作权领域主要法律合规义务

法律风险是企业违反法律义务给公司造成法律责任、经济损失和声誉损失的可能性。合规风险是企业违反合规义务（包括法律义务）给公司造成法律责任、经济损失和声誉损失的可能性。因此，企业开展著作权领域法律风险与合规风险管理，识别法律风险与合规风险，制定法律风险与合规风险清单，采取风险应对和监测预警措施，其基础是识别企业在著作权领域所需遵守的合规义务。

根据前文第二节所列著作权领域主要法律法规，我们梳理出企业在著作权领域所须遵守的主要法律合规义务。

企业应当收集完整的著作权领域法律法规、建立著作权领域外法库；充分识别合规义务，建立著作权领域合规义务清单。

企业应当密切关注国家法律法规的立改废情况，及时修正本企业著作权领域外法库，及时进行合规义务再识别，修正著作权领域合规义务清单。

著作权的主要合规义务如下：

序号	法律合规依据	法律合规义务内容	条款内容简要说明
1.	《著作权法》第52条	（一）未经著作权人许可，不得发表其作品； （二）未经合作作者许可，不得将与他人合作创作的作品当作自己单独创作的作品发表； （三）没有参加创作，不得为谋取个人名利，在他人作品上署名； （四）不得歪曲、篡改他人作品； （五）不得剽窃他人作品； （六）未经著作权人许可，不得以展览、摄制视听作品的方法使用作品，或者以改编、翻译、注释等方式使用作品，《著作权法》另有规定的除外； （七）使用他人作品，应当支付报酬； （八）未经视听作品、计算机软件、录音录像制品的著作权人、表演者或者录音录像制作者许可，不得出租其作品或者录音录像制品的原件或者复制件，《著作权法》另有规定的除外； （九）未经出版者许可，不得使用其出版的图书、期刊的版式设计； （十）未经表演者许可，不得从现场直播或者公开传送其现场表演，或者录制其表演； （十一）不得从事其他侵犯著作权以及与著作权有关的权利的行为	此条列举的均为实践中比较常见的著作权侵权情形，尤其要予以重视

续表

序号	法律合规依据	法律合规义务内容	条款内容简要说明
2.	《著作权法》第53条	（一）未经著作权人许可，不得复制、发行、表演、放映、广播、汇编、通过信息网络向公众传播其作品，《著作权法》另有规定的除外； （二）不得出版他人享有专有出版权的图书； （三）未经表演者许可，不得复制、发行录有其表演的录音录像制品，或者通过信息网络向公众传播其表演，《著作权法》另有规定的除外； （四）未经录音录像制作者许可，不得复制、发行、通过信息网络向公众传播其制作的录音录像制品，《著作权法》另有规定的除外； （五）未经许可，不得播放、复制或者通过信息网络向公众传播广播、电视，《著作权法》另有规定的除外； （六）未经著作权人或者与著作权有关的权利人许可，不得故意避开或者破坏技术措施的，故意制造、进口或者向他人提供主要用于避开、破坏技术措施的装置或者部件，或者故意为他人避开或者破坏技术措施提供技术服务，法律、行政法规另有规定的除外； （七）未经著作权人或者与著作权有关的权利人许可，不得故意删除或者改变作品、版式设计、表演、录音录像制品或者广播、电视上的权利管理信息，知道或者应当知道作品、版式设计、表演、录音录像制品或者广播、电视上的权利管理信息未经许可被删除或者改变的，不得向公众提供，法律、行政法规另有规定的除外； （八）不得制作、出售假冒他人署名的作品	《著作权法》第五十三条第五款所称的技术措施是指用于防止、限制未经权利人许可浏览、欣赏作品、表演、录音录像制品或者通过信息网络向公众提供作品、表演、录音录像制品的有效技术、装置或者部件。 但是下列情形可以避开技术措施，但不得向他人提供避开技术措施的技术、装置或者部件，不得侵犯权利人依法享有的其他权利： （一）为学校课堂教学或者科学研究，提供少量已经发表的作品，供教学或者科研人员使用，而该作品无法通过正常途径获取； （二）不以盈利为目的，以阅读障碍者能够感知的无障碍方式向其提供已经发表的作品，而该作品无法通过正常途径获取； （三）国家机关依照行政、监察、司法程序执行公务； （四）对计算机及其系统或者网络的安全性能进行测试； （五）进行加密研究或者计算机软件反向工程研究。 上述规定适用于对与著作权有关的权利的限制

第六节　著作权领域法律合规指引

一、法律环境风险

(一) 著作权法律意识淡薄

实践中,很多企业或者个人都没有著作权付费使用的概念,奉行"拿来主义"。为了吸引流量,未经许可直接使用别人的摄影作品、美术作品、音乐作品、视听作品的案例比比皆是,微信公众号、网络视频平台、直播平台、音乐平台是此类侵权行为的重灾区。我们在前面第四节著作权合规管理违规案例中有重点列举,在此不作赘述。

(二) 著作权侵权成本低廉、方式便捷

随着互联网的发展,点击一下复制或者转发按键就可以瞬间将他人作品传播出去,速度非常之快。作者辛苦创作的作品在发布后的短短一分钟内就可能被侵权很多次。尤其是很多媒体机构辛苦准备的独家报道,在刚刚发布的几分钟内就有可能被其他几家甚至数十家媒体盗用,而且对外显示的发布时间一致(发布时间一般只显示到几点几分,不会详细到秒),很难识别原创作品和侵权作品,这就增加了维权的难度。此种情况可考虑使用作品电子时间戳。电子时间戳在作品发布的同时就能自动生成,可以把作品网络发布时间精确到秒,非常便捷和高效。

(三) 著作权维权成本偏高

这是很多著作权人维权时遇到的最大问题。侵权的动动手，维权的跑断腿。发现侵权行为，权利人要自行或者委托专业的知识产权调查机构收集侵权线索，然后再委托公证处对侵权行为进行公证保全，最后委托专业律师向法院提起诉讼，整个过程平均耗时一年半到两年，有时可能更长，法院酌情依法判决的金额相对于权利人的实际损失而言却是杯水车薪。

鉴于著作权维权成本偏高，尽量提高赔偿金额才能有效维护权利人的合法权益。若想提高赔偿金额，权利人应当尽可能收集证据证明自身因侵权行为所造成的损失，或者提供证据证明侵权人因侵权行为所产生的收益。如果自行取证困难，权利人也可以申请著作权行政管理部门对被请求人的财务会计账册进行调查勘验。

二、著作权法律风险、合规风险与法律合规指引

(一) 著作权法律风险与合规风险

著作权法律合规管理风险，除了上面列举的我国法律环境本身存在的风险外，还存在其他法律风险与合规风险：违反著作权的外部法律规定尤其是禁止性法律规定会导致违法；违反与他人关于著作权的约定会导致违约；侵犯他人在先作品的著作权会导致著作权侵权；怠于行使自己的著作权又会导致著作权维权诉讼的胜诉权丧失、损失无法挽回的风险等。

此外，公司的发展战略、投融资战略如果违反了著作权法的禁止性法律规定，甚至会影响整个公司的生存和发展。人人字幕侵犯影视作品著作权案、仿冒乐高玩具侵犯著作权案就是这方面的典型案例。

要想避免此类风险，企业就要建立相对比较完善的企业著作权法律合规

体系，尽量减少企业著作权法律风险与合规风险给企业造成的损失。

(二) 著作权法律合规指引

前面的章节中我们分享了著作权管理的外部法律规定、典型违规案例，并据此整理了企业著作权合规义务清单，主要涉及外部法律的强制性规定、禁止性规定，让大家了解哪些是日常经营中不能踩踏的著作权法律红线；同时我们也结合合规实践整理了企业著作权管理中应当建立和完善的一些内部规章制度，告诉企业如何保护自己的著作权以及如何减少或避免侵犯他人的著作权。下面我们就近两年来发展势头正猛的视听行业以及游戏行业具体分享一下这两个行业的合规管理重点。

三、视听行业著作权法律合规指引

我国《著作权法》2020年修正时，用视听作品替换了电影作品和以类似摄制电影的方法创作的作品，把近几年异常火爆的短视频也纳入其中。总的来说，视听作品包含长视频和短视频，长视频以传统的影视剧为代表。我们知道，影视剧的拍摄主要分为影视剧立项、剧本创作、影视剧投融资、影视剧制作、影视剧宣发以及影视剧的二次开发阶段。短视频的制作流程相对比较简单，周期也比较短，主要就是内容制造（短视频拍摄）和内容输出（短视频发布），省去了复杂的立项、宣发等阶段。接下来，我们以传统的影视剧为例，介绍一下影视剧行业著作权合规需要关注的重点。

(一) 影视剧著作权侵权的判断方法

著作权侵权判断的一般标准是"接触+实质性相似"。所谓接触，是指在后作品创作者直接接触过在先作品或者有接触的可能性；所谓实质性相似，是指作品在独创性表达方面相同或者实质性相似，会导致读者和观众对两部作品产生相同或相似的欣赏体验。

司法实践中，是否接触的判断标准并不难。只要作品公开发表过，无相反证据，一般都构成《著作权法》侵权认定标准中的"接触"。是否构成实质性相似判断起来比较麻烦。大家知道，《著作权法》保护的是具体的表达，而不是抽象的思想，因此在判断是否构成实质性相似时，要区分思想和表达。一般来说，思想是指概念、术语、原则、客观事实、创意、发现，等等。表达则是指对于思想观念的各种形式或方式的表述，如文字的、音符的、数字的、线条的、色彩的、造型的、形体动作的表述或传达等。从这个意义上说，表达所形成的就是作品。① 对于思想的抄袭不构成侵权，对于表达的抄袭才构成侵权。关于思想和表达的区分标准，法学理论和司法实践并未形成统一的标准，事实上即使形成统一的标准，在个案适用中也比较困难。下面我们结合一些具体案例帮大家了解一下如何区分思想和表达。

陈某诉余某等《宫锁连城》侵害著作权纠纷案②，审理法院认为，将一部文学作品中的内容比作一座金字塔，金字塔的底端是由最为具体的表达构成，而金字塔的顶端是最为概括抽象的思想。位置越接近顶端，越可归类于思想；位置越接近底端，越可归类于表达。文学作品中的人物设置及人物关系，如果仅仅是"父子关系""兄弟关系""情侣关系"等，无疑处于金字塔的顶端，应属于思想范畴；如果就上述人物关系加以具体化："父亲是王爷儿子，但是贝勒两人并非真父子"，"哥哥是偷换来的贝勒而弟弟是侧福晋的

---

① 参见陈某与余某、湖南经视文化传播有限公司、东阳欢娱影视文化有限公司、万达影视传媒有限公司、东阳星瑞影视文化传媒有限公司侵害著作权纠纷，北京市第三中级人民法院（2014）三中民初字第 07916 号判决书。

② 参见陈某与余某、湖南经视文化传播有限公司、东阳欢娱影视文化有限公司、万达影视传媒有限公司、东阳星瑞影视文化传媒有限公司侵害著作权纠纷，北京市第三中级人民法院（2014）三中民初字第 07916 号判决书。

儿子"，"情侣双方是因偷换孩子导致身份颠倒的两个特定人物"，则相对于前述人物关系设置而言，这样的具体设计无疑将处于金字塔结构的相对下层；如果再将特定事件安插在存在特定关系的人物之间，则无疑又是对人物设置及人物关系的更为具体化设计，这样的设计又会体现在金字塔更加底层的位置。如果人物身份、人物之间的关系、人物与特定情节的具体对应等设置已经达到足够细致具体的层面，那么人物设置及人物关系就将形成具体的表达。文学作品中的情节，既可以被总结为相对抽象的情节概括，也可以从中梳理出相对具体的情节展现，因此，就情节本身而言仍然存在思想与表达的分界。区分思想与表达要看这些情节和情节整体仅属于概括的、一般性的叙事模式，还是具体到了一定程度足以产生感知特定作品来源的特有欣赏体验。如果具体到了这一程度，足以到达思想与表达的临界点之下，则可以作为表达。

在朱某白诉周某《锦绣未央》侵害著作权案[①]中，审理法院认为，文学创作是一种独立的智力创作过程，从遣词造句到修辞手法，从细节描写到情节设计，除了个别巧合外，不同的作者所创作的作品不可能存在雷同。语句是由字、词语或短语等组成的、用于阐述作者思想的表达方式，是文学作品构成的基石。那些能够体现出作者个性化创作的独特修辞、细节描写，或是刻画人物或描述情节的具体语句，均属于受《著作权法》保护的具体表达。但是，文学创作往往离不开对前人智慧的学习和借鉴，不同作品中出现相同的成语典故、常见的修辞手法、语法句式及日常一般用语等内容并不鲜见，这些内容往往属于公知领域的范畴，不应被一个作者所垄断。此外，对于相同或相似的语句是否构成侵害他人著作权的判断，不应将句子甚至短语或字词进行孤立看待和割裂对比，还应结合文字的相似程度、数量，考虑上下文

---

① 参见朱某白诉周某著作权侵权纠纷，北京市朝阳区人民法院在（2017）京 0105 民初 989 号判决书。

的衔接，将被控侵权的语句进行整体认定和综合判断。①

此外，安徽省高级人民法院在（2020）皖民再126号民事判决书中认为除了凭空杜撰的作品之外，对于体现社会、历史题材的作品都会使用一些客观的史实作为素材，故一些作品在描述人物、时间、事件等内容时所反映的客观史实和利用史料部分相同，不能成为构成剽窃的根据。实际上，对于相同的主题，任何人都拥有独立创作的自由和空间，如果允许任何人独占使用某些题材的史实资料，则会限制创作的空间，从而违背了《著作权法》的立法本意。

（二）抄袭、洗稿、融梗、借鉴以及致敬的界限

谈到影视剧的创作，就不得不提网络上热议的抄袭、洗稿、融梗、借鉴、致敬的差别及合法性问题。严格说来，除了抄袭，洗稿、融梗与借鉴、致敬都不是严格意义上的法律概念。

1. 抄袭

我国《著作权法》第五十二条在列举侵权行为时，有提到"剽窃"他人作品这一概念，但是并未对剽窃本身进行定义。国家版权局版权管理司在"权司〔1999〕第6号"批复中给出过一个"供参考"的解答：《著作权法》所称抄袭、剽窃，是同一概念（为简略起见，以下统称抄袭），指将他人作品或者作品的片段窃为己有。根据这个解答，我们可以看出抄袭包含全部抄袭和部分抄袭。需要注意的是，抄袭几乎是百分之百复制他人作品或者进行了不构成独创性表达的非实质性调整。抄袭是很典型的著作权意义上的侵权行为。

2. 洗稿

"洗稿"一词借用了英文"洗钱"（money laundering）的语义，就是通过

---

① 参见朱某白诉周某著作权侵权纠纷，北京市朝阳区人民法院在（2017）京0105民初989号判决书。

各种手段将他人的作品转换为自己的受版权保护的作品，其实质是一种非创作性的"洗白"行为。相对于抄袭而言，洗稿的行为不易被发现，或者从具体表达上看不出来，是一种比较隐蔽的剽窃手段。

洗稿就其本质而言，其实也是一种著作权侵权行为，只不过维权过程中会存在很多困难。因为涉嫌"洗稿"方在作侵权答辩时往往会将两部作品的相同之处归咎于题材、阐述事实等思想层面的相同，特意强调二者在具体表达方面的不同，导致法院在侵权行为的具体认定方面存在很多困难。

3. 融梗

实践中，普遍认为"融梗"是一种高级的抄袭。大家应该都看过相声，相声里面分为"逗哏"和"捧哏"，这里的"哏"就是笑点、包袱的意思。融梗的"梗"其实就是从"哏"套用而来的，主要是指作品中情节、桥段等独特的创意。融梗就是把其他作品的创意通过改写或者仿写等形式融入自己的作品中，让读者误以为是原创。

融梗本身是否构成著作权侵权，关键是要区分融的"梗"是思想层面的还是表达层面的。思想层面的融梗不构成侵权，表达层面的融梗除构成合理使用外，应当认定为构成侵权。哪些构成思想层面的融梗，哪些构成表达层面的融梗，实质上涉及的仍然是思想与表达的区分。我们在上文中已有论述，在此不作赘述。关于合理使用，上文已经介绍过，在此不作赘述。

4. 致敬和借鉴

致敬和借鉴在某些方面是共通的，都是使用了在先作品的某些元素。但是借鉴更多是思想层面的，一般会构成合理使用；而致敬为了引发影迷或者读者的共鸣，可能会再现在先作品的某些经典桥段。其实不管是致敬还是借鉴，都需要在法律允许的合理限度内，否则一旦越界就有可能构成侵权。

（三）影视剧场景、道具侵权问题

关于影视剧的侵权，目前大家比较关注的是影视剧剧本内容的侵权，却往往忽视影视作品的场景、道具侵权问题。

在《九层妖塔》字体美术作品侵权案[①]中，向某红认为电影《九层妖塔》未经许可使用了其享有著作权的 7 个单字"鬼""族""史""华""夏""日""报"，侵犯了其就上述作品享有的著作权，要求《九层妖塔》相关方赔礼道歉并赔偿损失。朝阳区人民法院在审理后认为，涉案书法作品兼具表情达意和艺术美化等不同功能，且这些功能并不矛盾或相互排斥。涉案电影的道具中使用涉案单字不排除其起到了说明道具名称的作用，但同时也完整地展示了涉案单字的艺术美感，对涉案单字的使用不具有转换性。另外向某红通过授权他人以复制等方式使用其作品，从而获取相应的经济利益。梦想者电影（北京）有限公司（以下简称梦想者公司）等四被告未经授权，也未向向某红支付报酬即使用涉案单字，已经影响了向某红对其作品的对外授权并获取相应的经济收益，与向某红对作品的正常利用相冲突。因此，梦想者公司等四被告使用涉案单字的行为不属于合理使用，构成著作权侵权。《九层妖塔》相关方不服一审判决提起了上诉，二审法院审理后维持了一审判决。

此外，电视剧场景中陈设的画作还有可能涉嫌侵犯他人摄影作品、美术作品的著作权，电视中使用的奢侈品箱包、珠宝还有可能侵犯他人的商标权或者著作权，这些都是影视剧合规的重点。

[①] 参见中国电影股份有限公司等与北京环球艺动影业有限公司等著作权权属、侵权纠纷，北京知识产权法院（2018）京 73 民终 1428 号民事判决书。

四、游戏行业著作权法律合规指引

伴随着游戏行业的飞速发展,各种资本争相涌入,侵权手段也在不断升级。为了做好游戏产业的创新成果保护,规范市场竞争秩序,2020 年广东省高院发布了《关于网络游戏知识产权民事纠纷案件的审判指引(试行)》,以促进网络游戏产业健康发展。

游戏行业的著作权侵权行为常见的是未经许可使用他人的文字作品、音乐作品、美术作品,剽窃他人游戏的地图、场景、玩法规则甚至是整部游戏作品。总体而言,在目前的司法实践中,游戏整体如果具备独创性可以作为视听作品保护,游戏中的地图、缩略图、场景、玩法规则如果具有独创性可以作为美术作品、示意图、文字作品等进行保护。随着权利人维权力度以及司法保护力度的加大,侵权的手段也在不断升级,变得越来越隐秘。以"换皮游戏"侵权为例,有点类似于文字作品的洗稿,用貌似合法的手段掩盖其侵权的本质,增加了权利人的维权难度。此外,一些新型的侵权手段,如游戏模拟器侵权、云游戏侵权也不断涌现,这些都是游戏行业著作权合规需要关注的重点。

(一)"换皮游戏"涉及的是游戏规则的法律保护

在"太极熊猫"诉"花千骨"案[①]中,审理法院认为游戏玩法规则受到著作权法保护。苏州蜗牛数字科技股份有限公司(以下简称蜗牛公司)是《太极熊猫》手机游戏软件的著作权人,该游戏最早于 2014 年 5 月 15 日在软件市场上线。成都天象互动科技有限公司(以下简称天象公司)和北京爱奇艺科技有限公司(以下简称爱奇艺公司)系《花千骨》手机游戏软件的著作

---

① 参见成都天象互动科技有限公司、北京爱奇艺科技有限公司与苏州蜗牛数字科技股份有限公司著作权权属、侵权纠纷,江苏省高级人民法院(2018)苏民终 1054 号判决书。

权人，该软件于 2015 年 3 月 6 日开发完成，并最早于 2015 年 6 月 19 日在软件市场上线。蜗牛公司认为，《花千骨》游戏在游戏结构、玩法规则、数值内容、投放节奏和软件文档五个方面与《太极熊猫》构成实质性相似，构成"换皮"抄袭，侵犯了蜗牛公司的著作权。

一审法院虽然认为《花千骨》游戏的整体运行动态画面中，其剧情动画和美术场景、角色名称和美术形象、道具名称和美术形象、游戏场景和美术画面、人物设计、技能美术效果、动画特效、UI 图标设计等设计均与《太极熊猫》不同，但是，因为《花千骨》游戏在游戏玩法规则的特定呈现方式及其选择、安排、组合上整体利用了《太极熊猫》的基本表达，并在此基础上进行了美术、音乐、动画、文字等一定内容的再创作，侵害了著作权人享有的改编权。二审法院在审理过程中，对两个游戏进行"思想与表达"的分层过滤，将其中玩法系统中对战、成长等系统以及对战模式等系统归类为思想并将界面布局中常见的功能布局划定为有限表达，属于公有领域，将此类内容进行排除，考察剩余内容中具体的玩法规则，例如，其中的"炼星"系统，玩法与界面布局相结合，构成表达。《花千骨》游戏在这一玩法上与《太极熊猫》相比，除了界面图形以及部分道具名称存在不同，大部分内容构成实质性相似，已经超出了创作"巧合"的空间，可以认定二者虽然在"表达形式"上存在部分不同，但是在"表达内容"上构成实质性相似。最终二审法院维持了一审判决，判决被告天象公司、爱奇艺公司赔偿 3000 万元。

此外，在《守望先锋》诉《英雄枪战》《全民枪战》案[①]中，涉及的也有游戏规则的保护。上海市浦东新区人民法院认为两款游戏中的 13 个对应英雄的角色类型及生命值均相同或近似，英雄技能的文字描述差异较大，技能

---

① 参见广州四三九九信息科技有限公司、四三九九网络股份有限公司与上海网之易网络科技发展有限公司其他不正当竞争纠纷，上海浦东新区法院（2017）沪 0115 民初 77945 号民事判决书。

细节上有区别,但每个对应英雄的技能最终效果较为一致。《守望先锋》的技能多为主动触发,《英雄枪战》中对应的技能受手机游戏操作的局限性,有些系被动技能;《英雄枪战》的部分英雄技能与《守望先锋》的部分英雄技能存在合并或拆分的情况。五幅地图的具体分场景图中,在建筑物整体外观造型、地面纹路及材质、美术用色和背景取材、建筑物的材质选择、有无掩体、围栏及墙面装饰物等各方面均差异较大,但是在建筑物的布局排列、建筑物进出口位置设计、楼梯相对位置的摆设、建筑物的相对高矮顺序、相同视角下建筑物占画面的面积大小、玩家行进路线、血包存放点的摆设等方面较为相似。

法院在审理过程中,将游戏开发过程分为5个层次:第一层是游戏立项阶段的游戏类型定位。第二层是围绕游戏类型定位的规则设计。第三层为游戏资源的核心部分制作。具体可分为三部分:一是与战斗目标相匹配的地图行进路线设计;二是游戏人物的初始数值策划,赋予每位人物不同侧重的参数值和各具特色的技能或武器技能;三是用户界面的整体布局。第四层是资源串联及功能调试,打磨游戏规则与游戏资源的契合度,不断地验证与纠错,完善游戏的逻辑自洽,最终形成连贯流畅的整体画面。第五层是游戏资源的进一步细化制作。美术和音频部分继续介入,包括场景地图的具体布置、外观的细化设计、人物的外观、武器外观及技能特效画面的细化设计、用户界面的丰富和整合等。

法院通过"思想与表达"分离法,将第一层和第二层的游戏类型及围绕游戏类型的基础规则归类为思想;第五层的游戏场景外观造型、人物的美术形象、武器装备的美术形象、用户界面的布局用色及图案、背景音频等,归类为表达。而所谓"换皮游戏",就是保留第三层、第四层的内容,全面更改第五层的内容。法院认为,第三层和第四层设计架构是否属于《著作权法》保护的"表达"范畴,应当结合该类游戏的特点和玩家体验综合判断。

FPS类射击游戏玩家在游玩过程中,更加重视的并非第五层的元素,而是第三层、第四层中地图的行进路线、射击点和隐藏点的位置选择、所选人物的技能在当局战斗中的优势和缺陷、自己和队友的人物选择搭配、对方人物的选择搭配以及血包的摆放等游戏设计要素。因此,在FPS类游戏中具体的玩法规则构成表达,应当受到《著作权法》保护。

(二)云游戏、游戏模拟器属于"新瓶装旧酒",涉及的还是游戏作品的著作权侵权

在《率土之滨》与"率土模拟器"著作权侵权案[①]中,杭州互联网法院认为,《率土之滨》武将战法中每一条武将战法都巧妙地将策略游戏的战法机制和武将历史故事背景结合在一起,形成具有故事性的独特表达,因此是在战法整体设计机制基础上的具体表达。并且《率土之滨》虽然基于历史人物,武将战法随着玩家游戏逐步添加,体现了作者对进入游戏的三国人物的取舍和选择,而对武将名称、武将战法说明的概括、总结更凸显了作者个性化的选择、创作、编排和设计,也体现了作者基于史料、民间故事、人物性格特点对三国人物的艺术化再加工,这种表达足够具体,体现了作者对相应素材的编排和设计,可以受到《著作权法》保护。因此,对上述武将战法文字内容享有著作权。而《率土之滨》中154副卡牌角色图片制作精美、风格典雅,以线条、色彩为主线,并以三国中的历史人物为创作原型,每个角色的外形、衣服、动作、背景、道具等结合角色人物特征进行了细致描绘,体现了较高的审美价值,构成《著作权法》意义上的美术作品。

而被告运营的"率土模拟器"中,涉案472条武将战法的文字内容(包括武将战法名称、战法类型、有效距离、发动概率、目标类型、战法说明)

---

① 参见杭州网易雷火科技有限公司诉千陌(杭州)科技有限责任公司、吕某尘、林某著作权侵权及不正当竞争纠纷案,杭州互联网法院(2019)浙0192民初8128号判决书。

与《率土之滨》游戏部分完全相同或高度近似。武将卡牌形象相比，双方整体布局、轮廓相似，人物或握剑，或骑马，且在细节表达方面包括角色外形、角色衣服、角色动作、道具等，多个细节表达相似。"率土模拟器"未经许可使用涉案文字作品、美术作品并给游戏玩家提供在线模拟游戏，使得公众可以在个人选定的时间、地点获得涉案文字作品、美术作品，侵害了涉案文字作品、美术作品信息网络传播权。但因"率土模拟器"中涉案文字作品、美术作品已经稳定固定在有形载体上，与信息网络传播权的范围重合，原告未能举证被告其他侵权行为，对于复制权侵权不予支持。且被告对原告文字作品、美术作品的利用并无形成新作品，因此未侵犯原告改编权。法院判定被告侵犯原告的信息网络传播权，判决被告停止侵权并赔偿经济损失及合理开支150万元。

（三）游戏行业著作权法律合规重点

总的来说，游戏行业的著作权合规，既要注意防止他人侵权，又要注意避免自己侵权，因此需要重点关注以下内容：

1. 注重原创，游戏素材来源要合法

"换皮游戏"已不可取，原创作品才能走得长远。自"太极熊猫"诉"花千骨"案之后，游戏玩法规则的著作权保护日臻完善。通过抽象过滤分离法，分离思想与表达，较为具体的游戏玩法规则都可以采用著作权法保护。因此，"换皮"此类"擦边球"行为已被大众识破，如何在公有领域的游戏模式中探索出新玩法才是游戏开发的道路。

2. 热门IP授权应当完整

目前热门IP，尤其以动漫、小说为代表的改编游戏的趋势越来越多。热门IP中不仅故事情节等文字内容受到著作权法保护，角色形象等亦受到保护。因此，游戏开发涉及热门IP的授权应当更加具体和明确，防止超越授权使用范围侵权。

3.新型游戏运营方式应当审慎

云游戏、游戏模拟器，无论如何包装都掩盖不了其侵权的实质，公司产品一旦违法，公司也就很难再继续经营下去。

第六章

商业秘密法律合规管理

第一节 商业秘密概述

一、商业秘密的定义

我国2019年新修正的《反不正当竞争法》规定，商业秘密是指不为公众所知悉、具有商业价值并经权利人采取相应保密措施的技术信息、经营信息等商业信息。

随后，《最高人民法院关于审理侵犯商业秘密民事案件适用法律若干问题的规定》(以下简称《商业秘密司法解释》)进一步明确，技术信息是指与技术有关的结构、原料、组分、配方、材料、样品、样式、植物新品种繁殖材料、工艺、方法或其步骤、算法、数据、计算机程序及其有关文档等信息；经营信息指与经营活动有关的创意、管理、销售、财务、计划、样本、招投标材料、客户信息、数据等信息，其中客户信息，包括客户的名称、地址、联系方式以及交易习惯、意向、内容等信息。

虽然2019年新修正的《反不正当竞争法》除了技术信息以及经营信息外还增加了"等商业信息"，但目前尚未有相关的法律法规或者配套司法解释对"等商业信息"的概念进行进一步的明确解释或在目前已有的技术信息或者经营信息的范围内进行扩展。因此，对于商业秘密的保护，我们仍然应当主要针对上述所提及的技术信息及经营信息。

二、"商业秘密"与"保密商务信息"的关系

2020年1月15日,中美双方签署《中华人民共和国政府和美利坚合众国政府经济贸易协议》(以下简称中美经贸协议),其中要求对"商业秘密"以及"保密商务信息"进行有效的保护。目前,我国现行法律规定中,并没有对"保密商务信息"进行明确的定义,仅在中美经贸协议的脚注中有以下解释:保密商务信息是涉及或与如下情况相关的信息:任何自然人或法人的商业秘密、流程、经营、作品风格或设备,或生产、商业交易,或物流、客户信息、库存,或收入、利润、损失或费用的金额或来源,或其他具备商业价值的信息,且披露上述信息可能对持有该信息的自然人或法人的竞争地位造成极大损害。

从上述解释内容来看,"保密商务信息"与"商业秘密"之间似乎是包含与被包含的关系。但是,在我国其他商业秘密相关的法律规定中并没有对上述关系予以体现。《最高人民法院关于全面加强知识产权司法保护的意见》第5点提及:"……加强保密商务信息等商业秘密保护,保障企业公平竞争、人才合理流动,促进科技创新。"根据司法部《关于强化行政许可过程中商业秘密和保密商务信息保护的指导意见(征求意见稿)》第1点:"依法确定商业秘密。……对按照《反不正当竞争法》等法律法规界定的商业秘密要予以明示,对需要保密的商务信息也要予以标明。对可以通过公开渠道获知、不具有商业价值、未采取有效保密措施的商业信息,不得作为商业秘密和保密商务信息。"

由此,虽然我国目前的法律规定并没有对"保密商务信息"予以明确的定义,但从上文司法部关于商业秘密和保密商务信息保护的指导意见的征求意见稿中我们可以发现,保密商务信息同样具备秘密性、价值性以及保密性等特点。因此,但凡在中美经贸协议中被列举到的保密商务信息,我们建议

均应当采取与商业秘密同等的保护标准及措施。

三、商业秘密和专利的关系

关于商业秘密和专利的关系,请详见前文第四章第一节第二条第二款,此处不再赘述。

四、商业秘密的构成要件

根据前文所提及的商业秘密的定义,如果要认定一项经营信息或者技术信息属于商业秘密,则必须满足三个构成要件,分别为:(1)不为公众所知悉;(2)具有商业价值;(3)采取相应保密措施。下面我们将对这三个构成要件一一进行介绍:

(一)不为公众所知悉

"不为公众所知悉"在商业秘密案件中又称为"秘密性",《商业秘密司法解释》对"不为公众所知悉"的概念有了明确阐释,即不为所属领域的相关人员普遍知悉和容易获得。此外,《商业秘密司法解释》将认定"不为公众所知悉"的时间点明确为被诉侵权行为发生时。

除了对"不为公众所知悉"的概念进行正面解释外,《商业秘密司法解释》还通过列举的方式,列明了可以被认定为"为公众所知悉"的几种情形,包括:(1)该信息在所属领域属于一般常识或者行业惯例的;(2)该信息仅涉及产品的尺寸、结构、材料、部件的简单组合等内容,所属领域的相关人员通过观察上市产品即可直接获得的;(3)该信息已经在公开出版物或者其他媒体上公开披露的;(4)该信息已通过公开的报告会、展览等方式公开的；（5）所属领域的相关人员从其他公开渠道可以获得该信息的。

（二）具有商业价值

根据《商业秘密司法解释》第七条的规定，权利人请求保护的信息因不为公众所知悉而具有现实的或者潜在的商业价值的，经审查可以认定为《反不正当竞争法》所称的具有商业价值。同时，在该司法解释中还明确了生产经营活动中形成的阶段性成果也可以被认定为具有商业价值。

虽然上述规定对"具有商业价值"进行了解释，但是，在具体判断的过程中仍然较为抽象。相较而言，国家工商行政管理总局颁布的《关于禁止侵犯商业秘密行为的若干规定》第二条第三款的解释更加具有实践参考价值："本规定所称能为权利人带来经济利益、具有实用性，是指该信息具有确定的可应用性，能为权利人带来现实的或者潜在的经济利益或者竞争优势。"

从上述规定可知，认定一项技术信息或者经营信息是否具有商业价值，需要从以下几个方面一一判断：首先，该信息是可以被应用的；其次，该信息的应用能够给权利人带来经济利益，这个经济利益可以是现实的，也可以是潜在的；最后，该信息的应用可以给权利人带来竞争优势。

（三）采取相应保密措施

在技术信息或者经营信息具备前述两项构成要件后，权利人还必须对相关信息采取保密措施，方能使相关信息最终被认定为商业秘密。在《商业秘密司法解释》中，对保密措施的采取有以下几个基本要求：首先，保密措施采取的目的是防止商业秘密泄漏；其次，保密措施的采取时间应当在被诉侵权行为发生以前；最后，保密措施的采取应当具有合理性。此外，法院在认定权利人是否采取相应的保密措施时，还将根据商业秘密及其载体的性质、商业秘密的商业价值、保密措施的可识别程度、保密措施与商业秘密的对应程度以及权利人的保密意愿等因素综合判断。

《商业秘密司法解释》也对部分可以被认可的保密措施进行了列举，包括：（1）签订保密协议或者在合同中约定保密义务的；（2）通过章程、培训、规章制度、书面告知等方式，对能够接触、获取商业秘密的员工、前员工、供应商、客户、来访者等提出保密要求的；（3）对涉密的厂房、车间等生产经营场所限制来访者或者进行区分管理的；（4）以标记、分类、隔离、加密、封存、限制能够接触或者获取的人员范围等方式，对商业秘密及其载体进行区分和管理的；（5）对能够接触、获取商业秘密的计算机设备、电子设备、网络设备、存储设备、软件等，采取禁止或者限制使用、访问、存储、复制等措施的；（6）要求离职员工登记、返还、清除、销毁其接触或者获取的商业秘密及其载体，继续承担保密义务的；（7）采取其他合理保密措施的。

第二节　商业秘密领域主要法律法规

商业秘密的保护近年来正在被不断重视，相关的法律保护规定也不断被完善。目前，我国分别在《反不正当竞争法》《民法典》合同编、《劳动法》《劳动合同法》《刑法》等各领域均对商业秘密有所保护。

一、《反不正当竞争法》对于商业秘密的保护

2019年修正的《反不正当竞争法》对商业秘密的保护规定进行了大量修改，扩大了侵犯商业秘密行为的范围、扩大了侵权主体、加强了侵权行为的

责任，同时也降低了商业秘密权利人的民事举证责任。

《反不正当竞争法》第九条规定："经营者不得实施下列侵犯商业秘密的行为：（一）以盗窃、贿赂、欺诈、胁迫、电子侵入或者其他不正当手段获取权利人的商业秘密；（二）披露、使用或者允许他人使用以前项手段获取的权利人的商业秘密；（三）违反保密义务或者违反权利人有关保守商业秘密的要求，披露、使用或者允许他人使用其所掌握的商业秘密；（四）教唆、引诱、帮助他人违反保密义务或者违反权利人有关保守商业秘密的要求，获取、披露、使用或者允许他人使用权利人的商业秘密。经营者以外的其他自然人、法人和非法人组织实施前款所列违法行为的，视为侵犯商业秘密。第三人明知或者应知商业秘密权利人的员工、前员工或者其他单位、个人实施本条第一款所列违法行为，仍获取、披露、使用或者允许他人使用该商业秘密的，视为侵犯商业秘密。本法所称的商业秘密，是指不为公众所知悉、具有商业价值并经权利人采取相应保密措施的技术信息、经营信息等商业信息。"

在上述规定中，《反不正当竞争法》不仅对商业秘密的概念进一步完善，同时也增加了以电子侵入手段获取权利人商业秘密，教唆、引诱、帮助他人违反保密义务或者违反权利人有关保守商业秘密的要求，获取、披露、使用或者允许他人使用权利人的商业秘密等侵犯商业秘密的行为，并将经营者以外的其他自然人、法人和非法人组织纳入侵犯商业秘密责任主体的范围。

在民事诉讼的赔偿认定方面，《反不正当竞争法》第十七条第三款、第四款规定："因不正当竞争行为受到损害的经营者的赔偿数额，按照其因被侵权所受到的实际损失确定；实际损失难以计算的，按照侵权人因侵权所获得的利益确定。经营者恶意实施侵犯商业秘密行为，情节严重的，可以在按照上述方法确定数额的一倍以上五倍以下确定赔偿数额。赔偿数额还应当包括经营者为制止侵权行为所支付的合理开支。经营者违反本法第六条、第九条规定，权利人因被侵权所受到的实际损失、侵权人因侵权所获得的利益难以确定的，由人民法院根据侵权行为的情节判决给予权利人五百万元以下的赔偿。"在行政处罚方面，《反不正当竞争法》第二十一条规定："经营者以及其他自然人、法人和非法人组织违反本法第九条规定侵犯商业秘密的，由监督检查部门责令停止违法行为，没收违法所得，处十万元以上一百万元以下的罚款；情节严重的，处五十万元以上五百万元以下的罚款。"

此外，《反不正当竞争法》还就商业秘密民事诉讼的举证责任分配中涉及商业秘密权利人的证明责任进行了修改："在侵犯商业秘密的民事审判程序中，商业秘密权利人提供初步证据，证明其已经对所主张的商业秘密采取保密措施，且合理表明商业秘密被侵犯，涉嫌侵权人应当证明权利人所主张的商业秘密不属于本法规定的商业秘密。商业秘密权利人提供初步证据合理表明商业秘密被侵犯，且提供以下证据之一的，涉嫌侵权人应当证明其不存在侵犯商业秘密的行为：（一）有证据表明涉嫌侵权人有渠道或者机会获取商业秘密，且其使用的信息与该商业秘密实质上相同；（二）有证据表明商业秘密已经被涉嫌侵权人披露、使用或者有被披露、使用的风险；（三）有其他证据表明商业秘密被涉嫌侵权人侵犯。"

除上述《反不正当竞争法》在法律层面对商业秘密的保护外，《最高人民法院关于审理侵犯商业秘密民事案件适用法律若干问题的规定》于2020年9月12日正式实施，其中就商业秘密的定义、构成要件、管辖法院、举证责任等问题进行了进一步的细化规定。2020年9月4日，国家市场监管总局发布公告，就《商业秘密保护规定（征求意见稿）》公开向社会征求意见。

二、《民法典》对于商业秘密的保护

除上述《反不正当竞争法》对商业秘密的保护外，我国《民法典》亦对商业秘密的保护有所规定。在总则中，《民法典》明确了商业秘密是民事主体依法享有的专有权利之一。此外,合同编中的第五百零一条规定:"当事人在订立合同过程中知悉的商业秘密或者其他应当保密的信息,无论合同是否成立,不得泄露或者不正当地使用;泄露、不正当地使用该商业秘密或者信息,造成对方损失的,应当承担赔偿责任。"

在《民法典》中,与商业秘密相关的规定更加侧重于加强合同相对方对于商业秘密的保密义务,但在更多的司法实践案例中,侵犯商业秘密的主体更多地为合同签订主体以外的第三方或者是掌握有商业秘密公司的员工或者离职员工。因此,《民法典》对于商业秘密的保护作用具有较大的局限性,我们仍然还需要从《反不正当竞争法》或者《劳动法》等角度出发,对商业秘密的权利人进行更加完善的保护。

三、《劳动法》《劳动合同法》对于商业秘密的保护

司法实践中,商业秘密的主要泄漏途径之一即员工对于其所在单位或者原所在单位商业秘密的泄漏。故此,我国《劳动法》第二十二条规定:"劳动合同当事人可以在劳动合同中约定保守用人单位商业秘密的有关事项。"同时,《劳动法》第一百零二条规定:"劳动者违反本法规定的条件解除劳动合同或者违反劳动合同中约定的保密事项,对用人单位造成经济损失的,应当依法承担赔偿责任。"

我国《劳动合同法》第二十三条进一步规定:"用人单位与劳动者可以在劳动合同中约定保守用人单位的商业秘密和与知识产权相关的保密事项。对负有保密义务的劳动者,用人单位可以在劳动合同或者保密协议中与劳动者约定竞业限制条款,并约定在解除或者终止劳动合同后,在竞业限制期限内按月给予劳动者经济补偿。劳动者违反竞业限制约定的,应当按照约定向用人单位支付违约金。"《劳动合同法》第二十四条则对竞业限制所适用的人

员、范围和期限作了进一步规定:"竞业限制的人员限于用人单位的高级管理人员、高级技术人员和其他负有保密义务的人员。竞业限制的范围、地域、期限由用人单位与劳动者约定,竞业限制的约定不得违反法律、法规的规定。在解除或者终止劳动合同后,前款规定的人员到与本单位生产或者经营同类产品、从事同类业务的有竞争关系的其他用人单位,或者自己开业生产或者经营同类产品、从事同类业务的竞业限制期限,不得超过二年。"

由上述规定可见,我国《劳动法》《劳动合同法》在基本层面上对于企业的商业秘密有所保护,但是在实际操作层面,商业秘密是否得以被保护,仍有赖于企业对于劳动合同的约定、企业规章制度的制定以及与员工竞业限制协议的签订等实践操作。

四、《刑法》对于商业秘密的保护

《刑法》作为法律保护的最严厉手段,于1997年正式将商业秘密纳入保护范畴。《刑法》第二百一十九条规定:"有下列侵犯商业秘密行为之一,情节严重的,处三年以下有期徒刑,并处或者单处罚金;情节特别严重的,处三年以上十年以下有期徒刑,并处罚金:(一)以盗窃、贿赂、欺诈、胁迫、电子侵入或者其他不正当手段获取权利人的商业秘密的;(二)披露、使用或者允许他人使用以前项手段获取的权利人的商业秘密的;(三)违反保密义务或者违反权利人有关保守商业秘密的要求,披露、使用或者允许他人使用其所掌握的商业秘密的。明知前款所列行为,获取、披露、使用或者允许他人使用该商业秘密的,以侵犯商业秘密论。本条所称权利人,是指商业秘密的所有人和经商业秘密所有人许可的商业秘密使用人。"此外,《刑法》还规定,为境外的机构、组织、人员窃取、刺探、收买、非法提供商业秘密的,处五年以下有期徒刑,并处或者单处罚金;情节严重的,处五年以上有期徒刑，并处罚金。单位犯本节第二百一十三条至第二百一十九条之一规定之罪的，对单位判处罚金，并对其直接负责的主管人员和其他直接责任人员，依照本节各该条的规定处罚。

除上述规定外，《最高人民法院、最高人民检察院关于办理侵犯知识产权刑事案件具体应用法律若干问题的解释（三）》于2020年9月14日正式实施，加大对商业秘密权利人的司法保护力度，对侵犯商业秘密罪的侵犯方式、损失认定、诉讼过程中的保密措施等问题进行了进一步的明确。2020年9月17日正式实施的最高人民检察院、公安部关于印发《关于修改侵犯商业秘密刑事案件立案追诉标准的决定》的通知对商业秘密刑事案件立案追诉标准进行了修改，将侵犯商业秘密的立案追诉标准由原来的50万元降低至30万元。

第三节　企业商业秘密管理制度

在常见的侵犯商业秘密案件中，员工、合作伙伴、上下游供应商是主要的侵权主体。在企业内部的规章制度中对企业日常的操作流程进行规范、在员工手册中对员工的日常行为加以规范可以有效地避免商业秘密被泄漏，也可以作为对商业秘密采取合理保密措施的证据之一。

参照国务院国资委《中央企业合规管理办法》的相关规定，合规管理是指企业以有效防控合规风险为目的，以提升依法合规经营管理水平为导向，以企业经营管理行为和员工履职行为为对象，开展包括建立合规制度、完善运行机制、培育合规文化、强化监督问责等有组织、有计划的管理活动。其中，内部规章的制定是开展合规管理的基础，也是合规管理的主要依据以及合规义务的主要渊源。

一、企业商业秘密管理职责的主要内容

企业商业秘密管理制度的主要内容包括：

1. 企业商业秘密的定义和范围；

2. 企业商业秘密的管理机构及其职责；

3. 企业商业秘密的保护措施；

4. 企业对外信息公开商业秘密保护；

5. 企业经济合同商业秘密条款制定及法律合规审查；

6. 企业来访人员商业秘密保护；

7. 企业员工入职、在职、离职时商业秘密保护；

8. 企业研发成果商业秘密保护；

9. 防止侵犯他人商业秘密；

10. 商业秘密侵权及纠纷处理；

11. 奖励和处罚；等等。

二、企业商业秘密管理制度的主要载体

企业商业秘密管理制度，可能散见于不同的规章制度，例如：

1. 企业知识产权管理办法；

2. 企业反不正当竞争管理办法；

3. 专门的商业秘密管理办法；

4. 员工手册；

5. 与第三方签署的经济合同；等等。

第四节　商业秘密的典型违规案例

在有关商业秘密案件中，案件的争议焦点常见于商业秘密客体的确定、商业秘密保密义务的期限、商业秘密的构成要件等。我们就上述问题整理了部分典型案例，供读者参考：

1."客户名单"作为商业秘密被保护需要满足的条件——麦达可尔（天津）科技有限公司、华阳新兴科技（天津）集团有限公司侵害商业秘密纠纷[（2019）最高法民再268号]

最高人民法院认为，人民法院在审理商业秘密案件中，既要依法加强商业秘密保护，有效制止侵犯商业秘密的行为，为企业的创新和投资创造安全和可信赖的法律环境，又要妥善处理保护商业秘密与劳动者自由择业、竞业限制和人才合理流动的关系，维护劳动者正当就业、创业的合法权益，依法促进劳动力的合理流动和自主择业。职工在工作中掌握和积累的知识、经验和技能，除属于单位的商业秘密的情形外，构成其人格的组成部分，是其生存能力和劳动能力的基础，职工离职后有自主利用的自由。

根据《最高人民法院关于审理不正当竞争民事案件应用法律若干问题的解释》第十三条规定，受商业秘密保护的客户名单，除由客户的名称地址、联系方式以及交易的习惯、意向、内容等信息所构成外，还应当属于区别于相关公知信息的特殊客户信息，并非指对所有客户名单的保护。

在该案件中，华阳公司提供了43家被侵权客户名单，客户名单主要内容为：订单日期、单号、品名、货品规格、单位（桶或个）、销售订单数量、单价、未税本位币、联系人、电话、地址。法院认为，首先，在当前网络环境下，相关需方信息容易获得，且相关行业从业者根据其劳动技能容易知悉；其次，关于订单日期、单号、品名、货品规格、销售订单数量、单价、未税本位币等信息均为一般性罗列，并没有反映某客户的交易习惯、意向及区别于一般交易记录的其他内容。在没有涵盖相关客户的具体交易习惯、意向等深度信息的情况下，难以认定需方信息属于《反不正当竞争法》保护的商业秘密。

另外，根据麦达可尔公司提供的对比表，43家客户名单中重要信息相关联系人及电话号码，与华阳公司请求保护的均不相同的占比约86%，联系电话不同的占比约93%，且26家客户提交证明其自愿选择麦达可尔公司进行市场交易。考虑本案双方均为工业清洗维护产品研发、生产和销售企业。产品范围主要包括清洗剂、润滑剂、密封剂等工业化学品，由于从事清洗产品销售及服务的行业特点，客户选择与哪些供方进行交易，不仅考虑相关产品的性能、价格等信息，也会考虑清洗服务的质量，在联系人、联系电话较大比例不相同的情况下，也难以认定麦达可尔公司使用了华阳公司43家客户名单相关信息进行市场交易。

案件要点和启示

《商业秘密解释》第一条、第二条就"客户信息"进行了进一步的阐释：客户信息，包括客户的名称、地址、联系方式以及交易习惯、意向、内容等信息。当事人仅以与特定客户保持长期稳定交易关系为由，主张该特定客户属于商业秘密的，人民法院不予支持。客户基于对员工个人的信赖而与该员工所在单位进行交易，该员工离职后，能够证明客户自愿选择与该员工或者该员工所在的新单位进行交易的，人民法院应当认定该员工没有采用不正当手段获取权利人的商业秘密。

在司法实践中，并非所有的客户名称、地址、联系方式以及交易习惯、意向、内容等信息均可以作为经营信息商业秘密加以保护，其同样需要具备商业秘密的基本构成要件。首先，可以被主张为商业秘密的客户名单应当是非公知的，即应当为权利人付出了一定的人力、物力、财力对信息进行的收集、编辑后所形成的成果。由此，我们可以发现，如果仅仅对客户的名称、地址、联系方式等公知信息进行简单的组合、罗列，一般难以被认定为可以受到保护的经营信息商业秘密。对于客户名单类的商业秘密，还应当包含客户的交易习惯、意向等具有一定深度以及特殊性的客户信息，以满足非公知性的要求。

此外，作为商业秘密的客户名单还应当具有商业价值，能为权利人带来竞争优势。这意味着该客户名单是确实可以被应用于经营活动，并且能够为权利人带来经济利益的。另外，权利人也应当对该客户名单采取相应的保密措施，保密措施包括但不限于制定企业内部规章制度、与员工签订保密协议、竞业限制协议、对客户名单标注保密登记等。

2. 商业秘密的保密期限——常州精石标识制造有限公司与常州一道标识系统有限公司、朱某刚等侵害商业秘密案件
[（2016）苏 04 民初 22 号]

法院认为，涉案商业秘密属于经营信息，而经营信息有着不同于技术信息的特点，其往往会随着市场的变化而变化，会随着市场的二次开拓或交易的持续发展而在新的交易主体之间产生新的经营信息，具有一定的不稳定性，而且也难以与职工的个人经验、技能等完全区分，因此，尽管侵犯该类商业秘密的行为人因使用权利人的经营信息而产生了降低交易成本、增加交易机会的经济利益，但客户名单作为商业秘密所体现出的市场价值也应存在一定期限。

法院考虑以下三点因素：第一，原告奥兰通公司与被告朱某刚、居某芬在保密协议中约定保密期限为两年，该期限约定体现了原告对其客户名单市场价值的预期，符合标识生产这一传统行业的一般市场规律，可以作为法院认定停止侵害这一民事责任合理期限的参考；第二，被告朱某刚、居某芬离职后，原告与其发生竞业限制赔偿纠纷，生效裁判认定其至迟于2010年4月27日起即在被告一道公司工作，并判令其应履行所签订的《保密协议》中的竞业限制条款至约定的竞业限制期限届满之日止，但从双方前案纠纷发生至前案生效裁判作出时间2012年3月15日这一期间内，被告一道公司一直与原告多名客户发生交易往来，可知该二人无视约定及法定义务，即使在诉讼期间仍持续披露原告的商业秘密，恶意程度明显较高；第三，被告一道公司无视原告向其发送的《通告》，除朱某刚、居某芬外，还录用原告多名原工作人员，且这些职工均与原告签订有保密协议。

基于以上情形，法院认为，如果本案仅以被告朱某刚、居某芬离职后的两年作为其侵犯商业秘密的期限将明显不合理，三被告的恶意也印证了涉案经营信息具有较高的市场价值，故本案应适当延长该期限以充分保护原告经营信息的竞争优势，法院认为被告朱某刚、居某芬离职后的三年内，本案三被告仍应不得使用涉案商业秘密。

案件要点和启示

实践中，权利人采取保密措施的方式通常分为对内与对外两种渠道，对内包括与员工签订保密协议、竞业限制协议，对外则包括与合作伙伴、供应商、客户等签订保密条款或者保密协议。但是劳动合同的终止或者协议的到期并不意味着保密义务也自此结束。

《商业秘密解释》第十七条规定："人民法院对于侵犯商业秘密行为判决停止侵害的民事责任时，停止侵害的时间一般应当持续到该商业秘密已为公众所知悉时为止。依照前款规定判决停止侵害的时间明显不合理的，人民法院可以在依法保护权利人的商业秘密竞争优势的情况下，判决侵权人在一定期限或者范围内停止使用该商业秘密。"

根据上述案件的判决情况，在案件的实际审理过程中，法院对于商业秘密的保密期限具有一定的自主裁量权，但是法官在裁量过程中也会考虑员工与企业之间所签订的保密协议或者权利人与其他合作方之间的保密协议。因此，我们建议企业在与员工签订保密协议中明确约定劳动关系的解除或终止将不影响保密条款/协议的效力，员工的保密义务应当持续至商业秘密为公众所知悉时为止。同样地，在权利人与合作方签订协议时，保密义务的期限也应当明确约定至商业秘密为公众所知悉为止。

3. 商业秘密的构成要件（秘密性、价值性）——高某茂与北京一得阁墨业有限责任公司侵害商业秘密纠纷再审案

[（2011）民监字第414号]

最高人民法院认为，"一得阁墨汁"以及"中华墨汁"于1996年5月被列为北京市国家秘密技术项目，保密期限为长期。国家秘

密是关系国家的安全和利益，依照法定程序确定，在一定时间内只限一定范围的人员知悉的事项。对于纳入国家秘密技术项目的持有单位，包括国家秘密的产生单位、使用单位和经批准的知悉单位均有严格的保密管理规范。被列为北京市国家秘密技术项目的"一得阁墨汁""中华墨汁"在技术出口保密审查、海关监管、失泄密案件查处中均有严格规定。既然涉及保密内容，北京市国家秘密技术项目通告中就不可能记载"一得阁墨汁""中华墨汁"的具体配方以及生产工艺。因此，"一得阁墨汁""中华墨汁"产品配方和加工工艺在解密前，一、二审判决认定该配方信息不为公众所知悉，并无不当。

一得阁公司的涉案墨汁是在传统配方的基础上发展而来。虽然高某茂提交的1959年出版的《墨汁制造》以及其他文献中记载了有关一得阁生产墨汁的制造工艺和配方，但并不意味着一得阁公司生产的墨汁配方于1959年被公众所知悉。商业秘密的技术信息和经营信息关乎企业竞争力，其内容是可以在原有的基础上进行改进和完善的，只要信息内容不为公众所知悉，具有实用性并能为权利人带来经济利益，同时，权利人采取了保密措施，就应当依法予以保护。一得阁公司称其墨汁配方是不断改进的，存在延续性的主张符合市场规律和实际情况。高某茂主张一得阁公司生产墨汁的配方已被公开无事实依据，本院不予支持。

高某茂提交的《精细化学品配方1000例》《新编实用日用化学品制造技术》《碳黑生产与应用手册》《实用化工产品配方工艺手册》中描述了墨汁制造的有关配方以及某项组分在每一种配方中可能起到的作用。上述文章中，墨汁的配方具体组分各不相同，有交叉也有重合；对于制作方法的描述也各有不同。因此，不能因为配方的有关组成部分被公开就认为对这些组分的独特组合信息亦为公众所知。相反，正是由于各个组分配比的独特排列组合，才对最终产品的品质效果产生了特殊的效果。他人不经一定的努力和付出代价不能获取。这种能够带来竞争优势的特殊组合是一种整体信息，不能将各个部分与整体割裂开来。一得阁公司的有关墨汁被纳入国家秘密技术项目，且一得阁墨汁在市场上有很高的知名度也反证了其配方的独特效果。高某茂对传人公司的墨汁配方是依据公知资料独立研制的抗辩理由不予支持是错误的主张，本院不予支持。

案件要点和启示

虽然法律已经就"不为公众所知悉"的认定作出了说明，但实践司法过程中，仍然在较大程度上依赖于法官根据其经验作出合理判断或者依赖于司法鉴定机关对技术信息的秘密性以及同一性作出鉴定。

现有公开信息进行整理、改进、加工并形成的新信息如果可以被认定为"不为公众所知悉"，需要满足以下几个特点：第一，该信息因整理、改进、加工等操作，将多个可以为公众所知悉的信息整合成一个不可割裂的新的信息；第二，该信息应当不为所属领域的相关人员普遍知悉和获得。

商业秘密除需要满足秘密性的构成要件外，价值性同样重要。前述提及的高辛茂与北京一得阁间的商业秘密纠纷案中，法院在认定一得阁墨汁配方的商业价值时，同样也提出一得阁的墨汁能够传承一百多年，在业界享有盛誉，并被列为国家秘密，其配方的组分、比例及（或）加工工艺必有不为公众所知悉，能够给其带来竞争优势的信息。

4. 商业秘密的构成要件（保密性）——济南思克测试技术有限公司诉济南兰光机电技术有限公司侵害商业秘密纠纷案

[（2020）最高法知民终 538 号]

在该案件中，原告认为其已经对内、对外采取了充分的保护措施，包括与员工签署包含保密条款的《劳动合同》与《企业与员工保密协议》，制定并施行《公司保密管理制度》，对研发厂房、车间、机器等加设门锁，限制来访者进出、参观，禁止拍照、录像；对外与客户签订的外销设备合同列有保密条款，外销设备粘贴有严禁私自拆卸的防撕毁标签，并附有包含保密要求的《产品说明书》等，但是在一审以及二审判决中，法院均认为思克公司未采取符合《反不正当竞争法》规定的"相应保密措施"。

法院认为，（1）商业秘密权利人所采取的保密措施，不是抽象的、宽泛的、可以脱离商业秘密及其载体而存在的保密措施，而应当是具体的、特定的、与商业秘密及其载体存在对应性的保密措施。思克公司所主张采取的"对内保密措施"，因脱离涉案技术秘密的载体，故与主张保护的涉案技术秘密不具有对应性，不属于《反不正当竞争法》规定的"相应保密措施"。（2）思克公司所主张采取的"对外保密措施"，或仅具有约束合同相对人的效力，不具有约束不特定第三人的效力，或未体现出思克公司的保密意愿，故不属于《反不正当竞争法》规定的"相应保密措施"。另一方面，思克公司虽在其测试仪的特定位置贴有标签，但标签载明的内容属于安全性提示与产品维修担保提示，均不构成以保密为目的的保密防范措施。因此，思克公司所主张采取的"对外保密措施"不属于《反不正当竞争法》规定的"相应保密措施"。（3）根据涉案技术秘密及其载体的性质，认定思克公司未采取符合《反不正当竞争法》规定的"相应保密措施"。根据《最高人民法院关于审理侵犯商业秘密民事案件适用法律若干问题的规定》第十四条第一款、第二款规定，通过自行开发研制或者反向工程获得被诉侵权信息的，人民法院应当认定不属于《反不正当竞争法》第九条规定的侵犯商业秘密行为。鉴于涉案技术秘密载体为市场流通产品，属于外部性载体，故思克公司为实现保密目的所采取的保密措施，应能对抗不特定第三人通过反向工程获取其技术秘密。此种对抗至少可依靠两种方式实现：一是根据技术秘密本身的性质，他人即使拆解了载有技术秘密的产品，亦无法通过分析获知该技术秘密；二是采取物理上的保密措施，以对抗他人的反向工程，如采取一体化结构，拆解将破坏技术秘密等。但是思克公司的产品一经拆解即可直接观察到相应的秘密点，思克公司贴附在产品上的标签也无法构成可对抗他人反向工程的物理保密措施。故此，法院认为思克公司未采取符合《反不正当竞争法》规定的"相应保密措施"，思克公司主张保护的涉案技术秘密因缺乏"相应保密措施"而不能成立。

案件要点和启示

通过上述案例可见，技术信息或者经营信息所采取的保密措施与需要被保护的信息之间应当具有对应性，这也要求信息的权利人应当对于可能侵犯商业秘密的各种手段存在一定程度上的预判，针对可能侵犯商业秘密的行为采取不同种类的保护措施。除针对合同当事人、公司员工所采取的内部规章制度以及合同约束外，还需要注意针对不特定的第三人应采取反向工程的物理保密措施。

5. 商业秘密的合法获取——昆山山田冲床有限公司与宁波万代冲床科技有限公司诉浙江龙游万代冲床科技有限公司等侵害技术秘密纠纷案

[（2014）浙知终字第 60 号]

本案中，胡某祥和王某兵同时于 2004 年 2 月进入山田公司工作，分别任职装配工及电气工岗位，胡某祥于 2006 年 11 月离职，并在 2009 和 2010 年先后设立宁波万代公司和龙游万代公司生产与山田公司相同的产品。在该案件中宁波万代公司、龙游万代公司、胡某祥为证明其获得山田公司信息的正当性，提出了其系在对山田公司的产品进行维修和翻新的过程中通过反向工程方式获得技术秘密的抗辩主张。

对此，法院认为，被实施反向工程的产品应当是从公开渠道取得的产品，且反向工程的实施人不能是对商业秘密负有保密义务的人，如果是以不正当手段知悉了他人商业秘密之后又以反向工程为由主张获取行为合法的，该抗辩主张不能成立。龙游万代公司、宁波万代公司及胡某祥所举证据不能证明被实施反向工程的产品系其从公开渠道合法取得的山田公司的产品，且宁波万代公司、龙游万代公司、胡某祥亦不能就拆卸、测绘、分析等过程进行充分举证并作出合理说明。而鉴定过程中对双方当事人提供的技术图纸进行比对，两者图纸结构、技术要求、公差配合、视图布局基本相同，尺寸略有差异。此外，龙游万代公司、宁波万代公司及胡某祥陈述其图纸按照日本规范绘制、产品按日本 JIS 标准加工等事实来看，上述反向工程抗辩主张缺乏相应的事实和法律依据，亦不符合情理，法院不予采信。故胡某祥、王某兵及宁波万代公司、龙游万代公司的行为均已构成对山田公司技术秘密的侵害。

案件要点和启示

《反不正当竞争法》罗列了四项侵犯商业秘密的具体行为，但在实践过程中实际存在着一些合法获取商业秘密的行为或者是被控侵权主体的主要抗辩理由，包括通过反向工程研发取得、自行创造、善意取得、合法受让等。其中，反向工程是其中较为常见的一项合法获取理由。

根据《商业秘密司法解释》第十四条规定："通过自行开发研制或者反向工程获得被诉侵权信息的，人民法院应当认定不属于反不正当竞争法第九条规定的侵犯商业秘密行为。前款所称的反向工程，是指通过技术手段对从公开渠道取得的产品进行拆卸、测绘、分析等而获得该产品的有关技术信息。被诉侵权人以不正当手段获取权利人的商业秘密后，又以反向工程为由主张未侵犯商业秘密的，人民法院不予支持。"

由上述规定可见，反向工程是被商业秘密相关法律规定所认可的一项合法获取商业秘密的理由。但是该条款中对产品以及信息的获取渠道有严格的要求，即行为人获取产品应当通过公开渠道，技术信息的取得应当通过技术手段对产品进行拆卸、测绘、分析。

由此可见，如果想要通过反向工程证明合法取得商业秘密的，需就反向工程所涉及产品的合法来源渠道进行证明，并且对产品进行拆卸、测绘、分析过程的合法性予以证明。同时，为了防止日后权利人提起诉讼，我们建议在进行反向工程的过程中应当就合法获取产品的证据予以保留，并且就拆卸、测绘、分析的过程予以详细记录，便于在诉讼过程中更好地举证。而作为商业秘密的权利人，应当注意对技术信息型商业秘密的保护，防止其被反向工程进行破解，权利人可以采取的保护方式包括对数字类的信息技术进行加密、在物理上采取一体化结构，防止他人进行拆解等。

第五节　商业秘密主要法律合规义务

法律风险是企业违反法律义务给公司造成法律责任、经济损失和声誉损失的可能性。合规风险是企业违反合规义务（包括法律义务）给公司造成法律责任、经济损失和声誉损失的可能性。因此，企业开展商业秘密领域法律风险与合规风险管理，识别法律风险与合规风险，制定法律风险与合规风险清单，采取风险应对和监测预警措施，其基础是识别企业在商业秘密领域所须遵守的合规义务。

根据前文第二节所列商业秘密领域主要法律法规，我们梳理出企业在商业秘密领域所须遵守的主要法律合规义务。

企业需要根据本身业务、产品特点和经营地域等，收集完整的商业秘密领域法律法规、建立商业秘密领域外法库；充分识别合规义务，建立商业秘密领域合规义务清单。

企业应当密切关注国家法律法规的立改废，及时修正本企业商业秘密领域外法库，及时进行合规义务再识别、修正商业秘密领域合规义务清单。

序号	合规依据	法律合规义务内容	处罚措施
1	《反不正当竞争法》第9条 《刑法》第219条	不得以盗窃、贿赂、欺诈、胁迫、电子侵入或者其他不正当手段获取权利人的商业秘密	民事责任：因不正当竞争行为受到损害的经营者的赔偿数额，按照其因被侵权所受到的实际损失确定；实际损失难以计算的，按照侵权人因侵权所获得的利益确定。经营者恶意实施侵犯商业秘密行为，情节严重的，可以在按照上述方法确定数额的一倍以上五倍以下确定赔偿数额。赔偿数额还应当包括经营者为制止侵权行为所支付的合理开支。经营者违反本法第九条规定，权利人因被侵权所受到的实际损失、侵权人因侵权所获得的利益难以确定的，由人民法院根据侵权行为的情节判决给予权利人五百万元以下的赔偿。行政责任：经营者以及其他自然人、法人和非法人组织违反本法第九条规定侵犯商业秘密的，由监督检查部门责令停止违法行为，没收违法所得，处十万元以上一百万元以下的罚款；情节严重的，处五十万元以上五百万元以下的罚款。刑事责任：有侵犯商业秘密行为之一，情节严重的，处三年以下有期徒刑，并处或者单处罚金；情节特别严重的，处三年以上十年以下有期徒刑，并处罚金
2		不得披露、使用或者允许他人使用以盗窃、贿赂、欺诈、胁迫、电子侵入或者其他不正当手段获取的权利人的商业秘密	
3		不得违反保密义务或者违反权利人有关保守商业秘密的要求，披露、使用或者允许他人使用其所掌握的商业秘密	
4		不得教唆、引诱、帮助他人违反保密义务或者违反权利人有关保守商业秘密的要求，获取、披露、使用或者允许他人使用权利人的商业秘密	
5	《最高人民法院关于审理侵犯商业秘密民事案件适用法律若干问题的规定》第8条	不得以违反法律规定或者公认的商业道德的方式获取权利人的商业秘密	
6	《最高人民法院关于审理侵犯商业秘密民事案件适用法律若干问题的规定》第9条	不得在生产经营活动中直接使用商业秘密，或者对商业秘密进行修改、改进后使用，或者根据商业秘密调整、优化、改进有关生产经营活动	
7	《最高人民法院关于审理侵犯商业秘密民事案件适用法律若干问题的规定》第10条	不得违反法律规定或者合同约定所承担的保密义务；或者虽然未在合同中约定保密义务，但行为人知道或者应当知道其获取的信息属于权利人的商业秘密的，仍然违反诚信原则以及合同的性质、目的、缔约过程、交易习惯等	
8	《刑法》第219条之一	不得为境外的机构、组织、人员窃取、刺探、收买、非法提供商业秘密	刑事责任：处五年以下有期徒刑，并处或者单处罚金；情节严重的，处五年以上有期徒刑，并处罚金

第六节　商业秘密主要法律风险、合规风险及应对措施

一、企业日常经营过程中的主要商业秘密法律风险、合规风险及应对措施

序号	法律风险与合规风险	应对措施
1	有关信息为其所属领域的相关人员普遍知悉和容易获得	（一）避免使用所属技术或者经济领域行业的一般常识或者行业惯例； （二）避免使用由产品尺寸、结构、材料、部件的简单组合而形成的信息； （三）避免使用已经在公开出版物或者其他媒体上公开披露的信息； （四）避免使用已通过公开的报告会、展览等方式公开的信息； （五）避免使用所属领域的相关人员可以从公开渠道获得的信息； （六）避免使用无需付出一定的代价而容易获得的信息
2	有关信息不具有现实的或者潜在的商业价值	通过提升产品，使产品在市场上具有竞争优势
3	权利人未采取与其商业价值等具体情况相适应的合理保护措施	（一）限定涉密信息的知悉范围，只对必须知悉的相关人员告知其内容； （二）以标记、分类、隔离、加密、封存、限制能够接触或者获取的人员范围等方式，对商业秘密及其载体进行区分和管理； （三）通过章程、培训、规章制度、书面告知等方式，对能够接触、获取商业秘密的员工、前员工、供应商、客户、来访者等提出保密要求； （四）要求离职员工登记、返还、清除、销毁其接触或者获取的商业秘密及其载体，继续承担保密义务；

续表

序号	法律风险与合规风险	应对措施
3	权利人未采取与其商业价值等具体情况相适应的合理保护措施	（五）对能够接触、获取商业秘密的计算机设备、电子设备、网络设备、存储设备、软件等，采取禁止或者限制使用、访问、存储、复制等措施； （六）签订保密协议或者在合同中约定保密义务； （七）对于涉密的机器、厂房、车间等场所限制来访者，提出保密要求，或者进行区分管理； （八）确保信息秘密的其他合理措施
4	商业秘密被他人通过自行开发研制或者反向工程等方式获取	对于涉密信息在技术上采取数字加密、在物理上采取一体化结构等保护措施，防止他人进行解密、拆解
5	客户信息缺少客户的交易习惯、意向、内容等信息	在收集客户信息时，除了留存客户的名称、地址、联系方式外，还应当对客户的交易习惯、意向、内容加以整理、记录，并采取相应的保密措施
6	员工离职后，客户自愿基于对职工个人的信赖而与职工所在单位进行市场交易	在与员工签订的劳动合同、离职协议中明确员工离职后的竞业限制义务

二、商业秘密诉讼过程中的商业秘密法律风险、合规风险及应对措施

（一）举证责任

2019年修正的《反不正当竞争法》对商业秘密权利人的举证责任条款有所修改。在之前的商业秘密侵权案件中，根据民事诉讼"谁主张、谁举证"的原则，须由商业秘密的权利人就商业秘密的构成以及侵权人的侵权行为承担证明责任。2007年《最高人民法院关于审理不正当竞争民事案件应用法律若干问题的解释》在2019年《反不正当竞争法》修正之前曾就商业秘密的举证责任作出如下规定："当事人指称他人侵犯其商业秘密的，应当对其拥有的商业秘密符合法定条件、对方当事人的信息与其商业秘密相同或者实质

相同以及对方当事人采取不正当手段的事实负举证责任。其中，商业秘密符合法定条件的证据，包括商业秘密的载体、具体内容、商业价值和对该项商业秘密所采取的具体保密措施等。"

而修改后的《反不正当竞争法》第三十二条规定，商业秘密权利人仅需提供初步证据，证明其已经对所主张的商业秘密采取保密措施，且合理表明商业秘密被侵犯；而涉嫌侵权人应当证明权利人所主张的商业秘密不属于《反不正当竞争法》所规定的商业秘密。

在广州天赐高新材料股份有限公司诉九江天赐高新材料有限公司侵害技术秘密纠纷案件［（2019）最高法知民终562号］中，一审法院认为，根据《反不正当竞争法》第三十二条第一款规定，在侵犯商业秘密的民事审判程序中，商业秘密权利人提供初步证据，证明其已经对所主张的商业秘密采取保密措施，且合理表明商业秘密被侵犯，涉嫌侵权人应当证明权利人所主张的商业秘密不属于本法规定的商业秘密。该条款与在2007年先施行的《最高人民法院关于审理不正当竞争民事案件应用法律若干问题的解释》(以下简称《不正当竞争解释》)的规定相比有三个变化：首先，该条款虽坚持了权利人对三要件的举证义务，但并未要求必须逐一举证。根据该条，权利人可就三要件一并举证。其次，该条款并未要求权利人的举证必须达到足以证明的程度，而仅要求初步证据、合理表明。再者，该条款规定了举证义务的转移。根据该条款，在权利人提供初步证据、合理表明的情况下，举证义务转移至涉嫌侵权人。由此可见，相比于《不正当竞争解释》相关条款，《反不正当竞争法》第三十二条第一款明显降低了权利人对技术秘密三要件的举证要求。

虽然从法律规定的条文内容来看，对于权利人的举证责任要求有所减轻，但这并不意味着对权利人举证责任的绝对放松，对侵权人的举证责任加强程度也相对有限。在目前的举证责任条款中强调了权利人保密措施的证明要求，但是并不意味着权利人只需就"采取相应的保密措施"这一个商业秘密构成要件进行举证，权利人仍然需要提供初步证据证明商业秘密基础权利的存在，即涉案信息符合商业秘密的三个构成要件，并且合理表明其商业秘密被侵犯，才能发生举证责任的转移。而对于诉讼中的侵权人来说，其要证明不存在侵犯商业秘密的行为大多数也是从原告所主张的信息不构成商业秘密的角度进行抗辩，即证明原告所主张的信息不满足商业秘密的三个构成要件。因此，虽然从条文的内容上看，对被告的举证责任要求有所加强，但实际上并不一定增加了被告的举证责任，法院还是可能会针对"秘密性""商业价值性""保密性"进行审理，审判的实际效果并不一定必然有利于原告。

（二）证据保全

《民事诉讼法》第八十一条规定："在证据可能灭失或者以后难以取得的情况下，当事人可以在诉讼过程中向人民法院申请保全证据，人民法院也可以主动采取保全措施。因情况紧急，在证据可能灭失或者以后难以取得的情况下，利害关系人可以在提起诉讼或者申请仲裁前向证据所在地、被申请人住所地或者对案件有管辖权的人民法院申请保全证据。"

在商业秘密民事诉讼中，经常有两类证据会由原告申请证据保全，首先是被告侵权的相关证据，包括被告处存储的电子数据文档、被告与客户的交易文件、被告所生产的侵权产品等。还有一类证据，则为被告通过侵权行为获取利益的证据，包括被告企业的公司账册、开票记录等。对于此类证据，如果原告无法自行向工商、税务、海关等部门进行调取，则原告可以向法院提出申请，由法院向原告律师签发调查令或由法院依职权向有关部门进行调取。

对于证据的保全，部分地方法院要求，原告应当提供其权利受到侵害且被告能够接触或者获取涉案商业秘密的初步证据，法院认为确有必要的，将准许原告的证据保全申请。在四川金石东方新材料设备股份有限公司与长沙锐信管业有限公司、昆山通塑机械制造有限公司专利权权属纠纷案［（2015）长中民五初字第01172号］中，原告金石公司先后于2015年6月19日、8月19日、9月1日三次向法院申请保全本案的侵权证据，并于后两次申请中共附带提交了显示有机器设备等内容的照片十张、调解书以及律师出具的《法律意见书》，拟初步证明二被告存在侵权事实。之后，原告向法院再次提出保全申请并附带多份网页材料打印件，请求对被告长沙锐信管业有限公司使用的钢带波纹管生产线的侵权设备进行证据保全或者调查取证。法院经审查后认为原告所提交的证明材料不能证明与被告的关联性，无法反映与本案诉争事实之间的关联，也无法初步证明被告锐信公司正在使用被控侵权设备且该设备来源于被告通塑公司。最终法院对原告证据保全的申请未予准许。

此外，我们在商业秘密侵权诉讼中还需注意，通过法院进行证据保全和调查取证并不能成为替代其自身应承担的举证责任的捷径，当事人对自己提出的主张承担相应的证明责任，这既是当事人的一项诉讼权利，同时也是当事人的一项诉讼义务。法院对当事人的诉讼权利予以保障并不等同于法院需要为当事人行使诉讼权利提供一切便利，若一味地保护商业秘密权利人或者是原告方的诉讼利益，该行为本身将造成严重的司法不公。《民事诉讼法》设置证据保全制度所要实现的目的是解决证据"可能灭失"或"以后难以取得"，而非解决"举证不能"的问题，故商业秘密权利人不能以此全面替代自身应当承担的举证责任。

（三）司法鉴定

司法鉴定在商业秘密案件，尤其是技术信息商业秘密案件中扮演着重要角色，由于法官在专业技术领域可能并不具备相关知识，因此司法鉴定的意见往往会被作为法院裁判的重要依据，在证明力上，司法鉴定结果的证明力也往往大于其他书证、视听资料和证人证言。

对于哪些事项可以在商业秘密案件中委托鉴定，《最高人民法院关于知识产权民事诉讼证据的若干规定》有如下规定："第十九条 人民法院可以对下列待证事实的专门性问题委托鉴定：……（三）当事人主张的商业秘密与所属领域已为公众所知悉的信息的异同、被诉侵权的信息与商业秘密的异同；"除此之外，各地法院还各自出台了司法鉴定的细则，例如，江苏省高级人民法院在《江苏省高级人民法院侵犯商业秘密民事纠纷案件审理指南》中提出：侵犯商业秘密民事纠纷案件中的司法鉴定一般涉及以下内容：（1）原告主张的商业秘密是否已为公众所知悉；（2）被诉侵权的信息与商业秘密的异同；（3）原告对被告提供的供侵权对比的生产技术等持有异议，认为按照该技术无法生产出涉案产品或无法达到被告所称技术效果的，可以就该问题进行司法鉴定；（4）其他需要司法鉴定的内容。由此可见，司法鉴定主要是针对商业秘密案件中的"秘密性"构成要件以及"实质上相同"问题进行鉴定。

在商业秘密案件中可以由原告方提出申请委托鉴定，也可以由被告方提出申请委托鉴定，法院也可以依职权委托鉴定。但是，法院作为中立性的机构，原则上一般应先由当事人提出申请，再由法院审查是否具有鉴定的必要，法院也不应主动超越当事人申请的范围委托鉴定。当事人申请鉴定经人民法院同意后，由双方当事人协商确定有鉴定资格的鉴定机构、鉴定人员，协商不成的，由人民法院指定。法院在决定是否启动鉴定时通常会就以下几个因素进行考量：首先，案件是否确有鉴定的必要，如果案件事实清楚，证据充分，已经足以对案情作出判断，则一般无需启动鉴定；其次，如果法官可以运用自己的专业知识或者常识、社会经验等对案件的相关问题进行判断，也无需启动鉴定；最后，鉴定只能针对上述所提及的"秘密性"构成要件以及"实质上相同"问题的判断，对于案件所涉及的法律问题的判断需由法官来完成相关的审查判断。

在进行鉴定的过程中，信息权利人还需要注意就其掌握的商业秘密秘点内容进行明确，否则鉴定工作无法开展。在天津华永无线科技有限公司诉上海顶晟无线网络科技有限公司侵害商业秘密纠纷案件〔（2020）津01民终4575号〕中，信息权利人应法庭要求对涉案技术秘密的非公知性、同一性等问题提出鉴定申请，后选定国家工业信息安全发展研究中心司法鉴定所进行鉴定，但权利人所主张的图层排布和命名的主要方法未在其涉案psd源文件中找到，权利人对其主张的图层编辑方法仅进行了举例说明，未明确其具体方法。故鉴定机构以完成鉴定所需的技术点说明（商业秘密具体内容）不完整、不充分，且与涉案psd源文件（商业秘密载体）记载的信息不一致为由，终止鉴定工作。在二审过程中，由于权利人在庭审过程中仍未能明确其秘点内容，且其鉴定内容并无变化，故法院未就权利人的鉴定申请予以准许。

第七节　商业秘密法律合规指引

根据前文分析，"采取相应的保密措施"是商业秘密的构成要件之一，法院在审理案件过程中通常会对企业是否采取保密措施作出严格的审查。但同时，这也是商业秘密权利人保护自己商业秘密的最重要手段，在本节中，我们将对商业秘密权利人所能采取的、常见的保密措施分别进行介绍。

一、企业商业秘密管理

(一) 建立专门的商业秘密保护管理机构

对于企业内部的秘密信息，我们建议企业可以设立一个专门的商业秘密保护管理机构，配备专职或兼职的管理人员，对商业秘密的保护进行规范化管理。例如，对于被定义为商业秘密的信息由专人进行统一管理，限制接触秘密的人员、严格管理秘密信息的使用场所、对于接触过秘密的人员进行记录、妥善保管涉密合同等。一旦日后产生商业秘密侵权纠纷，则企业可以更加快速有效地对"采取相应的保密措施"予以证明。

(二) 建立商业秘密保护的规章制度

除设立专门的商业秘密管理机构、配备专职或兼职的管理人员外，企业还应当建立完善的商业秘密管理制度。例如，明确需要保密的信息范围，将不同类型的商业信息区分为不同的保密等级（秘密、机密、绝密），针对不同等级的商业信息采取不同的保密方式。此外，在公司内部制定专门的保密手册，明确员工需要承担的保密义务、不同办公场所的保密规定、标记涉密的设备、涉密信息的传输方式等。在制定完成保密手册中的具体内容后，应当要求每个员工就其中的内容进行学习，必要时可对相关人员进行考核，并保留考核记录，以确保涉密人员明确知悉自身的保密义务。

二、员工管理

在企业中，员工是最主要的直接接触商业秘密的人员，也是商业秘密泄露的主要途径之一，因此提升员工的保密意识，加强员工的保密义务是商业秘密合规管理中最重要的一部分。下文将按照员工的入职、在职、离职等不同阶段对员工的商业秘密合规管理问题分别予以说明：

在聘用新员工时应注意其是否与原单位存在竞业限制协议以及是否负有商业秘密的保密义务。

如果用人单位与员工先前所在的用人单位存在竞争关系，而该劳动者又与原单位签有竞业限制协议，或者将原单位的商业秘密带到新的用人单位，则原用人单位在向劳动者主张侵权责任时常常会要求新的用人单位共同承担连带责任。因此，如果对劳动者或者劳动者所携带的技术未作严格审查，会存在共同侵权的风险。

1. 建议要求员工在入职时，就其是否存在竞业限制义务以及保密义务作出书面承诺。

正如前述所分析的，为证明用人单位已经对新入职的劳动者尽到了审查义务，我们建议企业要求劳动者在入职时就其不存在竞业限制义务以及保密义务作出书面承诺，以减轻企业可能面临的侵权风险。

2. 在员工入职时建议对员工自述其自有的技术、技能、知识产权进行记录，并由员工本人签字确认。

3. 在聘任员工时，应向员工释明企业的规章制度及岗位要求以及其中所涉及的保密要求。

4. 对于可能涉及商业秘密的岗位，建议与员工签订保密协议以及竞业限制协议，并对协议内容进行释明。

签订竞业限制协议和保密协议都是企业保护商业秘密的有效手段，但是二者在限制对象、保护期限、保护成本、法律依据等方面均存在差别，同时二者又相互依存相互补充。竞业限制协议是针对用人单位的高级管理人员、高级技术人员和其他负有保密义务的人员，要求其在解除或者终止劳动合同后，不得前往与本单位生产或者经营同类产品、从事同类业务的有竞争关系的其他用人单位，且不得自己开业生产或者经营同类产品、从事同类业务。

竞业限制的范围、地域、期限由用人单位与劳动者约定，竞业限制的期限最长不得超过二年。由于竞业限制协议存在一定的局限性，且用人单位也负有支付竞业限制补偿金的义务，对于不适合或不需要签订竞业限制协议的对象，或者竞业限制协议无法约束的情形，用人单位应通过签订保密协议的方式进行规制。

5.用人单位在保密协议中应注意对保密事项、保密范围、保密期限以及违约责任予以明确。

6.用人单位在竞业限制协议中应注意约定竞业限制的行业范围、区域、期限、补偿金的发放以及违约责任。

7.在入职以及日常工作过程中，可以通过培训或者开会的方式向员工多次强调商业秘密的保护。

8.对于载有商业秘密的系统，建议对不同岗位、级别的员工设置不同的权限，并在系统中对保密制度、保密要求进行公示、强调。

9.员工岗位如需调整的，未签订保密协议的，应及时补签，已签订保密协议的，应对原保密协议的条款再次审核并补充完善。

10.员工岗位调整后，建议对原岗位涉及的商业秘密采取一定的脱密措施。

11.员工离职时，建议由专人做好文件、资料、数据、图纸、设备等交接工作，并做好相关记录。必要时，对员工的个人设备进行检查，确保员工在离职后不再持有与公司商业秘密相关的电子及纸质文件。

12.员工离职时，建议以书面方式向员工强调其负有的保密义务，要求员工签署承担保密责任的承诺函，并明令禁止其将公司任何文件复制、泄露、传播等。

13.对于涉及国家安全利益以及国家科学技术秘密的，应注意遵守相关特别规定：

（1）对承担国家科技计划项目或者重要科研任务的企事业单位的科技人员，在科研任务尚未结束前要求调离、辞职，并可能泄露国家重大科技计划项目或者科研任务所涉及的技术秘密，危及国家安全和利益的，原则上不予批准。

（2）企事业单位所拥有的技术秘密，依据科学技术部、国家保密局《科学技术保密规定》确定属于国家科学技术秘密时，涉密人员调离、辞职时，应当经确定密级的主管部门批准，并对其进行保密教育。未经批准擅自离职的，依法追究当事人及用人单位负责人的行政责任。

三、外来访客管理

除了内部员工外，外来访客也是商业秘密的泄露途径之一。因此，企业在接待外来访客时，需要就以下几个问题予以关注：

1. 访客参观涉及商业秘密场所的，应当明确告知其应保守商业秘密，建议要求访客签署书面承诺。

2. 明确告知来访人员，避免其进入标有警示标牌的区域或者接触标有密级的文件。

3. 在访客参观前，建议对可能涉及商业秘密的区域、文件进行排查，避免访客接触与商业秘密有关的文件、资料。

四、供应商及合同管理

在企业与新的供应商建立关系，或者与下游厂商订立合同时，应当就以下问题进行关注：

1. 在与供应商正式建立合作关系时，要求供应商对其享有的信息、技术、知识产权进行书面确认,确保尽到合理审查义务。

2.在签订涉及商业秘密的合同时,应当对权利人与义务人的资质和履约能力、权利状况和许可范围、商业秘密的价值和市场竞争优势、同类行业的信息状况、技术水平及商业秘密周边技术、信息的法律保护程度、采取保密措施的完善程度等内容进行仔细审核。

3.在与他人签订合同时应避免条款中出现易被他人利用、研究从而分析和推测出公司研究方向、研究进度、研发思路的信息。

4.在商业秘密权利人或合法持有人销售带有商业秘密信息的产品或者将带有商业秘密信息的产品提供给合同相对方使用时,应当明确约定"不得反向破解""不得进行反向工程"。

5.在与他人签订加工承揽等协议时,应明确约定保密条款或另行签订保密协议,并且对于其中涉及商业秘密的资料应采取有效的保密措施,对于接触商业秘密的人员范围进行明确限定。

6.在签订涉及商业秘密的协议时,保密条款或保密协议应当具有独立性。即使合同无效,当事人亦不得擅自披露商业秘密。依据无效合同接收的技术资料、样品、样机等,应当及时返还权利人,不得保留复制品。

五、电子数据文档管理

企业在对内部的电子数据文档进行管理、使用时,应当采取以下措施对商业秘密予以保护:

1.建议对文档、材料、电子信息中涉及商业秘密的信息使用保密代码。

2.对含有商业秘密的文档、材料、电子信息进行保密标注,表明该文件的机密性,并对相关文件的使用情况进行监控。

3.对于涉及核心商业机密的文件,建议除相关工程技术人员本人外,他人不得翻阅、抄录。

4. 对于涉密员工配备专门的电脑，对于记载有商业秘密的电子数据通过设置密码、访问权限等方式进行加密措施，安装操作历史记录程序便于查明商业秘密的侵权事实。

5. 涉及商业秘密的信息在传输过程中采取加密技术，防止他人在传输过程中通过高科技手段窃密，防止员工因过失泄露商业秘密。

6. 对于涉及商业秘密的文档、材料、电子信息的存储、阅读、复制、修改情况均进行详细记录。

7. 尽量避免员工在私人电脑中储存公司商业秘密，一旦发现也应采取相同的保密措施，避免私人电脑成为公司商业秘密管理的盲区。

8. 在对涉密电脑进行维修或者报废处理时，删除其中涉及商业秘密的数据，避免他人趁机获取商业秘密。

9. 设立企业内部局域网，并针对不同的员工给予不同的访问权限，并对员工的访问内容、时间进行记录。

10. 保存重要涉密文件的计算机不与互联网连接，防止黑客入侵，窃取商业秘密信息。

六、办公场所管理

对于企业办公场所的保密措施，应就以下几个方面进行防范：

1. 在办公、生产场所建议设立分级警示制度，对于涉及商业秘密的区域根据不同的秘密等级设立不同等级的警示标牌，只有持证明的员工或者通过输入正确门禁密码方能进入。

2. 对于涉及商业秘密的核心办公区域，建议设立访客禁区。

3. 对于涉密机器、厂房、车间等场所建立严格的访问限制规定以及保密措施。

4. 在企业的涉密场所安装监控设备，保存监控记录，必要时设立门卫进行值班。

七、研发成果及宣传管理

为了防止他人通过"反向工程"对企业的商业秘密进行解码，我们建议企业对于研发成果以及对外宣传进行以下保护措施：

1. 公司在参加各类展览会、成果展示、成果汇报会时应避免展示涉及商业秘密的相关资料、图片信息，并避免展示、披露易于直观目测、分析的设施设备。

2. 公司在参加技术交流会、成果论证会、技术鉴定会时，应当避免展示核心技术资料，确有必要展示的，应当将有关材料标注密级，并指定特定的会议人员接收和返还，并和与会人员、鉴定人员签订保密协议。

3. 对研发人员发表的论文、文章内容进行审查，避免对核心技术的研发思路进行具体描述。

4. 对于研发产品尽可能地采取一体化结构，防止他人通过对产品进行拆解破坏技术秘密。

第七章

不正当竞争法律合规管理

第一节 不正当竞争概述

一、不正当竞争的定义

不正当竞争行为主要受《反不正当竞争法》(2019年4月23日修正)规制。依据《反不正当竞争法》第二条第二款,不正当竞争行为是指"经营者在生产经营活动中,违反本法规定,扰乱市场竞争秩序,损害其他经营者或者消费者的合法权益的行为"。

二、不正当竞争行为的特点

1. 主体方面,不正当竞争行为的主体限于经营者。依据《反不正当竞争法》第二条第三款,经营者指从事商品生产、经营或者提供服务的自然人、法人和非法人组织。

2. 行为方面,不正当竞争行为应具有违法性,包括违反《反不正当竞争法》总则部分的一般条款,以及违反《反不正当竞争法》具体列举的禁止不正当竞争行为的条款。

3. 后果方面,不正当竞争行为应具有危害性,包括扰乱市场竞争秩序,损害其他经营者或者消费者的合法权益等。

三、不正当竞争行为分类

依据《反不正当竞争法》第六条至第十二条，被禁止的不正当竞争行为包括七种具体类型，即：

1. 混淆行为。主要规定于《反不正当竞争法》第六条。包括经营者擅自使用与他人有一定影响的商品名称、包装、装潢等相同或者近似的标识等三类具体列举的混淆行为，以及其他足以引人误认为是他人商品或者与他人存在特定联系的混淆行为。

2. 商业贿赂。主要规定于《反不正当竞争法》第七条。主要指经营者采用财物或者其他手段贿赂交易相对方的工作人员等三类特定单位或者个人，以谋取交易机会或者竞争优势。

3. 虚假宣传。主要规定于《反不正当竞争法》第八条。主要指经营者对其商品的性能、功能、质量、销售状况、用户评价、曾获荣誉等作虚假或者引人误解的商业宣传，欺骗、误导消费者。

4. 侵犯商业秘密。主要规定于《反不正当竞争法》第九条。主要包括经营者以盗窃、贿赂、欺诈、胁迫、电子侵入或者其他不正当手段获取权利人的商业秘密等多类具体列举的违法行为。

5. 违法有奖销售。主要规定于《反不正当竞争法》第十条。包括经营者进行有奖销售时所设奖的种类、兑奖条件、奖金金额或者奖品等有奖销售信息不明确，影响兑奖等三类具体列举的违法行为。

6. 商业诋毁。主要规定于《反不正当竞争法》第十一条。指经营者编造、传播虚假信息或者误导性信息，损害竞争对手的商业信誉、商品声誉。

7. 网络领域不正当竞争行为。主要规定于《反不正当竞争法》第十二条。主要指经营者利用技术手段，通过影响用户选择或者其他方式，实施妨碍、破坏其他经营者合法提供的网络产品或者服务正常运行的行为。包括未经其他经营者同意，在其合法提供的网络产品或者服务中，插入链接、强制进行目标跳转等三类具体列举的违法行为；以及其他妨碍、破坏其他经营者合法提供的网络产品或者服务正常运行的行为。

此外，违反《反不正当竞争法》第二条不正当竞争一般条款[①]的行为也构成不正当竞争行为。

在以上不正当竞争行为类型中，侵犯商业秘密已在本书其他章节专章进行了阐述；违法有奖销售以及商业诋毁的法律合规要求较少，重要性相对较低；违反不正当竞争一般条款的行为较为抽象，难以具体、有针对性地提出法律合规管理要求。因此，本章主要针对商业贿赂、混淆行为、虚假宣传、网络领域不正当竞争行为等四类不正当竞争行为的法律合规管理要求进行阐述。

第二节 不正当竞争领域主要法律规定及规章制度

第一小节 不正当竞争领域主要法律法规

不正当竞争领域的核心法律为《反不正当竞争法》。另外，国家市场监督管理总局等监管部门也出台了相关规范及指引，而最高人民法院等司法机

---

① 《反不正当竞争法》第二条规定："经营者在生产经营活动中，应当遵循自愿、平等、公平、诚信的原则，遵守法律和商业道德。

本法所称的不正当竞争行为，是指经营者在生产经营活动中，违反本法规定，扰乱市场竞争秩序，损害其他经营者或者消费者的合法权益的行为。

本法所称的经营者，是指从事商品生产、经营或者提供服务（以下所称商品包括服务）的自然人、法人和非法人组织。"

关为处理不正当竞争案件，也颁布了一些相关司法解释及文件。该等内容构成了较为完整的不正当竞争法律体系。现梳理如下：

制定部门	规范名称	生效/修正生效时间
全国人民代表大会常务委员会	《反不正当竞争法》	2019年4月23日
	《全国人大常委会法制工作委员会对重庆市人大常委会关于〈中华人民共和国反不正当竞争法〉第八条的请示的意见》	2007年5月15日
国家市场监督管理总局/国家工商行政管理总局	《国家工商行政管理局关于禁止商业贿赂行为的暂行规定》	1996年11月15日
	《国家工商行政管理局关于禁止仿冒知名商品特有的名称、包装、装潢的不正当竞争行为的若干规定》	1995年7月6日
	《医药行业关于反不正当竞争的若干规定》	1993年12月1日
	《国家工商行政管理总局关于依据〈反不正当竞争法〉对虚假宣传行为定性处罚有关问题的答复意见》	2013年11月5日
	《国家工商行政管理总局关于商业银行等金融企业不正当竞争管辖权问题的答复》	2008年1月8日
	《国家工商行政管理总局关于在柜台联营中收取对方商业赞助金宣传费广告费行为能否按商业贿赂定性问题的答复》	2001年6月13日
	《国家工商行政管理局关于旅行社或导游人员接受商场支付的"人头费"、"停车费"等费用定性处理问题的答复》	1999年6月22日
	《国家工商行政管理局关于医院给付医生ＣＴ"介绍费"等是否构成不正当竞争行为的答复》	1997年10月28日
	《国家工商行政管理局关于对商品价格和市场信息进行虚假宣定性处理问题的答复》	1994年10月20日
最高人民法院	《最高人民法院关于适用〈中华人民共和国反不正当竞争法〉若干问题的解释》	2022年3月20日
	《最高人民法院关于银行业虚假宣传的不正当竞争行为的处罚权由银监部门还是工商部门行使问题的答复》	2009年12月2日

续表

制定部门	规范名称	生效/修正生效时间
最高人民法院	《最高人民法院关于学校向学生推销保险收取保险公司佣金入账的行为是否构成不正当竞争行为的答复》	2004年1月8日
最高人民法院、最高人民检察院	《最高人民法院、最高人民检察院关于办理商业贿赂刑事案件适用法律若干问题的意见》	2008年11月20日

第二小节 商业贿赂法律框架及基本概念要点

一、商业贿赂法律规定

有关商业贿赂的法律规定主要体现在《反不正当竞争法》第七条和第十九条。

《反不正当竞争法》第七条规定:"经营者不得采用财物或者其他手段贿赂下列单位或者个人,以谋取交易机会或者竞争优势:

(一)交易相对方的工作人员;

(二)受交易相对方委托办理相关事务的单位或者个人;

(三)利用职权或者影响力影响交易的单位或者个人。

经营者在交易活动中,可以以明示方式向交易相对方支付折扣,或者向中间人支付佣金。经营者向交易相对方支付折扣、向中间人支付佣金的,应当如实入账。接受折扣、佣金的经营者也应当如实入账。

经营者的工作人员进行贿赂的,应当认定为经营者的行为;但是,经营者有证据证明该工作人员的行为与为经营者谋取交易机会或者竞争优势无关的除外。"

《反不正当竞争法》第十九条规定:"经营者违反本法第七条规定贿赂他

人的，由监督检查部门没收违法所得，处十万元以上三百万元以下的罚款。情节严重的，吊销营业执照。"

二、商业贿赂基本概念要点

（一）商业贿赂的主体

商业贿赂的主体是"经营者"，其定义适用《反不正当竞争法》第二条第三款的规定，即从事商品生产、经营或者提供服务的自然人、法人和非法人组织。

此外，经营者的工作人员进行贿赂，原则上也应认定为经营者的贿赂行为，除非经营者能证明该工作人员的行为与为经营者谋取交易机会或者竞争优势无关。其中，工作人员通常指与经营者签订有《劳动合同》的员工，一般不包括与经营者存在挂靠、承包等其他法律关系的主体。

（二）商业贿赂的对象

《反不正当竞争法》明确规定的商业贿赂的对象包括三类：（1）交易相对方的工作人员；（2）受交易相对方委托办理相关事务的单位或者个人；（3）利用职权或者影响力影响交易的单位或者个人（以下合称"三类商业贿赂对象"）。此外，根据《反不正当竞争法》的规定进行推导，交易相对方、中间人也可能构成商业贿赂的对象。就上述商业贿赂的对象，有以下要点值得注意：

1."交易相对方"的认定

《反不正当竞争法》商业贿赂条款项下对"交易相对方"的认定采取穿透原则，即穿透表面的直接合同关系，将名义上交易参与方所代表或者代理的实际承担交易法律后果的主体认定为交易相对方。

2. "受交易相对方委托办理相关事务的单位或者个人"的认定

此类对象主要指交易相对方的代理人、受托人等。

3. "利用职权或者影响力影响交易的单位或者个人"的认定

此类对象独立于交易双方，与交易相关的事务不存在直接关系，与交易相对方也不存在直接的委托或代理法律关系，但因其职权或影响力而能影响交易相对方的经营决策或交易相对方的工作人员或受托人的行为。此类对象包括两种类型：

（1）利用职权影响交易的单位或者个人。这一类型中的"职权"主要包括国家机关及其工作人员享有的公权力，国有企业及其工作人员对其下属公司、企业的人事任免及业绩考核权等。

（2）利用影响力影响交易的单位或者个人。主要指因具有特定关系而对实际交易相对方选择商品或服务具有影响力的第三方，如医生对患者药品选择的影响、导游对游客购物店选择的影响、装修设计公司对业主建材选择的影响等。若下游经销商、零售商能实质上影响最终用户对商品或服务的选择，则下游经销商、零售商也可能被认定为利用影响力影响交易的单位或者个人。

4. "中间人"的认定

中间人主要指为交易双方报告订立合同的机会或者提供订立合同的媒介等中介服务的主体。其通常同时为交易双方服务，以撮合交易作为主要工作目标，而不是仅接受交易相对方的委托，因此与受交易相对方委托办理相关事务的单位或者个人存在区别。

（三）商业贿赂的目的

商业贿赂的目的是为经营者谋取交易机会或者竞争优势。其中，谋取交易机会通常指经营者通过商业贿赂，取得或者增加的与交易相对方达成交易意向或完成交易事项的可能性。谋取竞争优势通常指经营者通过商业贿赂，取得相对于其他直接或潜在竞争者的优势地位，包括优先达成交易，阻碍其竞争者达成交易，拥有其他排他权、优先权或市场优势地位等。

此外，《反不正当竞争法》规制的商业贿赂不以谋取不正当交易机会或者竞争优势作为要件，即使谋取正当的交易机会或者竞争优势（例如，经营者即使不进行商业贿赂，本来也能获得交易机会），也可能构成违反《反不正当竞争法》的商业贿赂行为。

（四）商业贿赂的表现形式、手段

《反不正当竞争法》禁止的商业贿赂行为主要包括以下两类表现形式：第一类是经营者向三类商业贿赂对象进行贿赂；第二类是经营者没有以明示方式向交易相对方支付折扣或者向中间人支付佣金，且折扣或佣金没有如实入账。

《反不正当竞争法》禁止的商业贿赂手段主要包括财物以及其他手段，只要对受贿人有价值，都可能被用于商业贿赂，如免费或不合理低价提供旅游接待或财产使用权、提供学习或工作机会等。

（五）商业贿赂的法律责任

商业贿赂的法律责任可以从行政责任、民事责任和刑事责任三个方面进行分析：

1. 行政责任

违反《反不正当竞争法》有关商业贿赂的规定，将承担没收违法所得、十万元以上三百万元以下的罚款、吊销营业执照等行政责任。

2. 民事责任

违反《反不正当竞争法》有关商业贿赂的规定，如给他人造成损害，应当承担赔偿损失等民事责任；此外，相关合同条款也可能被认定为无效。

3. 刑事责任

根据《刑法》及相关司法解释，商业贿赂行为涉及非国家工作人员受贿罪、对非国家工作人员行贿罪、受贿罪、单位受贿罪、行贿罪、对单位行贿罪、介绍贿赂罪、单位行贿罪等八种罪名。值得注意的是，《刑法》规制的商业贿赂的主体、对象、目的等要件与《反不正当竞争法》规制的商业贿赂的要件存在区别。如《刑法》第三百九十三条规定的单位行贿罪的构成要件中，行贿目的仅限于谋取不正当利益，行贿对象仅限于国家工作人员，且有情节严重的限制条件。

此外，《反不正当竞争法》仅明文规制贿赂他人的行为，而没有明文规制收受他人贿赂的行为。虽然《国家工商行政管理局关于禁止商业贿赂行为的暂行规定》作为《反不正当竞争法》的细化规定，仍有对收受他人商业贿赂进行行政处罚的规定，但在 2017 年《反不正当竞争法》修订后，这一规定在执法实践中已很少被适用。因此，目前对于收受他人商业贿赂的行为，主要通过《刑法》加以规制。

第三小节　混淆行为法律框架及基本概念要点

一、混淆行为法律规定

混淆行为法律规定主要体现在《反不正当竞争法》第六条和第十八条。

《反不正当竞争法》第六条规定："经营者不得实施下列混淆行为，引人误认为是他人商品或者与他人存在特定联系：

（一）擅自使用与他人有一定影响的商品名称、包装、装潢等相同或者近似的标识；

（二）擅自使用他人有一定影响的企业名称（包括简称、字号等）、社会组织名称（包括简称等）、姓名（包括笔名、艺名、译名等）；

（三）擅自使用他人有一定影响的域名主体部分、网站名称、网页等；

（四）其他足以引人误认为是他人商品或者与他人存在特定联系的混淆行为。"

《反不正当竞争法》第十八条规定："经营者违反本法第六条规定实施混淆行为的，由监督检查部门责令停止违法行为，没收违法商品。违法经营额五万元以上的，可以并处违法经营额五倍以下的罚款；没有违法经营额或者违法经营额不足五万元的，可以并处二十五万元以下的罚款。情节严重的，吊销营业执照。

经营者登记的企业名称违反本法第六条规定的，应当及时办理名称变更登记；名称变更前，由原企业登记机关以统一社会信用代码代替其名称。"

二、混淆行为基本概念要点

（一）被混淆对象

《反不正当竞争法》保护的被混淆对象主要包括以下三类：

1.商品标识，即他人有一定影响的商品（包括服务）名称、包装、装潢，以及《反不正当竞争法》未明确列举的商标、商品形状等，包括与他人标识近似的标识。商品标识的主要作用是区别商品来源，使用他人有一定影响的商品标识可能造成商品来源的混淆。

2.主体标识，即他人有一定影响的企业名称（包括简称、字号等）、社会组织名称（包括简称等）、自然人姓名（包括笔名、艺名、译名等），包括与上述标识近似的标识。

3.用于网络活动的特殊标识，即他人有一定影响的域名主体部分、网站名称、网页等，包括与上述标识近似的标识。

此外，《反不正当竞争法》还设置了兜底条款，其他未被明确列举的足以引人误认为是他人商品或者与他人存在特定联系的混淆行为也属于《反不正当竞争法》规制的对象，包括擅自使用没有被明确列举的其他"有一定影响的"标识，或将他人注册商标、未注册的驰名商标作为企业名称中的字号使用，误导公众等行为。

需要说明的是，被混淆对象需要"有一定影响"，通常指具有一定的市场知名度并具有区别商品来源的显著特征的标识。其中，对于认定具有一定的市场知名度，通常应综合考虑中国境内相关公众的知悉程度，商品销售的时间、区域、数额和对象，宣传的持续时间、程度和地域范围，标识受保护的情况等因素；对于区别商品来源的显著特征，以下标识通常不符合这一要件：商品的通用名称、图形、型号，仅直接表示商品的质量等特点的标识，仅由商品自身的性质产生的形状，为获得技术效果而需有的商品形状以及使商品具有实质性价值的形状等。但如商品的通用名称、图形、型号，仅直接表示商品的质量等特点的标识、其他缺乏显著特征的标识经过使用取得显著特征，并具有一定的市场知名度，也可依据《反不正当竞争法》第六条规定予以保护。

（二）混淆的行为方式

混淆的行为方式应为"擅自使用"，即未经权利人同意使用。在中国境内将有一定影响的标识用于商品、商品包装或者容器以及商品交易文书上，或者广告宣传、展览以及其他商业活动中，用于识别商品来源的行为，可认定为"使用"。

需要说明的是，"擅自使用"不仅限于将他人的标识用作自己的同类标识，也包括将他人的标识用作自己的不同类标识。例如，既包括将他人有一定影响的商品名称用作自己的商品名称，也包括将他人有一定影响的商品名称用作自己的企业字号。

此外，经营者销售带有违反《反不正当竞争法》第六条混淆行为规定的标识的商品，引人误认为是他人商品或者与他人存在特定联系，也可构成混淆行为。

故意为他人实施混淆行为提供仓储、运输、邮寄、印制、隐匿、经营场所等便利条件，可被认定为帮助他人实施侵权行为，应当与行为人承担连带责任。

（三）混淆行为的结果

混淆行为的结果是引人误认为是他人商品或与他人存在特定联系。其中，"引人误认"一般通过相关领域的普通消费者（不同于相关领域的专业人士、对相关领域完全不了解的无关人员等）以与商品价值相适应的一般注意力对商品形成的整体印象来判断。通常商品价值越高，对引人误认的标准要求越高。误认为"是他人商品"指造成商品来源的混淆，即将混淆行为主体的商品误认为是被混淆主体的商品；误认为"与他人存在特定联系"指造成特定联系的混淆，即误认为混淆行为主体或其商品与被混淆主体存在商业联合、许可使用、商业冠名、广告代言等特定联系。

（四）混淆行为的法律责任

混淆行为的法律责任可以从行政责任和民事责任两个方面进行分析：

1. 行政责任

经营者违反《反不正当竞争法》第六条规定实施混淆行为的，由监督检查部门责令停止违法行为，没收违法商品。违法经营额五万元以上的，可以并处违法经营额五倍以下的罚款；没有违法经营额或者违法经营额不足五万元的，可以并处二十五万元以下的罚款。情节严重的，吊销营业执照。

经营者登记的企业名称违反《反不正当竞争法》第六条规定的，应当及时办理名称变更登记；名称变更前，由原企业登记机关以统一社会信用代码代替其名称。

2.民事责任

实施混淆行为给他人造成损害的，应当依法承担民事责任。因不正当竞争行为受到损害的经营者的赔偿数额，按照其因被侵权所受到的实际损失确定；实际损失难以计算的，按照侵权人因侵权所获得的利益确定。赔偿数额还应当包括经营者为制止侵权行为所支付的合理开支。

权利人因被侵权所受到的实际损失、侵权人因侵权所获得的利益难以确定的，由人民法院根据侵权行为的情节判决给予权利人五百万元以下的赔偿。

第四小节 虚假宣传法律框架及基本概念要点

一、虚假宣传法律规定

虚假宣传法律规定主要体现在《反不正当竞争法》第八条和第二十条。

《反不正当竞争法》第八条规定："经营者不得对其商品的性能、功能、质量、销售状况、用户评价、曾获荣誉等作虚假或者引人误解的商业宣传，欺骗、误导消费者。

经营者不得通过组织虚假交易等方式，帮助其他经营者进行虚假或者引人误解的商业宣传。"

《反不正当竞争法》第二十条规定："经营者违反本法第八条规定对其商品作虚假或者引人误解的商业宣传，或者通过组织虚假交易等方式帮助其他经营者进行虚假或者引人误解的商业宣传的，由监督检查部门责令停止违法行为，处二十万元以上一百万元以下的罚款；情节严重的，处一百万元以上二百万元以下的罚款,可以吊销营业执照。

经营者违反本法第八条规定,属于发布虚假广告的,依照《中华人民共和国广告法》的规定处罚。"

二、虚假宣传基本概念要点

(一)虚假宣传的规制对象

《反不正当竞争法》中,虚假宣传的规制对象是经营者进行的商业宣传活动。首先,商业宣传活动以营利为目的,不同于公益目的的宣传活动。其次,商业宣传活动包括商业广告,但由于商业广告已有《广告法》进行专门规制,因此《反不正当竞争法》主要对商业广告之外的其他商业宣传活动进行规制。商业广告与其他商业宣传活动的区别,主要在于商业广告必须通过一定的媒介和形式进行,如广播、电视、印刷品、电话、互联网、户外广告等,而商业广告之外的其他商业宣传活动通常不需要特定的媒介,可通过在营业场所内对商品进行演示说明、上门推销、召开推介会等形式进行。

(二)虚假宣传的宣传对象

虚假宣传的宣传对象是经营者商品(包括服务)的相关信息,既包括《反不正当竞争法》明确列举的商品的性能、功能、质量、销售状况、用户评价、曾获荣誉等信息,也包括没有明确列举的其他相关信息。以上信息大致可分为商品或服务的自然属性信息、商品或服务的提供者的信息以及商品或服务的市场信息等类别。

(三)虚假宣传的形式

虚假宣传的形式应为使用虚假或引人误解的内容进行宣传。其中,"虚假"指内容不真实,与实际情况不符;"引人误解"指内容含糊不清,使用具有歧义或多重语义的表述,或仅陈述部分事实进行片面宣传,或将科学上未定论的观点、现象等当作定论的事实用于宣传等。

(四)虚假宣传的效果

虚假宣传的效果是造成欺骗、误导消费者的客观后果,或有欺骗、误导消费者的可能。其中,"消费者"既包括已经购买被宣传商品的消费者,也包括可能购买被宣传商品的潜在消费者。

在判断是否具有欺骗、误导效果时,首先要考虑该涉嫌虚假宣传行为是否对消费者的购买行为产生实质性影响,如虽然存在一定的错误或引人误解的信息,但相应信息对消费者的购买决策不产生影响,则通常不属于虚假宣传;其次也要考虑该涉嫌虚假宣传行为是否是以明显的夸张方式宣传商品,而不足以造成相关公众误解,如属于这种情况,也通常不属于虚假宣传。

(五)帮助虚假宣传行为

《反不正当竞争法》第八条第二款对虚假宣传行为的帮助行为明确进行规制。其中,被禁止的帮助行为形式既包括明文列举的组织虚假交易,也包括没有明文列举的其他帮助行为形式。

(六)虚假宣传的法律责任

虚假的法律责任可以从行政责任、民事责任和刑事责任三个方面进行分析:

1. 行政责任

经营者违反《反不正当竞争法》第八条规定对其商品作虚假或者引人误解的商业宣传,或者通过组织虚假交易等方式帮助其他经营者进行虚假或者引人误解的商业宣传的,由监督检查部门责令停止违法行为,处二十万元以上一百万元以下的罚款;情节严重的,处一百万元以上二百万元以下的罚款,可以吊销营业执照。

经营者违反《反不正当竞争法》第八条规定,属于发布虚假广告的,依照《广告法》的规定处罚。

2. 民事责任

实施虚假宣传行为给他人造成损害的,应当依法承担民事责任。因不正当竞争行为受到损害的经营者的赔偿数额,按照其因被侵权所受到的实际损失确定;实际损失难以计算的,按照侵权人因侵权所获得的利益确定。赔偿数额还应当包括经营者为制止侵权行为所支付的合理开支。

权利人因被侵权所受到的实际损失、侵权人因侵权所获得的利益难以确定的,由人民法院根据侵权行为的情节判决给予权利人五百万元以下的赔偿。

3. 刑事责任

对于《反不正当竞争法》规制的虚假宣传行为,《刑法》没有直接对应的罪名,但对于通过虚假广告方式进行的虚假宣传行为,《刑法》第二百二十二条规定了虚假广告罪,即"广告主、广告经营者、广告发布者违反国家规定,利用广告对商品或者服务作虚假宣传,情节严重的,处二年以下有期徒刑或者拘役,并处或者单处罚金"。

第五小节　网络领域不正当竞争行为法律框架及基本概念要点

一、网络领域不正当竞争行为法律规定

网络领域不正当竞争行为的法律规定主要体现在《反不正当竞争法》第

十二条和第二十四条。

《反不正当竞争法》第十二条规定:"经营者利用网络从事生产经营活动,应当遵守本法的各项规定。

经营者不得利用技术手段,通过影响用户选择或者其他方式,实施下列妨碍、破坏其他经营者合法提供的网络产品或者服务正常运行的行为:

(一)未经其他经营者同意,在其合法提供的网络产品或者服务中,插入链接、强制进行目标跳转;

(二)误导、欺骗、强迫用户修改、关闭、卸载其他经营者合法提供的网络产品或者服务;

(三)恶意对其他经营者合法提供的网络产品或者服务实施不兼容;

(四)其他妨碍、破坏其他经营者合法提供的网络产品或者服务正常运行的行为。"

《反不正当竞争法》第二十四条规定:"经营者违反本法第十二条规定妨碍、破坏其他经营者合法提供的网络产品或者服务正常运行的,由监督检查部门责令停止违法行为,处十万元以上五十万元以下的罚款;情节严重的,处五十万元以上三百万元以下的罚款。"

二、网络领域不正当竞争行为基本概念要点

(一)网络领域不正当竞争行为的法律适用

经营者利用互联网进行生产经营活动,需要同时遵守《反不正当竞争法》第六条至第十一条针对传统不正当竞争行为的规定、第二条不正当竞争行为一般条款的规定以及第十二条第二款针对网络领域不正当竞争行为的专门规定。

其中,《反不正当竞争法》第十二条第二款针对网络领域特有的经营者利用技术手段妨碍、破坏其他经营者合法提供的网络产品或者服务正常运行

的行为进行特别规定，被称为"互联网专条"。同时，《反不正当竞争法》第二十四条对违反前述条款的行为规定了相应的处罚标准。

（二）被妨碍、破坏的对象

《反不正当竞争法》第十二条第二款中，被妨碍、破坏的是其他经营者合法提供的网络产品或者服务的"正常运行"。首先，本条强调了"合法提供"，要求经营者提供的产品与服务必须符合相关法律法规的规定，网络黑产等产品或服务不在本法条规制的范围内。其次，这里的"正常运行"应作广义理解，不仅包括网络产品或者服务的正常使用，还应当包括正常的下载、正常的安装以及正常的删除。

（三）妨碍、破坏的方式

《反不正当竞争法》第十二条第二款对几类典型的网络领域不正当竞争行为方式进行了列举，包括未经同意插入链接、强制进行目标跳转（第一项），误导、欺骗、强迫用户修改、关闭、卸载其他经营者合法提供的网络产品或者服务（第二项），恶意实施不兼容（第三项）等。此外，《反不正当竞争法》第十二条第二款也设置了兜底条款，对其他没有明确列举的妨碍、破坏其他经营者合法提供的网络产品或者服务正常运行的行为进行规制（第四项）。

其中，对于第一项，强制进行目标跳转通常指未经其他经营者和用户同意而直接发生的目标跳转。仅插入链接，目标跳转由用户触发的，则通常需要综合考虑插入链接的具体方式、是否具有合理理由以及对用户利益和其他经营者利益的影响等因素，进而认定其是否违反《反不正当竞争法》。

对于第二项，经营者事前未明确提示并经用户同意，以误导、欺骗、强迫用户修改、关闭、卸载等方式，恶意干扰或者破坏其他经营者合法提供的网络产品或者服务,应认定为误导、欺骗、强迫用户修改、关闭、卸载其他经营者合法提供的网络产品或者服务。

(四)兜底条款的适用标准

《反不正当竞争法》第十二条第二款第四项属于网络领域不正当竞争行为的兜底条款。由于互联网产业发展迅速,多种新型业态竞相出现,导致很多新型网络领域不正当竞争行为难以被《反不正当竞争法》第十二条第二款前三项规制,仅能依据第四项兜底条款对这些行为加以规制,而对于兜底条款的适用标准,主要通过司法实践加以不断发展完善。

目前阶段,司法机关对于兜底条款的适用,除考虑经营者与其他经营者存在竞争关系,经营者妨碍、破坏其他经营者合法提供的网络产品或者服务正常运行等一般要件外,还会考察经营者的行为是否扰乱了市场竞争秩序、损害其他经营者或者消费者的合法权益,经营者是否有违自愿、平等、公平、诚信原则以及商业道德,以及是否具有合理理由等。如有导致其他经营者合法提供的网络产品或者服务的商业模式或生态遭到破坏、用户体验下降、流量被劫持、被恶意搭便车等情形,即有可能被认定为符合兜底条款的适用标准。但以上考察项存在一定的抽象性,需要结合具体案件事实进行分析判断。

(五)网络领域不正当竞争行为的法律责任

网络领域不正当竞争行为的法律责任可以从行政责任、民事责任和刑事责任三个方面进行分析:

1.行政责任

经营者违反《反不正当竞争法》第十二条规定妨碍、破坏其他经营者合法提供的网络产品或者服务正常运行的,由监督检查部门责令停止违法行为，处十万元以上五十万元以下的罚款；情节严重的，处五十万元以上三百万元以下的罚款。

2. 民事责任

实施网络领域不正当竞争行为给他人造成损害的，应当依法承担民事责任。因不正当竞争行为受到损害的经营者的赔偿数额，按照其因被侵权所受到的实际损失确定；实际损失难以计算的，按照侵权人因侵权所获得的利益确定。赔偿数额还应当包括经营者为制止侵权行为所支付的合理开支。

权利人因被侵权所受到的实际损失、侵权人因侵权所获得的利益难以确定的，由人民法院根据侵权行为的情节判决给予权利人五百万元以下的赔偿。

3. 刑事责任

实施网络领域不正当竞争行为情节严重的，存在承担刑事责任的可能，但《刑法》没有直接对应的罪名，可能相关的罪名包括非法获取计算机信息系统数据、非法控制计算机信息系统罪，提供侵入、非法控制计算机信息系统程序、工具罪，破坏计算机信息系统罪等。

第六小节　企业不正当竞争规章制度

在不正当竞争领域，许多企业会针对商业贿赂专门制定内部规章制度、内部控制流程乃至合规指引，并通常会在企业员工手册或员工行为规范等文件中专门加以规定。

而针对混淆行为、虚假宣传、网络领域不正当竞争行为，大部分企业可能不会专门制定内部规章制度或内部控制流程，与之相关的内部规定或合规指引可能散见于销售、广告宣传、知识产权保护等领域的内部规章制度中，同时也可能规定于企业的员工手册之中。

第三节 不正当竞争领域的典型违规案例

第一小节 商业贿赂违规案例

一、商业贿赂行政处罚案例

（一）对受交易相对方委托办理相关事务的单位或者个人行贿的相关案例

上海某大药房有限公司案

（沪市监浦处〔2020〕152020000196号）

案件基本情况

当事人从事药品、医疗器械等零售经营活动。当事人的法定代表人周某与某App的签约跑腿骑手谢某达成默契，每成交一笔代购订单，谢某先向周某支付订单金额，随后周某向谢某返还部分钱款。当事人为拉拢谢某多到其店内代购，在交易达成后给予其好处费。当事人为谢某创造便利，使消费者在不知情的情况下高于标价购买商品。当事人将消费者多付价款作为贿赂款支付给谢某，实质上是使消费者承担了当事人的贿赂成本。

当事人的上述行为，违反了《反不正当竞争法》第七条第一款第二项的规定，构成采用财物贿赂受交易相对方委托办理相关事务的个人以谋取交易机会的商业贿赂行为,被处以没收违法所得180.76元、罚款100000元。

> 案件要点和启示

本案中,执法机关将某 App 的签约跑腿骑手认定为受交易相对方委托办理相关事务的个人,可以推导出买药的消费者属于交易相对方。对于电子商务交易场景下出现的新业态,需要具体分析各方之间的法律关系。就跑腿代购业态而言,消费者委托跑腿骑手购买某类商品,可视为双方之间存在委托关系,而消费者与商品供应方属于交易的双方,因此跑腿骑手通常符合受交易相对方委托办理相关事务的单位或者个人的定义,可能被认定为商业贿赂对象。

(二)对利用职权或者影响力影响交易的单位或者个人行贿的相关案例

1. 深圳市某信息管理有限公司案

(沪监管普处字〔2019〕第 072019000196 号)

> 案件基本情况

当事人为从事药品调查及推广工作的公司。当事人为获取更多的病例报告表,以返利方式刺激医生开具处方,增加药品销量。2018年7月27日,其上海地区的业务员孙某与普陀某医院神经外科科室医生叶某商定,按照35元/支的比例给予其返利。2018年8月1日至10月31日期间,医生叶某开具处方92例让患者前往药房购买,药房销售合计544支。2018年11月1日,当事人业务员孙某按照约定以现金方式向叶某支付返利 19040 元。

当事人在从事其药品调查推广的过程中，为了拓展业务，增加其所推广的药品的销量，给予利用职权或者影响力影响交易的个人回扣的行为违反了《反不正当竞争法》第七条第一款第三项之规定，构成商业贿赂行为，被处没收违法所得 30800 元、罚款 100000 元。

▎案件要点和启示

医生对于患者药品的选择具有较强的影响力，属于典型的利用影响力影响交易的个人，以推广药品为目的向医生进行利益输送通常属于商业贿赂行为。

2. 上海某生物科技有限公司

（沪市监徐处〔2019〕042019001872 号）

▎案件基本情况

当事人是一家保健品经营企业，上海某医药药材有限责任公司从当事人处购入保健品并提供给其关联公司上海某大药房有限公司，由上海某大药房有限公司配发到下属门店，并经门店营业员销售给终端消费者。在 2018 年 1 月至 2019 年 4 月间，当事人向某大药房有限公司某下属门店支付现金，以促使当事人保健品的销售。门店对交易具有影响力。

当事人的上述行为，违反了《反不正当竞争法》第七条第一款第三项的规定，被处罚款 200000 元。

> **案件要点和启示**

就零售商或门店是否属于商业贿赂对象,需要结合该零售商或门店对交易的影响力进行具体判断。本案中,药品销售门店被认定为对保健品的销售具有影响力,因此属于利用影响力影响交易的单位或个人,向该门店进行利益输送由此被认定为商业贿赂行为。

3. 上海某国际物流有限公司案

(沪市监虹处〔2021〕092021000153号)

> **案件基本情况**

当事人接客户委托,需要在2019年8月下旬运输货物,承运船公司是某公司。由于上述承运船公司集装箱运输船舱位紧张,为了受委托运输代理的货物能及时装上船发运,取得商业上的竞争优势,当事人于2019年7月向某公司的某某赠送价值人民币3250元的礼品并请托其对当事人的业务开展提供竞争优势。某某收取礼品后,利用职权,帮助当事人受委托运输代理的货物插队装船。当事人的上述行为造成了其他同行业货运物流公司因受委托运输代理的货物滞留需多支出堆存费等相关费用,致使成本增加。当事人因上述行为取得了商业竞争上的优势。

当事人的上述行为,违反了《反不正当竞争法》第七条第一款第三项的规定,被处罚款200000元、没收违法所得313.01元。

> **案件要点和启示**

本案中,交易相对方是货主,而承运船公司被认定为利用职权或者影响力影响交易的单位或者个人。由于当事人与货主已就货物运输代理达成了交易,故承运船公司对案涉交易的达成不具有影响。但承运船公司运输船舱位的安排对当事人能否及时履行案涉交易并使货主满意具有重要影响,即对案涉交易的履行质量具有影响,同时也对当事人相关费用的支出具有影响。因此,利用职权或者影响力影响交易的单位或者个人不仅限于对交易的达成具有影响的主体,也可能包括对交易的履行质量、交易成本具有重要影响的主体。

(三)支付折扣或佣金未如实入账的相关案例

江西某医疗门诊有限公司案

[(洪东)市监(公)罚决〔2019〕4号]

案件基本情况

当事人在2019年4月1日新开业期间,为了打开市场、谋取更多的交易机会、扩大在行业内影响力,以支付高额佣金的方式,吸引美容行业的从业人员做中间人,给当事人介绍做医疗美容项目的顾客,在2019年4月1日至7月7日期间,王某等40名中间人共介绍了卢某等82位消费者来当事人处成功做了医疗美容项目。当事人待顾客成功付费后,填写付款申请表,经过部门复核,提交法人姜某签字,再由法人姜某通过个人银行账号向每个介绍顾客的中间人转账支付金额不等的佣金。当事人向中间人支付的佣金未如实记入当事人账目。

当事人的上述行为已违反了《反不正当竞争法》第七条第二款的规定,被处以100000元罚款。

> **案件要点和启示**

本案中,当事人采取向中间人支付佣金的方式吸引顾客,但当事人通过其法定代表人的个人银行账号向中间人支付佣金,且未如实记入当事人的公司账目,因此违反了有关支付佣金应如实入账的规定,最终依据商业贿赂的法律责任条款被处以罚款。

(四)对交易相对方的认定相关案例

江苏某医疗科技有限公司案

(张保市监案〔2019〕0076号)

> **案件基本情况**

当事人于2016年6月7日与某医院签订了合作协议一份。约定当事人免费投放1台型号为FYY-3型荧光定量PCR检测系统及辅助设施供该医院检验科日常使用,同时规定该设备所需试剂均由当事人提供,并不得再从第三方引进相类似的机器及相关试剂。当事人所谓的免费提供荧光定量PCR检测系统及辅助设施,目的是获取在该医院排他性销售试剂耗材的交易机会和竞争优势,事实上损害了其他经营者的公平竞争机会,其行为构成了《反不正当竞争法》中的商业贿赂行为。

同时在本案中,表面看履行协议的交易相对方是当事人与该医院,但产品的最终使用对象却是患者,交易的后果实际也将由患者承担,医院将耗材及其增值部分完整地转嫁到患者身上,在此期间耗材本身并未产生任何物理及化学变化,因此交易的相对方应理解为当事人与实际患者。在这三方关系中,医院对患者的治疗和用药具有绝对话语权,更符合拥有影响患者选择医药产品的职权或影响力的第三方,可以认定为《反不正当竞争法》第七条第一款第三项所指的"利用职权或者影响力影响交易的单位或者个人",属于商业贿赂对象。

最终,当事人被处没收违法所得28807.6元、罚款101192.4元。

> **案件要点和启示**

本案中,执法机关对交易相对方的认定采用了"穿透原则",将实际承担交易后果的主体认定为交易相对方,而将直接与行贿方签订并履行协议的主体认定为利用职权或者影响力影响交易的单位或者个人。

(五)业务招待及赠送礼品的相关案例

1. 上海某医疗科技有限公司案
（沪市监杨处〔2021〕102020000201号）

> **案件基本情况**

当事人从事医疗器械销售活动。为开拓市场,获取竞争优势,并维护长期合作关系,当事人邀请23名医务人员在2020年1月3日至5日参加"某系列新产品用户会"。当事人支付了往返机票费用,并为部分医务人员支付了住宿和旅游费用。

当事人上述行为违反了《反不正当竞争法》第七条第一款第一项的规定,构成商业贿赂行为,被处罚款970000元。

> 案件要点和启示

本案中,当事人在邀请下游客户工作人员参加某品牌活动的业务招待过程中,为相应工作人员支付了往返机票费用以及住宿和旅游费用,因此被认定为贿赂交易相对方的工作人员。

2. 上海某贸易中心案

(沪监管青处字〔2018〕第292018005212号)

> 案件基本情况

2018年2月24日,当事人为了向南京某医院销售脊柱内固定系统,由当事人的市场主管李某购买了2瓶53度飞天茅台酒赠送给南京某医院负责采购医疗器械产品的负责人刘某医生,希望刘某医生能选择当事人作为南京某医院脊柱内固定系统的供货商。截至2018年5月28日案发,当事人未实现向南京某医院销售上述脊柱内固定系统,因此,当事人无违法所得。

当事人为谋取交易机会向交易相对方的工作人员赠送财物的行为,违反了《反不正当竞争法》第七条第一款第一项的规定,构成商业贿赂行为,被处罚款50000元。

> 案件要点和启示

本案中,当事人向交易相对方的工作人员赠送白酒,被认定为商业贿赂行为。执法实践中,还有很多行贿方向受贿方赠送礼品、财产的案例,包括赠送购物卡、干股等,属于较为常见的商业贿赂手段。

（六）举办会议、讲座的相关案例

某医药咨询有限公司上海分公司案
（沪监管静处字〔2019〕第062018004224号）

案件基本情况

当事人受母公司委托推广其药品服务活动。自2018年1月至案发期间，当事人组织举办了若干次会议，邀请本市医院相关医生参加，给付相关医生讲课费。当事人与每一个给付讲课费的医生都签订了服务协议，协议中约定医生提供服务的目的及内容均为学术演讲。当事人在上述举办会议活动中，本市医院相关医生六次未作讲课，且领取讲课费用。

当事人假借不实会议讲课等名义给付医生讲课费，医生利用医疗服务中的职务便利，促成患者购买当事人推广的相关药品的行为，违反了《反不正当竞争法》第七条第一款第一项的规定，构成商业贿赂的违法行为，被处罚款180000元。

案件要点和启示

本案中，当事人邀请相关医生参加其举办的会议，并在会后向相关医生支付讲课费，而上述医生实际上并没有提供讲课劳务。因此，当事人支付的讲课费缺乏合理对价，与相关医生提供的劳务不匹配，实质上属于一种利益输送的形式，由此被认定为商业贿赂行为。

（七）投放设备的相关案例

上海某医疗器械有限公司案
（沪市监长处〔2021〕第052020000638号）

案件基本情况

当事人于2014年11月向上海市某医院无偿提供2台"CobasU411"尿液分析仪供上海市某医院使用。期间，双方约定上海市某医院定向向当事人排他性采购上述仪器的配套耗材。

当事人的上述行为违反了《反不正当竞争法》第七条第一款第二项的规定，被处以没收违法所得7785.89元、罚款100000元。

案件要点和启示

实践中，向医院免费投放设备并以此为条件获得配套耗材或类似设备的独家供应权属于较为典型的一类商业贿赂行为。其中，免费或不合理低价向医院等机构投放设备，可以使医院等机构节省开支，对其具有价值，属于商业贿赂的一种手段；同时，行贿人投放设备的目的是获得相应耗材或类似设备的独家供应权，属于谋取交易机会或竞争优势的表现形式，因此此类行为通常满足商业贿赂的构成要件。

需要说明的是，在执法实践中，对于收受贿赂的医院等机构属于哪一类商业贿赂对象仍存在争议，在不同的执法案例中，三类商业贿赂对象分别都有被适用。不过这一争议并不影响此类行为构成商业贿赂的基本判断。

（八）给付其他经济利益的相关案例

1. 广州某医药有限公司案

（穗工商处字〔2018〕137号）

> **案件基本情况**

2018年1月中旬，当事人销售经理李某向韦某医生推销其公司的咽鼓管球囊导管，并承诺若韦某医生在行医过程中使用了当事人在该院的中标产品咽鼓管球囊导管，促使医院向当事人采购该导管，则以"讲课费"名义给予医生好处费。该院在此后以中标价7580元/件共采购咽鼓管球囊导管3件。4月6日，李某到常德出差，晚上在常德饭店宴请韦某过程中用差旅费备用金将3000元"讲课费"现金及当事人编造的会议《邀请函》交给韦某医生，但相关会议并未召开，该医生也未参加。在收到3000元的"讲课费"后，该医生没有开具任何收据给当事人。2018年1月中旬，李某向另一肖某医生推销其公司的咽鼓管球囊导管时，也采用类似手段将3000元"讲课费"现金交给该医生。

当事人假借"讲课费"名义支付给客户医院医生现金的行为，违反了《反不正当竞争法》第七条第一款第一项的规定，构成商业贿赂行为，被处没收违法所得8353.36元、罚款110000元。

> **案件要点和启示**

本案中，当事人向医生支付了名为"讲课费"的款项，但实际上并未举办任何会议，也没有请医生进行任何讲课，因此属于假借支付讲课费的名义向医生给付经济利益，构成商业贿赂行为。

2. 上海某工程造价咨询有限公司案

（沪市监虹处〔2020〕第092019006252号）

案件基本情况

当事人与上海某大学签订《建设工程造价咨询合同》，为上海某大学提供建设工程造价咨询服务。当事人中标后，上海某大学以口头形式提出，因其在工程造价审价工作中提供了盒饭、茶水、复印、交通等服务，需要收取项目协办费，具体金额以施工单位支付的审价费为基数乘以合同中双方约定的项目审价费下浮率30%，当事人未提出异议。

当事人向上海某大学支付的项目协办费，既未列入《建设工程造价咨询合同》，也未签订其他补充协议，且在实际审价过程中上海某大学也未提供收费明细和等值服务，当事人却不提出异议和拒付，而是以"咨询费"名义从公司管理费用中支出，且无法提供支付上述费用的合理说明和依据，其目的就是借"咨询费"的名义向上海某大学输送财务利益，当事人的行为违反了《反不正当竞争法》第七条第一款第三项的规定，构成了商业贿赂，被处没收违法所得219745.26元、罚款100000元。

案件要点和启示

本案中，当事人向某大学支付"项目协办费"，但该项费用没有在双方的合同中列明，且某大学没有提供与该笔费用相对应的服务，在缺乏等值对应服务的情况下向商业贿赂对象支付所谓的项目协办费，属于给付经济利益的一种手段，因此属于商业贿赂行为。

3. 上海某医疗器械有限公司案

（沪市监金处字〔2019〕第282019002703号）

> **案件基本情况**

当事人自2015年1月起与某医院建立CMF颌面外科手术产品金属接骨螺钉的销售关系；2018年3月，当某医院新增生物监测设备后，以当事人销售的209—2008型号金属接骨螺钉进行植入手术前，医院需对产品进行清洗消毒并经生物监测为由向当事人索要"消毒费"时，当事人为了维护客户关系，使某医院继续使用CMF颌面外科手术产品金属接骨螺钉，稳定或扩展销售业务，自2018年4月起，按每台手术450元（加急情况为550元）向某医院支付"消毒费"；期间某医院使用当事人销售的209—2008型号金属接骨螺钉进行植入手术共14台，医院对产品进行清洗消毒共14次，当事人共支付"消毒费"合计7150元；当事人将上述费用以"管理费用—员工薪酬"或"管理费用—办公费用"等名义入账。

当事人用"治疗费（急诊）"的名义给予客户单位"消毒费"的行为，违反了《反不正当竞争法》第七条第一款的规定，构成了商业贿赂违法行为，被处罚款100000元、没收违法所得41254.69元。

> **案件要点**

医疗器械企业向医院支付"消毒费"或类似名目费用也属于较为典型的商业贿赂行为。

二、商业贿赂刑事案例

某（中国）投资有限公司对非国家工作人员行贿案

案件基本情况

当事人是一家世界五百强药品企业在华的子公司。为扩大药品销量，当事人的高管马某某提出了"以销售产品为导向（selling-led）"的口号，并通过公司内部各种会议和活动进行宣传鼓动。该经营理念得到张某某、梁某等公司高管的积极响应和支持，逐渐形成了无视中国药品管理等法律法规中的禁止性规定，只追求扩大销量、以费用促进销售的贿赂销售模式。

为提高销量，当事人大量招聘销售人员，改组扩建业务部门。处方药事业部、疫苗部、抗生素及创新品牌事业部等各业务部门采取多种形式向全国各地医疗机构的从事医务工作的非国家工作人员行贿。人力资源部制定以销售业绩为核心的工资、奖金等薪酬福利制度及政策，将人力和财力向业务部门倾斜；财务部、合规部、IT部等其他部门也提供全方位支持、帮助并进行监督、管理和考核；法务部则为行贿提供帮助和掩护。

其中，当事人大客户团队、各事业部的市场部等部门，邀请全国各地医疗机构从事医务工作的非国家工作人员参加由其赞助和组织的境内外各类会议，通过支付差旅费、讲课费、安排旅游等方式贿赂与会医务人员，然后将相关费用分别以"研讨会费用"等科目在财务系统中报账。在参会医务人员的支持下，当事人的各类药品得以进入各地医疗机构。同时，各业务部门通过医药代表等，以支付业务招待费、讲课费以及现金回扣等方式贿赂全国多地医疗机构的医务人员，并将相关费用以"招待费""其他推广费用"的科目报账，换得当事人的药品得到使用或扩大使用。

最终，长沙市中级人民法院以对非国家工作人员行贿罪判处当事人罚金人民币30亿元，判处马某某、张某某、梁某等被告人有期徒刑二年至三年不等。

案件要点和启示

本案当事人构成单位犯罪并被判处巨额罚金，一定程度上源于当事人的反商业贿赂合规制度不健全。首先，当事人的管理层提出了以销售产品为导向的口号，缺乏管理层对于反商业贿赂的承诺及行动示范，导致当事人内部形成不良的企业文化。其次，当事人内部商业贿赂风险识别、处置机制及相关内部控制不健全，形成了以费用促进销售的贿赂销售模式。财务、法务、合规等部门非但没有对商业贿赂风险及时进行识别、评估、处置，反而为业务部门的商业贿赂行为提供帮助，反商业贿赂相关内部控制完全失效。最后，当事人对于员工的奖惩、考核制度设置不合理，制定以销售业绩为核心的工资、奖金等薪酬福利制度，且没有对商业贿赂行为及时惩处，导致变相鼓励员工进行商业贿赂。当事人的以上状况导致其员工的行为被认定为当事人的单位行为，由此导致当事人承担巨额罚金，且企业形象遭受重创，销售业绩大幅下滑，损失惨重。

三、商业贿赂民事案例

(一) 违反《反不正当竞争法》第七条是否会导致合同无效的相关案例

就违反《反不正当竞争法》第七条是否会导致合同无效这一问题,目前多数民事判决认定,《反不正当竞争法》第七条属于效力性强制性规定,违反该规定会导致合同无效,如广东省佛山市禅城区人民法院(2019)粤0604民初34016号民事判决书:根据《反不正当竞争法》第七条第一款:"经营者不得采用财务或者其他手段贿赂下列单位或者其他个人,以谋取其他机会或者竞争优势:(一)交易相对方的工作人员……"的规定,潘某向某公司的工作人员梁某支付10万元的行为违反了前述法律的强制性规定。依据《合同法》第五十二条……的规定,潘某与梁某之间的合同无效。广东省广州市中级人民法院(2018)粤01民终23537号民事判决书:由于甲公司的股东之一乙公司及其原法定代表人陈某(也是甲公司的法定代表人)通过商业贿赂丙公司相关人员以谋取租赁涉案场地的交易机会和竞争优势的行为,属于恶意串通行为,损害了第三人公平竞争的机会和利益,且多年来合同约定的租金标准低于本地房屋同期租金参考价标准,故一审法院认定丙公司与甲公司签订的《广州市房屋租赁合同》及《租赁补充合同》为无效合同,符合法律规定,本院予以认可。

但也有部分民事判决将《反不正当竞争法》第七条认定为管理性强制性规定,如江苏省高级人民法院(2019)苏民再385号民事判决书:甲公司法定代表人王某为乙公司采购人员吴某支付消费费用的行为,虽违反《反不正当竞争法》第七条规定,但该规定并非效力性强制性规范,并不能据此认定采购合同无效,相应行为责任应当依据民商事法律及《反不正当竞争法》予以认定。

第二小节 混淆行为违规案例

一、混淆行为行政处罚案例

江苏某某电梯有限公司商业混淆案

（江苏省连云港市工商局）

江苏省连云港市工商局根据举报，发现江苏某某电梯有限公司未经商标权利人许可在其电梯上使用SIEMENS标志。经进一步查证，执法人员发现当事人虽然经SIEMENS商标权利人及其授权人同意在电梯上标注"西门子合作伙伴"和"Siemens core components"等字样，但当事人在使用过程中将SIEMENS、siemens、Siemens与其他字母分列两排，且字号明显放大并突出SIEMENS、siemens、Siemens，其他字母字号较小易被忽略。

连云港市工商局认为，当事人突出使用SIEMENS、siemens、Siemens标志的行为，极易让人对其生产的电梯来源产生混淆，不当利用了商标权利人的市场影响力，误导社会公众，构成《反不正当竞争法》第六条第四项所指的混淆行为。根据《反不正当竞争法》第十八条之规定，连云港市工商局对当事人作出罚款150万元的行政处罚。

二、混淆行为民事案例

1. 黄某与某公司侵害商标权纠纷二审民事判决书

[上海知识产权法院（2018）沪73民终439号]

就上诉人黄某实施了擅自使用与被上诉人某公司有一定影响的

商品装潢近似标识的不正当竞争行为，本案一审法院认为：首先，涉案箱包装潢属于有一定影响的商品装潢。本案中，被上诉人使用带有图案的箱包类商品时间较久，且在中国境内进行了持续的推广和销售，在若干知名杂志上均有宣传，因此该商品已具有较高的市场知名度，为相关公众所知悉，属于有一定影响的商品。该商品外表面系将图案以无限复制延展的方式使用，图案由多个具有一定独特性的元素按照规律排列成一个整体，经过被上诉人在市场上的长期使用，使得公众已经将使用该图案的相关商品与被上诉人相联系，具有显著的识别特征，能起到与其他同类商品相区别的功能，故图形构成具有一定影响的商品装潢。

其次，虽然被控侵权商品的吊牌上标有其他商标，但该商品外表面所使用的图案与装潢图案在视觉上基本无差别，且同样以无限复制延展的方式使用。由于被上诉人主要在箱包类商品上使用其装潢，而被控侵权商品为手提包，故会导致消费者对商品来源产生混淆，或使得相关公众误认为该商品与被上诉人或其关联企业存在特定联系。

综上，上诉人未经被上诉人许可，擅自使用与被上诉人有一定影响的商品装潢近似的标识，主观上攀附了被上诉人的商誉，为自己获取了不正当的市场竞争优势及更多的交易机会，客观上会造成混淆，扰乱市场竞争秩序，构成不正当竞争。

本案一审法院依照《反不正当竞争法》（2017年修订）第二条、第六条第一项、第十七条等规定，判决：一、上诉人立即停止侵害被上诉人注册商标专用权及有一定影响的商品装潢的行为；二、上诉人在《新民晚报》上刊登声明以消除影响；三、上诉人赔偿被上诉人经济损失30000元；四、上诉人赔偿被上诉人为制止侵权行为而支出的合理开支 6000 元。本案二审法院终审判决：驳回上诉，维持原判。

2. 上海某实业有限公司与慈溪市某电器有限公司侵害商标权及不正当竞争纠纷案

[上海知识产权法院（2020）沪 73 民终 305 号]

本案二审法院认为：2018 年《反不正当竞争法》第六条规定，经营者不得实施擅自使用他人有一定影响的企业名称（包括简称、字号等），引人误认为是他人商品或者与他人存在特定联系的行为。本案中，根据一审法院查明的事实，被上诉人成立在先，其主张权利的第 942664 号注册商标也核准注册及使用在先，且该商标中用于呼叫和识别的部分亦为"公牛"文字，而上诉人含有"公牛"文字的企业名称登记注册在后。在上诉人成立之前，据 2001 年《中国质量报》报道，被上诉人生产的公牛牌插座销量已居全国第一，综合占有率达 20%。2005 年，被上诉人的企业商号被认定为"浙江省知名商号"，2006 年第 942664 号注册商标被湖南省长沙市中级人民法院认定为驰名商标。因此，在上诉人成立之前，被上诉人的"公牛"字号及第 942664 号注册商标已经在行业内具有较高的知名度。上诉人作为同业竞争者，理应知晓被上诉人及其注册商标，在登记企业名称时应当对"公牛"文字予以合理避让，但上诉人仍将"公牛"作为其企业字号予以登记注册，主观上具有攀附被上诉人字号和商标知名度的故意。上诉人登记注册含有"公牛"文字的企业名称后，生产、销售墙壁开关插座、排插转换器等电器产品，开展与被上诉人主营业务相同或相类似的经营活动，销售区域亦与被上诉人存在重合，且上诉人还在其网站的"企业文化"栏目中使用与被上诉人官网几乎一致的内容及背景、图案等,客观上会使相关公众产生上诉人商品系由被上诉人生产的误认,或者认为上诉人与被上诉人存在某种特定联系或者关联关系。

本案一审法院依据《反不正当竞争法》第六条第二项、第四项、第十七条等规定,判决上诉人停止在其企业名称中使用"公牛"文字;上诉人就其实施的不正当竞争行为于《新民晚报》非中缝位置刊载声明,消除影响;上诉人就其实施的不正当竞争行为赔偿被上诉人经济损失及为制止不正当竞争行为支出的合理开支共计500000元。本案二审法院终审判决:驳回上诉,维持原判。

第三小节 虚假宣传违规案例

一、虚假宣传行政处罚案例

浙江杭州某科技有限公司"免费试用""拍A发B"刷单炒信案
(浙江省杭州市余杭区市场监督管理局)

当事人开发了某平台,2017年10月以商品免费试用平台名义上线运营,对外宣传通过免费试用可以帮助电商提高店铺信誉,以此吸引商家和用户使用该平台。在商品试用过程中,当事人通过设置试用条件、流程等方式,引导用户前往商家店铺购买试用商品,下单后商家发货给用户另一商品(多数为低价值的赠品),即"拍A发B"的交易模式。交易完成后,商家通过某平台将购买试用商品的货款返还给用户。截至被查处,共有3495家电商通过某平台进行商品试用42107次,其中虚假交易式的商品试用17453次,在第三方交易平台产生虚假交易记录63万条。当事人通过某平台共收取商家会员费、服务费等费用 17965907.73 元，获利 8036863.09 元。

杭州市余杭区市场监管局认为，当事人开发运营某平台，帮助提高店铺信誉，吸引商家使用该平台，同时指导、协助、审核商家的虚假交易式的商品试用行为，属于《反不正当竞争法》第八条第二款的组织虚假交易的行为。根据《反不正当竞争法》第二十条第一款之规定，该局责令当事人停止上述违法行为，并处罚款 150 万元。

二、虚假宣传民事案例

1. 广州某贸易有限公司与广州某电子科技有限公司不正当竞争纠纷案
[广东自由贸易区南沙片区人民法院（2019）粤 0191 民初 3023 号]

就被告广州某电子科技有限公司在其网站对外宣传的内容是否构成反不正当竞争法所规定的虚假宣传，本案一审法院认为：《反不正当竞争法》第八条第一款规定："经营者不得对其商品的性能、功能、质量、销售状况、用户评价、曾获荣誉等作虚假或者引人误解的商业宣传，欺骗、误导消费者。"构成虚假宣传之不正当竞争行为，应考虑如下检验法：其一，当事人之间具有竞争关系；其二，行为人所作商业宣传之内容与实际情况不符，存在引人误解的虚假内容，或者虽陈述的内容真实，但使人产生模糊判断和误解。反之，若表述上存在不确切、不完整的情况，但所表述的事实本身并未偏离真实的事实，亦未引起他人误解，则不构成《反不正当竞争法》所规定的虚假宣传等行为。

（一）原告广州某贸易有限公司与被告之间是否具有竞争关系

原被告均实际从事点餐机的相关业务，故本案一审法院依法认定两者属于具有竞争关系的经营主体。

（二）被告是否作出虚假宣传

关于对被告使用"全球麦当劳和肯德基的供应商""在麦当劳餐厅中使用的我们的自助点单机"及"一项我们为麦当劳完成的项目（自助点餐机）"字样对外进行宣传的指控。根据现有证据，原告为麦当劳公司的点餐机供应商，其与麦当劳公司存在直接合同关系，而被告并非麦当劳公司的点餐机供应商，其与麦当劳公司之间并无直接合同关系，而是接受原告委托，为其生产、加工点餐机设备。故本案一审法院认定被告的该项宣传与事实不符。对被告在阿里巴巴网站的"成功案例"页面展示照片并标注其为麦当劳公司完成德国和全球的自助点餐机项目的指控，被告并未提交证据证明其为麦当劳公司提供德国和全球点餐机服务的事实，应由其承担举证不能的法律后果，故本案一审法院认定被告的该项宣传与事实不符。

（三）被告的宣传是否会引人误解

关于"引人误解"的判断，应当以相关公众的一般注意力为标准。首先，在形式上，如前所述，被告的上述宣传内容与实际情况不符；其次，效果上要考虑是否造成了欺骗、误导消费者的客观后果，或者有欺骗、误导消费者的可能性。本案中，被告与麦当劳公司之间的关系是间接的，但是被告的宣传内容会使相关公众误认为被告与麦当劳公司之间存在直接的合作关系，从而获得与原告相同的市场地位，即均为麦当劳公司的直接供应商，攀附了麦当劳公司供应商的市场认可度，以提升其在点餐机市场的评价，损害作为麦当劳公司直接供应商的原告的利益。

综上所述，本案一审法院依照《反不正当竞争法》第六条第二项、第八条第一款等规定，判决被告赔偿原告经济损失和合理开支共计人民币100000元。

2. 广州某产业有限公司诉某（中国）饮料有限公司虚假宣传纠纷案
（指导案例 161 号）

裁判要点：人民法院认定广告是否构成《反不正当竞争法》规定的虚假宣传行为，应结合相关广告语的内容是否有歧义，是否易使相关公众产生误解以及行为人是否有虚假宣传的过错等因素判断。一方当事人基于双方曾经的商标使用许可合同关系以及自身为提升相关商标商誉所作出的贡献等因素，发布涉案广告语，告知消费者基本事实，符合客观情况，不存在易使相关公众误解的可能，也不存在不正当地占用相关商标的知名度和良好商誉的过错，不构成《反不正当竞争法》规定的虚假宣传行为。

第四小节 网络领域不正当竞争行为违规案例

一、网络领域不正当竞争行为行政处罚案例

1.嘉兴市某网络科技有限公司利用网络技术手段妨碍竞争案
（浙江省海盐县市场监督管理局）

当事人于 2017 年 7 月成为国内某知名外卖平台海盐地区的代理商，负责海盐地区代理和管理商家入驻平台等事宜，并通过后台管理软件进行包括划定商家配送范围等内容的商家维护。

2018 年 4 月初，当事人从总部得知其代理的外卖平台在海盐地区的市场占有率有所下降，从 2 月的 62.83% 下降至 3 月的 61.66%。当事人调查发现，部分签约其代理外卖平台的商家同时上线"闪电小哥"平台。当事人于 4 月上旬起通过下属业务员，以电话、微信等方式通知同时上线两个平台的商家，要求其关闭或停止在"闪电

小哥"平台上的经营,否则将暂停相关商家在当事人代理的外卖平台的经营。随后大部分商家关闭或暂时停止在"闪电小哥"平台上的经营。

因无正当理由直接关停签约商户服务无法通过总部审批,自4月11日起,当事人对不愿关闭或停止在"闪电小哥"平台上经营的部分商家,通过使用后台管理软件修改后台数据的方式,缩小相关商家在当事人代理的外卖平台上的配送范围,将原本正常半径为2.5公里至3公里的配送范围缩小到0.2公里至1.5公里,迫使商家关闭或暂时停止在"闪电小哥"平台上的经营,之后才予以恢复。在此期间,相关商家在当事人代理外卖平台上的接单量显著下降,上线或使用"闪电小哥"平台商家的数量明显减少。

海盐县市场监管局认为,当事人为维持其市场占有率,采用修改商家配送范围等不当技术手段,强迫其平台商家关闭或停止在"闪电小哥"平台经营的行为,违反了《反不正当竞争法》第十二条第二款第二项的规定,属不正当竞争行为。该局根据《反不正当竞争法》第二十四条之规定,对当事人作出罚款20万元的行政处罚。

2. 某(中国)有限公司利用网络技术手段妨碍竞争案
(国家市场监督管理总局)

2020年8月至12月,当事人为获取竞争优势及交易机会,开发并使用巡检系统,获取同时在本公司和其他公司上架销售的品牌经营者信息,利用供应商平台系统、智能化组网引擎、运营中台等提供的技术手段,通过影响用户选择及限流、屏蔽、商品下架等方式,减少品牌经营者的消费注意、流量和交易机会,限制品牌经者的销售渠道,妨碍、破坏了品牌经营者及其他经营者合法提供的网络产品和服务正常运行,违背了自愿、平等、公平、诚信原则,扰乱了公平竞争市场秩序。

国家市场监督管理总局认为,当事人的上述行为违反了《反不正当竞争法》第十二条第二款第四项的规定。因此,依据《反不正当竞争法》第二十四条之规定,对当事人作出罚款人民币300万元的行政处罚。

二、网络领域不正当竞争行为民事案例

1. 微信新功能"植入"——深圳某软件开发有限公司、某(深圳)联合发展有限公司、侯某与某(深圳)有限公司、深圳市某计算机系统有限公司不正当竞争纠纷案

[广东省高级人民法院(2019)粤民终2093号]

本案二审法院认为,互联网经营者的行为是否构成《反不正当竞争法》第十二条第二款第四项规定的"其他"不正当竞争行为,可从几方面进行分析:(1)经营者是否利用网络从事生产经营活动,与其他经营者存在竞争关系;(2)经营者是否利用了技术手段,通过影响用户选择或者其他方式,实施了妨碍、破坏其他经营者合法提供的网络产品或者服务正常运行的行为;(3)该行为是否扰乱了市场竞争秩序,损害其他经营者或者消费者的合法权益;(4)经营者是否有违自愿、平等、公平、诚信原则以及商业道德。

本案中,被诉不正当竞争行为包括上诉人深圳某软件开发有限公司等提供某软件下载并进行宣传、推广、运营等。微信用户安装某软件后,原微信软件被"植入"新功能,包括"暴力加粉"(向设

置距离范围内附近运行微信的人群同时批量发送招呼信息)、"微信群好友一键添加"(同时批量向百人大群里的微信用户发送添加验证消息)、"朋友圈一键点赞和评论"(对所有朋友圈发布内容进行一键式点赞和一键式评论)、"朋友圈内容一键转发""通讯录好友群发"等。

上诉人实施的行为具有不正当性和可责性,体现在以下几方面:

一是,其他经营者的合法权益受到侵害。某软件强行改变并增加功能,其高频次、大范围、自动发送、与不特定用户人群交互信息的功能特征,干扰了微信软件的使用和运行,甚至与正版软件的功能存在直接冲突,其后果很可能是用户体验下降、使用率降低、评价降低、用户流失等,微信的市场知名度和美誉度将因此遭受影响。除了破坏微信的社交生态环境外,某软件还会引发服务器过载、信息内容不安全等风险,对信息系统和数据安全产生不良影响。以上,对被上诉人某(深圳)有限公司等的商业模式、市场利益、竞争利益都造成了损害。

二是,消费者的合法权益受到损害。正常使用微信的用户可能遭受陌生信息骚扰,或受到频繁干扰,这不仅会降低微信用户体验,更可能埋藏安全隐患。

三是,被诉行为扰乱了公平竞争的市场秩序。某软件是专门针对微信软件开发的,其"植入"功能的方式是以破解为技术手段的强行修改,未征得同意;某软件增加功能后的微信,可用于频繁地向正常运行的微信用户发送和交互信息,构成网络干扰;前述行为瞄准的正是微信已经积累下来的既有用户数量、市场份额、知名度等,被诉行为实质上是通过技术手段"搭便车",是对其他经营者商业机会和竞争优势的窃夺，是对竞争机制的破坏，扰乱了市场秩序。

四是，被诉行为有违诚信和商业伦理。上诉人不具善意，既没有尊重他人合法权益，也没有尊重消费者利益和社会公共利益，违背诚信和商业道德。

本案一审法院依照《中华人民共和国反不正当竞争法》第十二条第一款、第二款第四项等规定，判决上诉人立即停止侵害被上诉人合法权益的不正当竞争行为；上诉人刊登致歉声明，消除影响；上诉人共同连带赔偿被上诉人经济损失及必要合理维权费用人民币500万元。本案二审法院终审判决：驳回上诉，维持原判。

2. 关键词隐性使用——某公司与某公司不正当竞争纠纷案

[上海市浦东新区人民法院（2020）沪0115民初3814号]

本案中，原告是一家主营VR全景制作及加盟服务的科技公司，被告是一家主营业务为VR全景、VR全景视频拍摄的公司。原告发现在丙公司搜索引擎的PC端和手机端搜索原告企业名称时，搜索页面的最后一个链接条目会出现被告的相关推广内容。

浦东法院经审理认为，关键词隐性使用是否构成不正当竞争，可遵循以下路径加以判别：首先，是否存在混淆、虚假宣传等《反不正当竞争法》明确列举的不正当竞争行为；其次，该行为是否损害了经营者、消费者的合法权益，是否扰乱了正常的市场竞争秩序；最后，该行为是否违反诚信原则和商业道德而具有不正当性和可责性。

本案中，虽然被告将原告的URL设置为搜索关键词，但原告官方网站依旧出现在搜索结果的首位。这种无需支付费用的"显示"已经保证了商业标识专用权人的网址对于消费者的可见性，原告的合法权益未因此而受到损害。从消费者利益角度来看，若允许选用他人商标、企业名称、域名等商业标识作为关键词，则能够帮助消费者获得更多的信息和选择的机会，降低其搜索成本。关键词隐性使用未剥夺消费者信息选择权。被告推广链接的内容本身无原告任何信息且对自身商品来源及相关信息作了清晰的描述，相关公众依其认知能力完全能够识别二者之间的不同，该种关键词的隐性使用未扰乱正常的市场秩序。

通过使用他人商业标识作为关键词，使用人能够借助搜索引擎的服务实时地捕捉到哪些互联网用户在对竞争对手的商品或服务感兴趣，当这些消费者出现时，搜索引擎会即时地将使用人的网址链接呈现在这部分消费者面前。所以，在付费搜索广告服务提供商与广告商之间形成一种信息的交换，这是一种以"竞争对手的目标消费者群体的信息"为客体的交易，是一种帮助广告商定位到竞争对手的目标消费者群体的服务。这种关键词选用行为本身，是一种市场竞争的手段。在开放的竞争环境下，隐性关键词的使用方式符合现代销售和合法竞争的精神，该竞争行为并不违反诚信原则和公认的商业道德。

综上，关键词隐性使用未破坏原告商业标识对于消费者的可见性，不会导致相关公众的混淆，未扰乱正常的市场竞争秩序，亦不违反诚信原则和公认的商业道德，不构成不正当竞争。浦东法院遂驳回原告的全部诉讼请求。

3. 利用手机 App 唤醒策略实施流量劫持行为——浙江某网络有限公司等诉北京某信息科技有限公司不正当竞争纠纷案

[浙江省杭州市中级人民法院（2020）浙 01 民终 8743 号]

本案一审法院认为，被告通过自定义唤醒协议的技术手段，在无正当理由的情况下将用户选择淘宝 App 的应用目标自动导引至其所经营的某 App，且用户只能选择打开某 App 或取消。此种应用目标间跳转，就用户而言具有迫使其放弃原定应用目标选择的强制性，就淘宝 App 而言因此丧失了平等接受消费者选择的可能。被告的被诉行为，违背了诚信原则和商业道德，具有不正当性。

首先，被告的被诉行为剥夺了用户对于网络服务提供者应有的选择权。本案中，在用户安装了某 App 后，用户在其他应用软件想要打开淘宝 App 时则被禁止，只能选择打开某 App 或取消，此种跳转冲突现象未尊重用户知情权，导致 IOS 系统手机淘宝应用软件不能平等地接受用户的选择，从而使软件权利人丧失了相应的交易机会。涉案两应用软件之间的上述跳转冲突现象违背了用户的知情权和自由选择权，且妨碍、破坏了原告合法提供的网络产品的正常运行，损害了其正当的商业利益，已超出合理范畴，具有不正当性。

其次，被告的被诉行为易造成用户对应用软件服务来源的混淆。经营者在市场交易中，应当遵循自愿、平等、公平、诚信原则，遵守公认的商业道德。作为新兴行业的互联网行业发展速度很快，从业者应尊重其他经营者的合法权益。本案中，两原告享有对"taobao"商标和"taobao"域名的经营利益，"taobao"作为淘宝 App 公认的协议名称，具有较高的知名度和识别性，在公众中能形成指代淘宝应用软件的稳定联系。被告在经营活动中对他人使用在先并具有较高知名度的通用协议名称应予以避让，以免造成混淆、误认的后果。被告使用他人具有公知性的协议名称，主观上具有过错，违背了诚信原则和公认的商业道德，其行为具有不正当性。

本案一审法院判决：被告立即停止实施涉案不正当竞争行为，赔偿原告经济损失 50 万元并刊登声明消除影响。本案二审法院终审判决：驳回上诉，维持原判。

4. VIP 账号分时出租——某公司与某公司等不正当竞争纠纷案

[北京知识产权法院（2019）京 73 民终 3263 号]

本案中，被告某公司等在某 App 中通过技术手段将爱奇艺 VIP 账号非法分时出租，使其用户无需向原告某公司付费即可获得爱奇艺 VIP 视频服务。

本案一审法院认为，被告通过分时出租 VIP 账号而实际提供爱奇艺 VIP 视频内容系对原告重要经营资源的恶意搭便车，被告通过被诉行为获利且在原告发送侵权通知后通过改版等形式使其行为更具有隐蔽性，具有主观恶意。同时，被告利用云流化技术对其云端产品中的爱奇艺 App 界面进行限制的行为，使原告的潜在用户产生误认并影响其对爱奇艺 App 的使用体验。被告的行为构成不正当竞争。

本案一审法院判决：被告消除影响并连带赔偿原告经济损失及合理开支共计 300 万元。本案二审法院终审判决：驳回上诉，维持原判。

5. 网络抢购服务——上海某股份有限公司、上海某互联网金融信息服务有限公司与西安某软件科技有限公司其他不正当竞争纠纷案

[上海市浦东新区人民法院（2019）沪 0115 民初 11133 号]

浦东法院经审理认为，在网络抢购服务不属于《反不正当竞争法》互联网专条明确列明的行为类型从而适用该条的兜底条款时，除应考量其对抢购服务目标平台及用户是否造成损害外，还应审查其是否具有不正当性。

被告西安某软件科技有限公司通过运营软件提供抢购服务的行

为,给原告上海某股份有限公司、上海某互联网金融信息服务有限公司造成严重的损害后果。一是平台流量利益的减损。抢购服务导致用户对原告平台的访问频度下降,客观上减少了原告其他金融产品的展示机会。二是用户潜在交易机会的剥夺。抢购服务改变了债权转让产品在原告平台用户间的收益分配,造成了大量用户机会利益的减损。三是平台营商环境的破坏。抢购服务将冲击原告平台最为依赖的投资者信心,导致用户黏性降低、投资者与资本流向其他投资渠道。

同时,涉案抢购服务行为明显具有不正当性。一方面,抢购服务对原告平台规则的颠覆破坏了产品抢购的公平基础。抢购成功率整体上向使用抢购服务的用户严重倾斜,用户间公平竞争的基础丧失殆尽。另一方面,涉案抢购服务刻意规避原告的监管机制,反映了被告对该行为所持的主观故意。

因此,被告提供的抢购服务利用技术手段,通过为原告平台用户提供不正当抢购优势的方式,妨碍原告债权转让产品抢购业务的正常开展,对原告及平台用户的整体利益造成了损害,不正当地破坏了原告平台公平竞争的营商环境,构成不正当竞争。

浦东法院判令:被告停止涉案不正当竞争行为、公开消除影响,并赔偿原告经济损失及合理开支共计人民币50万元。

6. 网络"刷量"——北京某科技有限公司与随州市某网络科技有限公司、上海某信息技术有限公司不正当竞争纠纷案

[江苏省高级人民法院(2019)苏民终778号]

本案一审法院认为,被告一随州市某网络科技有限公司作为独立行为主体参与市场活动,收取费用为他人实施点播等网络访问。原告北京某科技有限公司根据其网站视频访问数据确定版权费投

入、广告投放等经营策略。被告一制造的流量亦是关系原告正常经营的利益指标,故双方之间存在市场竞争利益层面交叉重合,涉案"刷量"行为应适用《反不正当竞争法》判断。

原告视频访问数据具有可观的商业价值,具有保护必要性和正当性。被告一利用技术手段对原告网站视频"刷量",反复、机械制造视频点播量,但并不反映正常观看视频的实际需求,纯粹追求点击数值上升,其实质是以数据造假获取经济利益,虚增视频受青睐度,使得部分案外人因视频热播攫取额外不当利益,明显违反诚信原则,且妨碍原告运营数据采集,误导原告经营判断,甚至导致原告支出本无需支付的版权费,有悖公认的商业道德,应当认定为"其他妨碍、破坏其他经营者合法提供的网络产品或服务正常运行的行为",构成不正当竞争并应承担民事责任。

被告二上海某信息技术有限公司提供IaaS服务,向用户提供虚拟计算机、存储、网络等计算资源,提供访问云计算基础设施的服务接口。其对用户利用云基础设施开设的网站和网络应用中存储的具体信息无法直接控制,仅有技术能力对服务器整体关停或空间释放。对于提供IaaS服务的云计算服务商而言,一方面确定其注意义务时不能过于严苛,不能采用与提供信息存储空间或者提供搜索、链接服务的网络服务提供者相同的标准;另一方面,应结合云计算服务商的服务性质、个案情形及客观技术条件等因素,对权利人是否发出合格通知及云计算服务商收到通知后是否采取必要措施进行查明认定,并确定其法律责任。

本案中,原告未提交证据证明被告二存在明知或应知情形。原告通知中的侵权信息要素不够清晰、不够完整,难以归入合格通知范畴。且被告二在原告发送通知邮件之前,鉴于双方技术人员之间存在沟通，已将涉案域名予以冻结处理，故被告二并不存在过错，不应承担侵权连带责任。

本案一审法院判决：一、被告一立即停止涉案视频刷量的不正当竞争行为；二、被告一赔偿原告经济损失共计900000元；三、被告一刊登声明以消除涉案不正当竞争行为对原告造成的影响。本案二审法院终审判决：驳回上诉，维持原判。

第四节 不正当竞争领域主要法律合规义务

第一小节 商业贿赂方面主要合规义务

法律依据	合规义务内容
《反不正当竞争法》第七条第一款	不得采用财物或者其他手段贿赂三类商业贿赂对象，以谋取交易机会或者竞争优势
《反不正当竞争法》第七条第二款	应以明示方式向交易相对方支付折扣，或者向中间人支付佣金。支付折扣、佣金的经营者以及接受折扣、佣金的经营者均应如实入账

第二小节 混淆行为方面主要合规义务

法律依据	合规义务内容
《反不正当竞争法》第六条第一项	不得擅自使用与他人有一定影响的商品名称、包装、装潢等相同或者近似的标识，引人误认为是他人商品或者与他人存在特定联系

续表

法律依据	合规义务内容
《反不正当竞争法》第六条第二项	不得擅自使用他人有一定影响的企业名称、社会组织名称、姓名，引人误认为是他人商品或者与他人存在特定联系
《反不正当竞争法》第六条第三项	不得擅自使用他人有一定影响的域名主体部分、网站名称、网页等，引人误认为是他人商品或者与他人存在特定联系
《反不正当竞争法》第六条第四项	不得实施其他足以引人误认为是他人商品或者与他人存在特定联系的混淆行为

第三小节 虚假宣传方面主要合规义务

法律依据	合规义务内容
《反不正当竞争法》第八条第一款	不得对其商品的性能、功能、质量、销售状况、用户评价、曾获荣誉等作虚假或者引人误解的商业宣传，欺骗、误导消费者
《反不正当竞争法》第八条第二款	不得通过组织虚假交易等方式，帮助其他经营者进行虚假或者引人误解的商业宣传

第四小节 网络领域不正当竞争行为主要合规义务

法律依据	合规义务内容
《反不正当竞争法》第十二条第二款第一项	不得利用技术手段，未经其他经营者同意，在其合法提供的网络产品或者服务中，插入链接、强制进行目标跳转
《反不正当竞争法》第十二条第二款第二项	不得利用技术手段，误导、欺骗、强迫用户修改、关闭、卸载其他经营者合法提供的网络产品或者服务
《反不正当竞争法》第十二条第二款第三项	不得利用技术手段，恶意对其他经营者合法提供的网络产品或者服务实施不兼容

续表

法律依据	合规义务内容
《反不正当竞争法》第十二条第二款第三项	不得利用技术手段,通过影响用户选择或者其他方式,实施其他妨碍、破坏其他经营者合法提供的网络产品或者服务正常运行的行为

第五节 不正当竞争领域主要法律风险、合规风险及应对措施

本节主要对各类不正当竞争行为领域的主要法律风险、合规风险及应对措施进行概括列举,更为具体的法律合规指引请见本章第六节。

第一小节 商业贿赂主要法律风险、合规风险及应对措施概述

法律风险、合规风险名称	应对措施概述
违反支付折扣的要求	以明示方式支付折扣; 折扣支付按会计准则规定如实入账; 准确识别交易相对方,向交易相对方支付折扣; 避免向交易相对方的工作人员个人进行支付或给予利益
违反支付佣金的要求	以明示方式支付佣金; 佣金支付按会计准则规定如实入账; 准确识别中间人,向具有合法经营资格的中间人支付佣金; 佣金支付的数额应与中间人提供的服务相适应
业务招待过程中违反商业贿赂规定	避免为三类商业贿赂对象报销过高的餐饮、住宿费用,或与业务活动无关的费用

续表

法律风险、合规风险名称	应对措施概述
赠送礼品过程中违反商业贿赂规定	避免向三类商业贿赂对象赠送现金、购物卡等礼品
举办会议、讲座过程中违反商业贿赂规定	慎重邀请与客户具有特殊关系、足以影响客户采购选择的人士对客户进行授课
投放设备过程中违反商业贿赂规定	避免通过免费投放设备的方式，实现设备耗材或相关产品的捆绑销售
给付其他各种名目的经济利益过程中违反商业贿赂规定	向三类商业贿赂对象给付的经济利益应合法且具有商业实质；接受方应支付合理对价

第二小节 混淆行为主要法律风险、合规风险及应对措施概述

法律风险、合规风险名称	应对措施概述
擅自使用他人有一定影响的商业标识、主体标识、用于网络活动的特殊标识	在商品或服务的命名及介绍、商品包装设计、新媒体推广等领域加强合规审核，避免侵犯他人有一定影响的标识

第三小节 虚假宣传主要法律风险、合规风险及应对措施概述

法律风险与合规风险名称	应对措施概述
商品演示说明、宣传推广等活动中使用的文字、话术涉嫌虚假宣传	在发布或修改相应内容前进行事先审核，判断内容是否有充分依据，用语是否有歧义等，并及时进行整改
企业官方网站、宣传资料中使用的表述涉嫌虚假宣传	在发布或修改相应内容前进行事先审核、及时整改，并保留相关证明材料

第四小节 网络领域不正当竞争行为

法律风险与合规风险名称	应对措施概述
进行数据爬取时涉嫌侵犯其他经营者权益	事先审核是否侵犯用户的个人数据权益或其他第三方权益
对其他网络经营者的产品或服务实施不兼容时涉嫌侵权	事先审核是否具有正当合理理由,并事先收集好充分的证据
开发基于或利用其他网络经营者产品或服务的本企业网络产品或服务时涉嫌侵权	事先审核是否符合商业惯例,是否可能影响被利用网络产品或服务的生态、流量或用户体验等

第六节 不正当竞争领域法律合规指引

第一小节 商业贿赂法律合规指引

商业贿赂法律合规指引包括行为指引及制度建设指引。前者针对法律风险与合规风险较高的领域,指出经营者允许作出的行为(作为清单)以及应避免作出的行为(不作为/负面清单);后者提出为降低法律风险与合规风险而建议经营者进行的内部规章制度建设要求。本小节分别在第一部分和第二部分对商业贿赂法律合规的行为指引及制度建设指引进行阐述。

第一部分　商业贿赂法律合规行为指引

一、支付折扣

折扣是指经营者在销售商品时，以明示并如实入账的方式给予交易相对方的价格优惠，包括支付价款时对价款总额按一定比例即时予以扣除和支付价款总额后再按一定比例予以退还两种形式。

在支付折扣方面允许作出的行为包括：

1. 以明示方式支付折扣，在与交易相对方的合同中明确约定折扣的支付条件和支付标准，并按此条件和标准支付；

2. 通过本企业对公账户向交易相对方的对公账户支付折扣；

3. 折扣支付如实入账，根据折扣的性质并按照会计准则规定，取得交易相对方开具的财务凭证（如适用）并作出相应的会计处理，会计账目与记账凭证保持一致；

4. 通过合同约定等方式，要求交易相对方按照会计准则将接受的折扣如实入账；

5. 对整项交易涉及的所有主体及法律关系进行全面分析，识别出实际承担交易法律后果的主体，直接向该主体支付折扣。

在支付折扣方面应避免作出的行为包括：

1. 避免在与交易相对方合同条款中约定的折扣以外，暗中另行支付折扣或类似名目的费用；

2. 避免向三类商业贿赂对象支付折扣或类似名目的费用；

3. 避免向交易相对方工作人员的个人账户支付折扣；

4. 避免为交易相对方工作人员创造条件或实施帮助行为，使其能将向交易相对方支付的折扣用于个人用途或留归个人使用；

5. 避免使用本企业员工或其他人员的个人账户支付折扣；

6. 尽量避免使用现金支付折扣；

7. 避免使用餐饮、交通、文印费等不相关的发票进行冲抵入账，导致会计账目与记账凭证不一致；

8. 如直接进行交易磋商或签订合同的交易对方是受实际承担交易法律后果的主体委托办理相应交易事项的，则该受委托方很可能属于受交易相对方委托办理相关事务的单位或者个人，应避免直接向其支付折扣或类似名目的费用；

9. 避免向能够实质影响最终用户选择商品或服务的决策的下游经销商或零售商支付折扣。

二、支付佣金

佣金指经营者在市场交易中给予为其提供服务的具有合法经营资格的中间人的劳务报酬。

在支付佣金方面允许作出的行为包括：

1. 以明示方式支付佣金，在与中间人的合同中明确约定佣金的支付条件和支付标准，并按此条件和标准支付佣金；

2. 在与中间人的合同中明确约定中间人的服务范围，尽量限于报告订立合同的机会或者提供订立合同的媒介服务等中介合同的一般服务范围；

3. 向具有中介、经纪等服务类别的合法经营资格的中间人支付佣金；

4. 通过本企业对公账户向中间人的对公账户支付佣金；

5. 佣金支付如实入账，按照会计准则计入相应会计科目，并取得中间人开具的财务凭证，会计账目与记账凭证保持一致；

6. 通过合同约定等方式，要求中间人按照会计准则将接受的佣金如实入账；

7. 对整项交易涉及的所有主体及法律关系进行全面分析，合理区分中间人与受交易相对方委托办理相关事务的单位或者个人。

在支付佣金方面应避免作出的行为包括：

1. 避免在与中间人合同条款约定的佣金以外，暗中另行支付佣金或类似名目的费用；

2. 避免向三类商业贿赂对象支付佣金或类似名目的费用；

3. 避免向不具有中介、经纪等服务类别的合法经营资格的中间人支付佣金或类似名目的费用；

4. 避免在与交易相对方直接接洽磋商后，自行或在交易相对方的要求下向某第三方支付佣金或类似费用；

5. 避免使用本企业员工或其他人员的个人账户支付佣金；

6. 尽量避免使用现金支付佣金；

7. 避免使用餐饮、交通、文印费等不相关的发票进行冲抵入账，导致会计账目与记账凭证不一致；

8. 避免向中间人支付与其提供的服务不相适应，不具有商业实质的过高的佣金；

9. 避免在与中间人的合同中，对服务范围的约定超出一般中介服务的范围；

10. 避免将受交易相对方委托办理相关事务的单位或者个人、利用职权或者影响力影响交易的单位或者个人误认为中间人，而直接向其支付佣金或类似名目的费用。

三、业务招待

在业务招待方面允许作出的行为包括：

1. 提供符合法律规定以及一般商业惯例的招待；

2. 对国家工作人员按照党和国家相关文件规定的标准进行招待。

在业务招待方面应避免作出的行为包括：

1. 避免为三类商业贿赂对象报销过高的餐饮、住宿费用；

2. 避免向三类商业贿赂对象提供与业务活动无关的非必要招待，避免报销与业务活动无关的费用，如景点门票、导游服务费、休闲娱乐费用、用途不明的杂费等。

四、赠送礼品

在赠送礼品方面允许作出的行为包括：

按照商业惯例向交易相对方赠送小额广告礼品。

在赠送礼品方面应避免作出的行为包括：

1. 避免向三类商业贿赂对象赠送现金、烟酒、食品、购物卡等礼品；

2. 避免为三类商业贿赂对象报销机票或旅游费用。

五、举办会议、讲座

在举办会议、讲座方面允许作出的行为包括：

1. 举办的会议、讲座如面向本企业的现有或潜在客户，可邀请与客户不具有特殊服务关系，不足以影响客户采购选择的人士进行授课；

2. 邀请国家工作人员参加公益活动、政策宣贯讲课等活动。

在举办会议、讲座方面应避免作出的行为包括：

1. 举办的会议、讲座如面向本企业的现有或潜在客户，则尽量避免在客户采购期等敏感时期举办；

2. 举办的会议、讲座如面向本企业的现有或潜在客户，尽量避免邀请与客户具有特殊服务关系，足以影响客户采购选择的关键人士进行授课；如确已邀请前述关键人士进行授课，应避免由本企业向其支付授课费，并且避免要求在授课讲义中植入本企业产品的宣传内容；

3. 避免邀请属于党员领导干部的国家机关工作人员出席各类剪彩、奠基活动或者庆祝会、表彰会、博览会、研讨会及各类论坛。

六、投放设备

在投放设备方面允许作出的行为包括：

以公平、合理的价格向利用职权或者影响力影响交易的单位或者个人或受交易相对方委托办理相关事务的单位或者个人投放设备。

在投放设备方面应避免作出的行为包括：

避免以免费或不合理低价向利用职权或者影响力影响交易的单位或者个人或受交易相对方委托办理相关事务的单位或者个人投放设备，从而获得捆绑销售其他商品的机会。

七、给付其他各种名目的经济利益

实践中，此类经济利益的给付可被冠以各种名目，包括赞助费、消毒费、服务费等，但不论名目如何，均应透过表面分析该类经济利益给付的实质，包括给付的目的、给付的理由和依据等，具体如下：

在给付其他经济利益方面允许作出的行为包括：

1. 向三类商业贿赂对象支付的费用或给予的经济利益合法且具有商业实质，不以为本企业谋取交易机会或者竞争优势为目的，与给付对象提供的工作价值相适应，可以给出合理的给付理由和依据；

2. 向三类商业贿赂对象支付的费用或给予的经济利益如实入账，按照会计准则计入相应会计科目，并取得给付对象开具的财务凭证，会计账目与记账凭证保持一致。

在给付其他经济利益方面应避免作出的行为包括：

1. 避免为本企业谋取交易机会或者竞争优势而向三类商业贿赂对象给付任何费用或经济利益；

2. 避免三类商业贿赂对象未实际提供商品或服务而仍向其支付费用或给予经济利益，或支付的费用或给予的经济利益不合理地高于三类商业贿赂对象提供的商品或服务的价值；

3. 避免使用餐饮、交通、文印费等不相关的发票进行冲抵入账，导致会计账目与记账凭证不一致；

4. 如下游经销商、零售商能够实质影响最终用户选择商品或服务的决策，则应避免以向下游经销商、零售商支付费用或给予经济利益作为对价，要求下游经销商、零售商优先推荐本企业的商品或服务。

八、反腐倡廉、遵守八项规定

如与党政机关或其工作人员进行商业交易，应注意反腐倡廉，遵守"中共中央政治局关于改进工作作风、密切联系群众的八项规定"。

第二部分 反商业贿赂法律合规制度建设指引

一、管理层承诺

1. 高级管理人员应作出反商业贿赂合规承诺，明确表示在企业内部培育反商业贿赂文化，严格禁止任何工作人员进行任何形式的商业贿赂，确保反商业贿赂合规负责部门拥有自主权并可获得所需要的资源。承诺本人不会进行或指使他人进行商业贿赂，如存在任何商业贿赂违法违规行为，均为本人个人行为，与企业无关。

2. 高级管理人员通过自身行动示范、对商业贿赂行为的及时处置等做出表率，营造反商业贿赂文化。

二、合规政策规范

1. 应制定明确、全面、细致的反商业贿赂合规政策规范；

2. 从横向角度看，合规政策规范应全面覆盖所有涉及商业贿赂风险的业务领域，包括但不限于行为指引部分涉及的支付折扣、支付佣金、业务招待、赠送礼品等，可针对每一业务领域制定单项合规政策规范；

3. 从纵向角度看，合规政策规范应全面覆盖反商业贿赂合规管理的各项流程，包括但不限于本部分涉及的管理层承诺、部门及人员设置、员工承诺及奖惩机制、风险识别与评估、内部控制、风险处置等流程；

4. 合规政策规范应作为企业规章制度的一部分，按照法定程序制定，并向所有员工及代理人等第三方公示；

5. 合规政策规范应根据法律法规、执法实践的变化，以及企业商业贿赂风险状况的变化及时更新；

6. 对合规政策规范的执行情况应定期开展评估，并根据发现的问题和实际需求及时进行修改。

三、部门及人员设置

1. 明确分配各部门的反商业贿赂职责，如销售或采购等业务部门对自身业务活动或签订的合同进行初步核查，法律或合规部门对合同或业务活动流程进行法律风险核查，财务部门在费用报销等环节进行风险核查，内部审计部门在内部审计环节进行风险核查等；

2. 就具有反商业贿赂合规职责的部门，确定反商业贿赂合规的具体负责人员；

3. 应确保具有反商业贿赂合规职责的部门和人员获得履行职责所需的充分授权和资源。负责人员应有权直接向高级管理层汇报反商业贿赂合规工作情况。

四、员工承诺及奖惩机制

1. 由每位员工签署合规承诺函，承诺其已认真学习企业的反商业贿赂政策规范，并承诺遵守该规范，不会进行商业贿赂，如存在任何商业贿赂违法违规行为，均为员工个人行为，与企业无关；

2. 在员工手册或相关规章制度中明确反商业贿赂合规的奖惩机制；就存在较高商业贿赂风险的员工，如销售、采购等业务人员，对其商业贿赂行为设置较为严厉的处罚措施；

3. 就存在较高商业贿赂风险的员工，对其营销方式、薪酬制度、升迁规则等规章制度应进行合理设计，避免上述规章制度暗含鼓励或放任该类员工进行商业贿赂的内容，或通过给予利益、施加压力等方式促使该类员工倾向于进行商业贿赂。

五、风险识别与评估

1. 一切商业合同、交易或活动安排均应在签署或实际实施前，由反商业贿赂合规负责部门对其商业贿赂风险进行审查；

2. 对支付折扣、支付佣金、业务招待、赠送礼品等高风险领域的商业贿赂风险进行重点审查，必要时可请外部专家协助核查；

3. 对结构复杂、对价不明确的交易进行重点审查，如涉及代理人、中间人等多个主体或环节，交易对价不明确或显著高于对方提供的商品或服务的价值，要求交易相对方优先推荐本企业商品等方面的交易，必要时可请外部专家协助核查；

4. 对代理人、中间人等外部机构定期进行商业贿赂风险核查；

5. 通过文件审阅、账目审阅、访谈等合法方式调查收集证据；

6. 根据风险的来源、发生的可能性以及后果的严重性等，对商业贿赂风险进行评估、分级，并根据风险的大小设置不同的处理方式和流程。

六、内部控制

1. 针对商业贿赂风险，应设计有针对性的内部控制体系，全面涵盖涉及商业贿赂风险的业务领域，包括费用支付与报销审批、业务招待审批、礼品赠送审批等；

2. 应通过内部控制提升会计信息的真实性和准确性，确保所有财务交易真实、准确计入会计账簿，避免出现账外交易和账外资产；

3. 对支付折扣、支付佣金、现金交易、大额礼品或业务招待费用报销、不具有明确商业实质的费用报销等高风险业务领域专门设置内部控制；

4. 确保与商业贿赂相关的内部控制按照设计持续运行、执行人员拥有有效执行控制所需的授权和专业胜任能力。

七、审计

1. 如设立内部审计部门，应在内部审计中对涉及商业贿赂风险的内部控制进行审计，并对发现的内部控制缺陷进行整改；

2. 如有条件，应聘请外部注册会计师对企业进行反商业贿赂专项审计或内部控制审计。

八、投诉举报制度

1. 设置明确的商业贿赂投诉举报途径，并向全体员工以及代理人、客户等第三方公示。承诺为投诉举报者保密，并且不会对善意投诉举报者采取处罚或报复措施；

2. 确定明确的商业贿赂投诉举报处理部门，对通过投诉举报发现的商业贿赂违法违规线索及时进行调查和处理。

九、风险处置

1. 如通过风险识别评估、审计或投诉举报等途径发现商业贿赂法律风险与合规风险，应根据风险大小，由反商业贿赂合规负责部门及时采取相应的处理措施；

2. 如商业合同、交易或活动安排在签署或实际实施前发现商业贿赂风险，应及时根据风险大小，对合同条款、交易或活动安排进行相应调整；

3. 如发现已实施或正在实施的商业贿赂行为，应立即加以制止、拒绝承认该行为代表本企业的意志，并根据风险大小采取措施减轻或消除不利后果，必要时考虑向监管部门报告；

4. 对于员工涉嫌商业贿赂的行为，需收集该行为与为企业谋取交易机会或者竞争优势无关，属于员工个人行为的相关证据；

5. 对于查实进行商业贿赂的员工，应及时按照规章制度要求采取惩处措施；

6. 针对应对监管机构的调查，应制订应急预案，明确应对方式和应对人员。

十、培训制度

1. 对企业的管理人员、负责销售或采购的业务人员、履行反商业贿赂合规职责的人员、其他存在较高商业贿赂风险的员工定期开展培训；

2. 对代理人等第三方主体就企业反商业贿赂合规政策规范及相关问题进行培训；

3. 定期通过试题测试等方式对培训效果展开评估。

十一、代理人管理

1. 在与代理人确立代理关系前，对其进行尽职调查；

2. 对与代理人签订的合同进行事先审核，对其中具有商业贿赂风险的条款或安排进行调整，同时在合同中约定企业有权检查代理人的相关会计账簿；

3. 要求代理人签署合规承诺函，明确承诺其在代理过程中遵守法律法规及本企业反商业贿赂合规政策规范，不从事任何商业贿赂行为，如存在任何商业贿赂违法违规行为，均为代理人自身行为，与本企业无关；

4. 如后续发现代理人涉嫌进行商业贿赂，应立即要求其停止相应行为，并视情况采取解除代理关系、向监管机构报告等措施。

第二小节　混淆行为法律合规指引

针对《反不正当竞争法》规制的混淆行为，一方面，企业要做好自身有一定影响的商业标识、主体标识、用于网络活动的特殊标识的保护，维护自身权益及品牌形象，净化市场；另一方面，也要恪守相关法律法规，避免擅自使用他人有一定影响的商业标识、主体标识、用于网络活动的特殊标识，导致承担法律责任、影响自身商誉。

1. 就企业自身有一定影响的商业标识、主体标识、用于网络活动的特殊标识的保护而言，除做好日常的标识规范使用及检测外，若发现自身标识受到仿冒等侵害的，应当在做好标识侵害证据保全的前提下，及时采取维权措施，如采取发送律师函、向行政主管部门投诉、提起民事侵权诉讼等措施。

2. 就避免擅自使用他人有一定影响的商业标识、主体标识、用于网络活动的特殊标识而言，针对自身商品或服务的开发设计、命名、宣传推广等业务活动，应避免在广告语的使用、商品或服务的命名及介绍、商品包装设计，以及企业微博、微信公众号、企业官网等新媒体推广中侵犯他人有一定影响的商业标识、主体标识、用于网络活动的特殊标识。

3.企业应当构建符合自身需求的商业标识、主体标识、用于网络活动的特殊标识的管理和保护体系,如建立完善的标识管理制度、标识保护制度、标识规范使用审查制度等。对于存在较高混淆行为风险的业务领域,如商品或服务命名、商品包装设计、商品装潢设计等,建议设置专门的风险识别、评估、处置机制,尽早发现并处置相关风险,避免后续遭受更大的损失。另外也要培养员工对商业标识、主体标识、用于网络活动的特殊标识的认知及保护意识,构建良好的企业文化。

第三小节 虚假宣传法律合规指引

针对虚假宣传行为,需要恪守相关法律法规及所在行业的特殊规范,尤其应在各种宣传、推广的场合做到诚信和合规经营,避免作出虚假或引人误解的宣传。具体而言,包括:

1.对于在实体店铺以及电子商务领域进行的商品演示说明、宣传推广等活动中使用的文字、话术、商品简介、经营者简介等内容,在发布或修改前应进行事先审核,判断宣传的内容是否有充分依据,宣传的用语是否含糊或有歧义等,并根据发现的风险及时进行调整、整改。

2.在电子商务领域,避免通过虚假交易等方式虚构成交量、交易额、用户评价等信息。

3.对于企业官方网站、宣传资料中对企业自身或其商品、服务、人员等的介绍内容,在发布或修改前应进行事先审核,识别和评估其中涉及的虚假宣传风险,并根据发现的风险及时对相应内容进行调整。

4.对于在上门推销、召开推广会等情形下使用的文案、话术等内容,应在使用前进行事先审核,识别和评估其中涉及的虚假宣传风险,并根据发现的风险及时对相应内容进行调整。

5.应向相关销售、运营人员提供与虚假宣传风险相关的必要培训、资料。

第四小节　网络领域不正当竞争行为法律合规指引

针对网络领域竞争权益保护问题，一方面需要恪守相关法律法规，避免自身经营侵犯其他经营者权益；另一方面也应当设置相关防范被侵犯的制度或者措施，以保护企业自身合法权益。

一、避免侵犯其他经营者权益的法律合规指引

针对避免自身经营侵犯其他经营者权益，注意事项主要如下：

1.在数据收集、存储、使用、共享及对外披露过程中，根据自身对数据的收集使用目的，以及不同的数据类型，建立合规管理制度；

2.通过合作协议间接获取用户数据的，应在合作协议框架下收集使用数据；进行用户信息抓取时，注意不得任意抓取其他平台后台存储的实时数据，如用户的浏览痕迹、搜索记录等；

3.建立与数据爬取相关的审核机制和数据处理机制，避免触发侵犯个人信息罪、非法获取计算机信息系统数据罪等刑事风险，或侵犯第三方的民事权益、构成不正当竞争等民事、行政风险；

4.如拟对其他网络经营者的产品或服务实施不兼容，或要求用户不得使用其他网络经营者的产品或服务，应具有正当合理理由，如相应产品或服务存在安全隐患等，并事先收集好充分的证据；

5.如拟开发基于或利用其他网络经营者产品或服务的本企业网络产品或服务，应事先审核是否符合商业惯例，是否可能影响被利用网络产品或服务

的生态、流量或用户体验，是否会大量抓取被利用网络产品或服务产生的数据，是否可能导致被利用网络产品或服务的收入降低等。

二、保护自身合法权益的注意事项

针对保护自身合法权益的注意事项，主要如下：

1.设置反数据爬虫措施，如综合采用 IP 封锁、手机验证码、实名登录、访问频率设置、定时换样式/数据格式等技术保护措施；对于版权信息或涉及商业秘密的内容，可增加更高级别的技术保护措施及相关声明；

2.安排专人对本企业网络产品或服务的运营进行监控，如发现有第三方涉嫌使用技术手段破坏、妨碍本企业网络产品或服务运行的行为，如大量爬取数据、劫持流量、植入弹窗或插件、开发针对本企业网络产品或服务的外挂等，应及时锁定涉嫌侵权者，收集、固定证据，并通过民事诉讼、举报投诉、刑事报案等手段进行维权；

3.如本企业的网络产品或服务被其他经营者实施不兼容措施，应尽快收集、固定证据，并通过民事诉讼、举报投诉、刑事报案等手段进行维权。

第八章

知识产权交易法律合规管理

第一节 知识产权交易概述

一、知识产权交易的定义

知识产权（包括著作权、商标权、专利权、专有技术等）是一种无形的、具有专有性、时间性、地域性的权利，要将其应用于生产经营，促进知识产权的有效运用，同时提高知识产权收益能力，就势必涉及知识产权的许可与转让等知识产权的交易行为。

我国目前的法律法规尚无关于知识产权交易的明确定义。但根据一般的理解，从交易形式划分，知识产权交易包括知识产权的转让、许可使用、合资入股等形式。从权利形式划分，主要包括商标权交易、专利权交易和著作权交易等。

知识产权交易，对推动各类资产流动，发挥市场资源配置功能，完善市场经济体制，促进企业优化重组和经济发展发挥着重要作用。

二、知识产权交易的特点

各类知识产权交易在细节上虽有不同，但其底层逻辑仍有一些共通之处。

（一）交易涉及的权利应具有合法性，且可以作为交易的标的

进行交易的知识产权应有合法基础，具有合法性，即各类知识产权（包

括专利、商标、著作权等）应属于各部门法规定的、已取得合法权利的知识产权，且在权利的法定保护期限内应持续合法有效，这是知识产权交易的先决条件，因为若相关权利不具有合法性，则交易的基础便会荡然无存。

而随着法律法规的制定与修改，对于知识产权交易的新规定亦有出台（如《民法典》中关于已设定质权的知识产权不得许可他人使用的规定）。因此，相关规定亦是知识产权交易前权利合法性合规的重要内容。

除了权利合法性的合规外，对于权利是否可作为交易标的也应进行合规审查。这里所说的交易标的，是指某次交易所涉及的具体知识产权，按相应的法律规定，具体的权利是否可以作为本次交易的对象。比如，在著作权转让中，根据《著作权法》的规定，可转让的著作权为法律规定的财产权中的部分或全部。只有依法可以交易的权利，才能实现交易双方的目的，此亦为交易的基础。

（二）根据己方的交易目的，确保交易类型合规

知识产权的交易类型多种多样，但当前主要的交易类型为知识产权的许可使用与知识产权的转让，本章所称的交易也指这两种交易类型。

根据交易的具体类型不同，交易所涉及的权利归属情况也有所不同，在"许可使用"的交易类型中，交易的标的为权利的"使用权"，权利人对于权利仍有"所有权"，而在"转让"这一交易类型中，交易的标的则为权利的"所有权"，交易一旦完成，权利人对于权利便不再享有"所有权"。因此，确定此次交易是涉及"使用权"的许可使用还是涉及"所有权"的转让，以确保交易的类型符合己方的目的，应是知识产权交易法律合规管理的重要内容。

（三）可对交易双方进行必要的法律合规调查

无论从合法性角度出发或是基于商业上的考量，企业在知识产权交易中可对交易双方进行必要的法律合规调查，并根据结果及企业自身在交易中地位（包括许可使用的许可方/被许可方、转让的出让方/受让方等），在交易合同中就相应的资格/资质、权利义务、由此衍生的保证/违约责任等设定相应的条款，以尽可能地实现己方利益的最大化或是保障自身的权益。

（四）交易合同条款应当依法合规

对于知识产权交易合同条款的依法合规，可分别从合同主要条款及其他条款两方面进行考量。

主要条款一般包括交易涉及的知识产权权利的具体情况、交易双方的权利义务、交易对价的计算与支付方式、违约责任、部分交易类型专有条款（如知识产权许可使用中的许可使用的期限、许可使用的方式、许可使用终止后权利义务）等内容，具体细节可见本章各节。

其他条款则可根据交易涉及的知识产权的不同或是双方协商的结果，根据具体交易情况进行法律合规审查。

（五）内部制度的建立与外部专业机构的协作

知识产权交易是一个较为漫长的动态过程，因此，企业应建立知识产权交易的内部管理制度，从交易前的尽职调查、合同订立、合同备案、合同履行、合同终止等不同阶段进行相应的合规管理。在此过程中，企业可与专业的外部机构进行协作，从而更为专业及有效地对知识产权交易进行管理。

三、企业在知识产权交易关系中的角色及可能遇到的问题

交易关系是一组双向的关系,在该关系中企业可能是许可关系中的许可方,即有权授予被许可方按照约定使用所涉知识产权的权利人,也可能是被许可方,即与对方协商或已经获得许可使用所涉知识产权的主体。也有可能是转让关系中的转让方与被转让方。在上述多样的关系中,面对不同的知识产权交易,企业可能面临诸多问题。

(一)专利权交易

近年来专利保护制度得到了全球的重视,专利领域已成为各国和地区企业间龙争虎斗的战场,其中比较明显的是专利许可中的问题日益增多。虽然在专利许可合同中专利许可双方会对许可期限、许可对象、许可方式、许可地域、许可费用、许可备案等进行一系列约定,但实务中依旧会发生诸多问题,如:将专利运用于生产时,往往会面临许可期限届满时,被许可人存在停止生产、停止销售、停止宣传等多个期限与许可截至期限冲突的情况;专利许可中虽然会明确界定被许可人的主体范围,但涉及公司一套人马两块牌子或子母公司等的情况又可能发生被许可人混乱、损害权利人利益等问题;以及在许可期限中专利权被他人申请无效等问题。

(二)商标权交易

相较于专利权,商标权的申请更为普遍,交易的普及性也就更强,面临的冲突也更多。如在商标许可合同中许可的权利基础是否稳固、相关商标权是否有多个权利人;许可合同中如何约定质量标准、许可人对被许可人的产品质量进行监督的可行性;普通许可中如何划分各个被许可人的许可地域、时限、范围等;在商标许可中是否将与之相似的联合商标、域名、商号等一

同许可等问题。而在商标转让中又面临转让的商标是否已经注册成功；转让人是否将其在相同或类似商品/服务上注册的相同或近似商标一并转让；转让人、受让人是否为外国人或外国企业；商标转让后如何处理先前的商标许可等一系列问题。

（三）著作权交易

相较于专利权、商标权交易中主要以使用权的许可、权利本身的移转为标的，著作权交易中更为强调的是著作权中财产权的交易。由于著作权中财产权的种类相对较多，可达十多项，另外，一项作品的产生往往涉及包括著作权人、演绎者在内的邻接权人等多个权利人的多项权利。因而在著作权交易实务中遇到的问题又与上述专利权、商标权交易有所不同，如在著作权许可中，是否完整地审核著作权全链条有无出现缺失的情况；许可合同中是否能够准确理解许可的权利种类与合同交易目的一致；以及计算机软件著作权许可的特殊性等。

第二节 知识产权交易领域法律法规和企业规章制度

一、知识产权交易领域主要法律法规

我国并未制定关于知识产权交易的专门法律法规，相关的交易规定散落于诸多法律法规中，如《民法典》《专利法》《商标法》《著作权法》《著作权法实施条例》等，并没有形成一个完整的知识产权交易法律体系。

为方便进行查阅,我们梳理了部分知识产权交易的法律法规及相关规定如下表。

序号	法律法规名称	规范主体	相关条文/内容
1	《民法典》第二十章第一节	技术合同概念	第八百四十三条 技术合同是当事人就技术开发、转让、许可、咨询或者服务订立的确立相互之间权利和义务的合同
2	《民法典》第二十章第一节	技术合同内容	第八百四十五条 技术合同的内容一般包括项目的名称,标的的内容、范围和要求,履行的计划、地点和方式,技术信息和资料的保密,技术成果的归属和收益的分配办法,验收标准和方法,名词和术语的解释等条款。 与履行合同有关的技术背景资料、可行性论证和技术评价报告、项目任务书和计划书、技术标准、技术规范、原始设计和工艺文件,以及其他技术文档,按照当事人的约定可以作为合同的组成部分。 技术合同涉及专利的,应当注明发明创造的名称、专利申请人和专利权人、申请日期、申请号、专利号以及专利权的有效期限
3	《民法典》第二十章第一节	技术合同价款的规定	第八百四十六条 技术合同价款、报酬或者使用费的支付方式由当事人约定,可以采取一次总算、一次总付或者一次总算、分期支付,也可以采取提成支付或者提成支付附加预付入门费的方式。 约定提成支付的,可以按照产品价格、实施专利和使用技术秘密后新增的产值、利润或者产品销售额的一定比例提成,也可以按照约定的其他方式计算。提成支付的比例可以采取固定比例、逐年递增比例或者逐年递减比例。 约定提成支付的,当事人可以约定查阅有关会计账目的办法
4	《民法典》第二十章第一节	技术合同的禁止性规定	第八百五十条 非法垄断技术或者侵害他人技术成果的技术合同无效

续表

序号	法律法规名称	规范主体	相关条文/内容
5	《民法典》第二十章第三节	技术转让合同与技术许可合同的定义	第八百六十二条 技术转让合同是合法拥有技术的权利人，将现有特定的专利、专利申请、技术秘密的相关权利让与他人所订立的合同。技术许可合同是合法拥有技术的权利人，将现有特定的专利、技术秘密的相关权利许可他人实施、使用所订立的合同。技术转让合同和技术许可合同中关于提供实施技术的专用设备、原材料或者提供有关的技术咨询、技术服务的约定，属于合同的组成部分
6	《民法典》第二十章第三节	技术转让合同与技术许可合同的类别	第八百六十三条 技术转让合同包括专利权转让、专利申请权转让、技术秘密转让等合同。技术许可合同包括专利实施许可、技术秘密使用许可等合同。技术转让合同和技术许可合同应当采用书面形式
7	《民法典》第二十章第三节	技术转让合同与技术许可合同的禁止性条款	第八百六十四条 技术转让合同和技术许可合同可以约定实施专利或者使用技术秘密的范围，但是不得限制技术竞争和技术发展
8	《民法典》第十八章第二节	知识产权不可被转让与许可的情况	第四百四十四条 以注册商标专用权、专利权、著作权等知识产权中的财产权出质的，质权自办理出质登记时设立。知识产权中的财产权出质后，出质人不得转让或者许可他人使用，但是出质人与质权人协商同意的除外。出质人转让或者许可他人使用出质的知识产权中的财产权所得的价款，应当向质权人提前清偿债务或者提存
9	《民法典》第二十章第三节	技术秘密转让合同的让与人和技术秘密使用许可合同的许可人的保密义务	第八百六十八条 技术秘密转让合同的让与人和技术秘密使用许可合同的许可人应当按照约定提供技术资料，进行技术指导，保证技术的实用性、可靠性，承担保密义务。前款规定的保密义务，不限制许可人申请专利，但是当事人另有约定的除外
10	《民法典》第二十章第三节	技术秘密转让合同的受让人和技术秘密使用许可合同的被许可人的义务	第八百六十九条 技术秘密转让合同的受让人和技术秘密使用许可合同的被许可人应当按照约定使用技术，支付转让费、使用费，承担保密义务

续表

序号	法律法规名称	规范主体	相关条文/内容
11	《民法典》第二十章第三节	技术转让合同的让与人和技术许可合同的许可人的保证义务	第八百七十条 技术转让合同的让与人和技术许可合同的许可人应当保证自己是所提供的技术的合法拥有者,并保证所提供的技术完整、无误、有效,能够达到约定的目标
12	《民法典》第二十章第三节	技术转让合同的受让人和技术许可合同的被许可人的保密义务	第八百七十一条 技术转让合同的受让人和技术许可合同的被许可人应当按照约定的范围和期限,对让与人、许可人提供的技术中尚未公开的秘密部分,承担保密义务

二、企业知识产权交易规章制度

实务中,企业一般没有制定知识产权交易的专门制度。关于知识产权交易的规定往往散见于企业的知识产权管理办法、商标管理办法、专利管理办法、著作权管理办法、合规管理办法、诉讼管理办法等诸多规章制度之中。

知识产权交易规章制度的内容通常包括:

1. 知识产权交易的归口管理部门及其职责;

2. 知识产权交易的审批流程;

3. 知识产权交易使用收费管理规定;

4. 知识产权交易合同签订、审查及履行管理规定;

5. 知识产权保护;

6. 知识产权交易监督检查;

7. 知识产权纠纷及其解决;

8. 知识产权交易管理违规追责;等等。

第三节 专利交易的法律合规管理

一、专利交易定义及相关法律规定

交易方式的多样性是无形资产区别于有形资产的重要特征。以专利权为例，专利权可以转让、可以许可、可以作价入股，还可以将其收益权质押融资等，本节主要涉及最常见的两种专利交易方式：专利权转让和专利权许可。

根据《专利法》第十条的规定，专利申请权和专利权可以转让。转让专利申请权或者专利权的，当事人应当订立书面合同，并向国务院专利行政部门登记，由国务院专利行政部门予以公告。专利申请权或者专利权的转让自登记之日起生效。可见，专利转让可分为专利申请权转让和专利所有权转让，且都自登记之日起生效。

尽管在法律条文中没有对专利许可的明确定义，但可以通过法律法规的具体规定理解专利许可的含义。如根据《专利法》第十一条的规定，专利许可是指专利权人将授权的发明、实用新型或外观设计许可给其他单位或个人实施其专利的行为。

经许可人许可实施专利的行为因专利类型不同而有所区别。例如，发明和实用新型专利具体包括为生产经营目的制造、使用、许诺销售、销售、进口其专利产品，或者使用其专利方法以及使用、许诺销售、销售、进口依照该专利方法直接获得的产品；而外观设计授权后，实施其专利权具体包括为生产经营目的制造、许诺销售、销售、进口其外观设计专利产品。从法条的规定可以看出，与发明和实用新型专利权不同的是，"使用"外观设计产品并未列入对外观设计专利权的许可实施范围。

尽管专利权转让和许可都是专利权交易的常见方式，但两者有明显区别：

1. 获取权利的方式不同：专利转让一般是通过买卖实现专利权变更的一种方式，权利人将作为客体的专利权全部转让给受让人的行为；而专利许可通常以签订专利许可合同的方式实现，允许被许可方在约定区域内、约定期限内以约定方式使用专利的行为；

2. 获取权利内容不同：专利权转让受让方获取的是专利所有权，受让人成为该专利新的所有者，专利权许可的被许可方则能够根据约定使用专利权，其所获取的权利内容由合同具体约定；

3. 专利权是否发生转移不同：专利权转让行为使得专利权属发生转移，专利权从转让方转移至受让方，而专利权许可中专利权属并不发生转移；

4. 生效条件不同：专利权利转让通常需要双方当事人订立书面合同，并向管理专利的相关部门登记权利转让事项后生效，而专利许可中许可方和被许可方一般会订立书面合同，以合同中的相关约定为权利生效的主要参考。

二、专利交易的类型

在专利权转让交易中，专利所有权或专利申请权发生了转移，根据权利不同分为专利权转让和专利申请权转让，本节以专利权转让为主进行描述，专利申请权转让的合规要点可参见专利权转让。此外，还可以根据转让发生的原因分为法定转让和约定转让，法定转让是指因法律事实，如继承、遗赠、破产等所产生的权利主体的变更，在本节中主要讨论约定转让。

而在专利许可交易中，被许可人按照许可合同约定的方式在一定范围内使用专利，可以根据许可方所授予被许可方的权利和范围大小，将专利权许可分为独占许可、排他许可、分许可、普通许可和交叉许可等多种形式。

独占许可，是指被许可方在规定的期限和地区对许可方的专利权享有独占使用权，被许可方是该专利唯一的许可使用者，许可方和任何第三方均不得在该地域和期限内使用该专利。排他许可，是指许可方除允许被许可方在规定的期限和地区使用其专利技术外，不再与第三方签订该专利技术的许可合同，但许可方仍然有权使用该技术。分许可是指在专利权人授予专利许可的情况下，专利被许可人继续许可其他人在约定的范围内实施专利。普通许可，是指许可方允许被许可方在规定期限和地区使用该专利技术，同时还可以允许第三方使用其专利，许可方自己也保留使用该专利技术的权利。交叉许可，通常双方在专利技术上存在相互依赖，权利人通过合同的方式确认相互使用权。交叉许可通常在竞争者之间或者上下游产业链的企业之间发生。

三、专利交易的法律合规要点

一般来说，凡涉及技术，就涉及专利，当涉及交易时，就可能涉及专利权流转。企业在很多情况下，需要进行专利权转让和专利权许可。拟上市企业为顺利进行 IPO，企业进行并购、重组以及投融资等行为，企业为实施某种技术、生产某个产品或打开某处市场，甚至在企业被侵权、被诉侵权等情况下都可能最终落脚到专利权转让和许可。此外，专利池组织也大量涉及专利权转让和许可。应该说，专利权转让和许可涉及科技企业行为的方方面面。

在专利交易中，无论是转让方或受让方，或者许可方或被许可方，专利交易都存在种种风险及相应的风险规避方法，在专利交易过程中，应尽法律合规义务。

(一)专利转让的法律合规要点

1. 审查主体资格

受让方需注意转让方作为权利人是否为专利的合法持有人、是否有共有人;若转让方为个人,需注意是否为职务发明;若转让方为全民所有制单位所有的,需注意是否得到上级的批准。

当转让方为中国单位或个人,受让方为外国人、外国企业或者外国其他组织时,需额外注意所涉及技术是否存在进出口管制。《专利法》第十条第二款规定:"中国单位或者个人向外国人、外国企业或者外国其他组织转让专利申请权或者专利权的,应当依照有关法律、行政法规的规定办理手续。"《专利审查指南》则明确规定:"发明或者实用新型专利申请(或专利),转让方是中国内地的个人或者单位,受让方是外国人、外国企业或者外国其他组织的,应当出具国务院商务主管部门颁发的《技术出口许可证》或者《自由出口技术合同登记证书》,或者地方商务主管部门颁发的《自由出口技术合同登记证书》,以及双方签字或者盖章的转让合同。"

2. 注意客体风险

对受让方而言,除了注意专利权是否存在限制,如是否有质押之外,在专利转让的过程中,受让人需确保通过专利转让获得完整的专利技术知识,在转让合同中应当约定转让方交付技术资料的义务、提供必要指导义务,保证受让人对于专利技术的完全掌握。

此外,受让方应当注意审查转让专利在转让之前的实施情况,预判可能产生的后果,并在合同中明确约定专利转让后转让方是否仍然可以继续实施专利项下的技术。

3. 法律责任约定

由于专利权可能被宣告无效的特殊性,注意在合同中应当明确约定无效后的法律后果及可能产生的违约责任,以及明确约定因实施该转让专利技术侵犯他人知识产权的法律责任。

4. 注意专利技术受让的目的是专利技术的推广和应用,避免为垄断技术而受让专利。

5. 在专利转让合同中必须明确专利的名称、性质、内容以及权属状况,并应该特别注意专利权的保护年限,且合同需进行登记公告。

6. 转受让双方均应注意转让专利技术后续改进技术成果归属的约定,不同的方式对应不同的转让费。

(二)专利许可的法律合规要点

1. 许可协议约定的范围

由于专利许可标的是智慧财产,但其实质内容往往不限于专利授权文本的简单记载,实践中还牵涉技术实施的具体资料、诀窍、实施注意事项等专利文本未公开的内容,此外还可能会涉及实施相应技术所需的工艺、设备以及技术秘密,甚至包括产品技术性能指标等。因此对于被许可方而言,在专利权许可合同中不能仅仅许可该专利权,需要将相关内容一并约定。

2. 许可标的法律合规尽调

被许可方需要对许可标的进行法律合规尽调。尽调的内容,例如:

(1)标的权属,具体包括该专利权有没有共同专利权人,专利权有没有限制,如果有,存在哪些限制,例如,是否有质押;专利权是许可人所有、与他人共有,还是第三方所有,如果是共有的技术和专利,共有各方就其中一方对外许可是否有特别约定;许可人对于雇员的奖励制度、劳动条款是否完备;如果技术是委托第三方研发的,查看书面约定,是否约定委托开发的技术的专利归属;拟许可知识产权的实施,是否包含第三方的权利,是否需要第三方额外授权许可。

（2）专利的技术价值和商业价值是否符合被许可方的需求、该许可交易是否能达成被许可方的经济目的。许可专利众多时，考虑是否能构建专利池，专利池的设计是否能在满足交易目的的基础上尽量涵盖现在和未来可能涉及的技术领域、地域？

（3）许可标的的数量和质量。尽管大部分专利虽然经过了各国和地区专利局的实质性审查，但并不能保证这些专利在专利侵权诉讼中一定会被认定为有效专利。专利侵权诉讼中被告经常可以找到更接近的对比文件从而证明这些专利本不应获得授权。因此，被许可人有必要对专利权人专利的质量作出评估，例如，非运营专利实体（NPE）的专利，在涉及专利诉讼时常被提起专利无效，其中一些保护范围过宽的专利容易被无效。

3. 作为许可标的的技术是否存在进出口管制

我国《对外贸易法》及《技术进出口管理条例》，对相关的货物和技术实施进出口管制。属于限制进口的技术，实行许可证管理；未经许可，不得进口。属于禁止进口的技术，不得进口。企业若是通过专利许可从外国引进技术，需要了解许可人的知识产权是否受相关国家进出口管制法律的限制，明确要求许可人就其许可的技术和专利不属于本国出口管制的技术提供相应的保证。

4. 关注许可标的技术的改进技术归属

无论许可方还是被许可方，在专利许可合同签订后，许可方和被许可方都可能对许可的专利技术做出改进，形成新的技术。许可合同应当就后续改进技术进行明确定义，确定改进技术的标准。通常，技术改进方可能倾向于用较宽泛的标准，希望改进技术专属权归自己所有，另一方则相反。

在商务实践中，对于改进技术，双方能否自动获得许可，这个因素也会影响许可费。因此在协议中需要明确改进的技术是否会被协议各方共享，是否需要额外付费。

如果改进是许可人作出的,改进后的技术通常会直接影响现有的许可技术。特别是涉及软件,改进条款尤为重要,改进往往意味着新的软件版本。注意是否存在权利回授条款。

具体而言,回授可能分为独占性回授和非独占性回授。其中,非独占性回授,被许可人除向许可人许可外,自己也可以使用,而且有权在约定条件下向第三方转让或许可。如果许可人要求独占性回授,可能涉及滥用知识产权,但此类约定并不必然被认定为无效。在每个具体协议中都要结合双方国家和地区的法律进行约定。

5. 注意约定侵权责任

在签署许可协议时,通常需要许可人关于其许可的技术的不侵权承诺。作为被许可人,可以要求许可人作出不侵权的担保,或者要求许可人有义务获得第三方的许可或者在后期发现许可的技术可能存在侵权风险时要求许可人免费提供替代方案。

此外,还需要约定当第三方擅自使用许可专利时,被许可方是否可以起诉。即约定谁拥有对第三人的起诉权,以及对从第三方获取的侵权损害赔偿金的利益分配作明确的约定。如果许可方不积极起诉,被许可方在什么情况下有单独的起诉权利,因为第三方的行为会对被许可人的产品市场份额造成冲击。《最高人民法院关于审理商标民事纠纷案件适用法律若干问题的解释》第四条第二款规定:"在发生注册商标专用权被侵害时,独占使用许可合同的被许可人可以向人民法院提起诉讼;排他使用许可合同的被许可人可以和商标注册人共同起诉,也可以在商标注册人不起诉的情况下,自行提起诉讼;普通使用许可合同的被许可人经商标注册人明确授权,可以提起诉讼。"司法实践中,专利纠纷通常参考该司法解释执行。即专利的独占许可,同时让渡了侵权纠纷时的起诉权。

6. 关于许可费的约定

许可费是许可协议的核心条款之一，也是专利许可协议的重点条款。许可费具体涉及许可费率、许可费的支付方式等。专利许可中，采用不同的许可费率计算方法、许可费支付方式对许可方和被许可方需注意不同的风险。

许可费率通常和许可方式相关，分为独占许可、排他许可、普通许可或者交叉许可。在不同的情况下，选择采用不同的方式。但采用不同的方式，谈判要点则有所区别。例如，对许可方而言，当采用独占许可或排他许可时，为保障许可方的专利得以充分利用实现商业价值，则需要约定在何种情况下可以变更许可方式。例如，如果采用浮动费率，而被许可方迟迟不能制造合格的产品，许可方难以通过专利许可获取经济利益，则需要通过特别条款约定改变许可方式的条件。

许可费的支付方式也非常重要，具体可以是浮动费率，也可以是固定费率。浮动费率即按照许可标的使用情况支付许可费，固定费率可以是一次性付款，或者一次性总算分期付款。采用浮动费率，对被许可方而言，需要提供实施合同技术的账目供许可方查阅专利使用情况，可能泄露商业秘密。而采用固定费率，被许可方则可能承担因许可期间专利权价值变动而导致的风险。

7. 注意许可的延续性

延续性是许可协议中比较容易被忽视的问题。许可的延续性包括两个方面，一是技术的延续性，即许可是否覆盖技术的迭代更新；二是时间的延续性，即在约定的许可期限到达时如何妥善处理产品从生产到销售的各个环节。

（1）技术的延续性：在实践中，科技企业的发展依靠技术的创新，其中包括革命性的技术创新，也包括不间断的迭代，相应的产品也需要通过迭代和优化赢得市场，许可合同能否使得产品的迭代优化得以持续顺利进行是被许可方需要注意的。当然，这也会产生不同的许可费率。

（2）时间的延续性：许可合同通常约定许可期限，实践中，产品从研发到生产、销售以及存放库存等会经历较长的过程，被许可方应注意在许可协议中给己方各种环节留出合理的时间，避免出现因约定不清晰导致在约定的期限到达终点之时出现已采购的原材料不能继续生产、库存产品不能继续销售等不利情况。

8.两种典型协议中许可条款注意事项

（1）OEM合约中许可条款注意事项：OEM（Original Equipment Manufacture）直译的意思是：原始设备制造商，一般称为代工厂。由于现代科技分工专业化、精细化，很多企业尤其是集成商，通常委托代工厂为其加工生产零部件。实践中，委托方应当尽量避免给予代工厂分许可的权利，避免因分许可带来的在产品质量和数量方面不可控因素，确保产品数量的同时保证产品质量。若有必要进行分许可，则需具体约定分许可的制造能力、产能、地域和时间等。

（2）标准必要专利许可：SEP（Standard Essential Patent）是指为实施技术标准而必须使用的专利。国内最早关注SEP是从DVD标准开始，近些年通信领域的SEP专利诉讼较为密集，随着5G技术的发展，汽车行业开始需要与掌握SEP的通信企业进行许可谈判。在SEP许可中，许可方需注意满足"公平、合理、无歧视"FRAND（Fair, Reasonable, and Non-Discriminatory）原则，注意避免不当的许可行为遭受反垄断制裁。而作为被许可方，应当注意在收到权利人的书面许可条件后，积极回应，避免无合理理由拖延，同时在许可谈判中应避免提出明显不合理条件，避免SEP反向劫持，迫使SEP持有人不得不接受过低或不合理的许可条件。

四、拟科创板上市企业专利交易法律合规要点

专利问题是科创板知识产权问询的重点,在专利方面,被询问较多的是核心技术来源和权属、与产品或服务是否匹配。其根本在于专利对发行人核心技术和可持续经营的能力有重大影响。例如,审核问答可能涉及授权使用的专利资产的具体用途、对发行人的重要程度、授权使用费的公允性、是否能确保发行人长期使用、今后的处置方案,以及对发行人资产完整和独立性的影响等。

根据科创板知识产权问询的重点问题,拟进行科创板上市企业在专利转让和许可合规方面应注意以下问题(因具体注意要点在上述内容有所涉及,此处以要点形式罗列):

1. 当专利为企业单独所有时,该专利是否存在对外转让或许可,转让或许可费是否合理、转让或许可费对财务报表是否有影响,该转让或许可对企业自身的技术核心竞争力是否有影响;

2. 当专利存在共有方时,共有方是否能够对外转让或许可,对外许可的方式、许可费以及转让或许可对企业技术核心竞争力是否有影响;

3. 企业作为专利的受让方或被许可方时,受让专利在受让之前是否被实施,是否对企业经营有影响,专利许可是否为独占许可,或者是否具有排他性,该专利与企业提供的产品或服务是否有内在联系、该专利是否存在瑕疵(权属瑕疵、纠纷瑕疵、期限等)、是否会产生授权依赖(依赖第三方转让或许可);

4. 当专利来自控股股东或企业实际控制人授权时,该许可或转让和企业主要产品或服务的匹配关系、是否属于核心技术、授权价格的合理性、是否存在纠纷风险。

此外,由于科创板重视知识产权是否体现技术的先进性和行业竞争力,

拟进行科创板上市企业若通过转让或许可获得授权，应尤其注意专利的先进性，授权专利是否能支持企业可持续经营和发展。

第四节 商标交易的法律合规管理

一、商标交易的定义

商标交易大体包含商标许可与商标转让两大类，对商标交易进行合规是指使得商标的交易行为适应法律、监管和社会规范，是按照法律法规、道德、文化规范进行的商标交易业务行为。目前的商标交易行为，主要通过合同形式实现，因而可以通过对商标交易合同的合规管理来实现对商标交易的规范。

二、商标交易的法律合规要点

（一）商标许可法律合规要点

区别于著作权及专利权的固定保护期限限制，商标可以通过续展获得较为长久的保护期限，正是上述特点及商标本身作为区别商品和服务来源的特性，使得商标的许可更为普遍、长久。在商标许可中涉及的法律关系也囊括了多种风险，如法律义务风险、合同义务风险（违约风险）、侵权风险等，为此，我们梳理了部分常见的商标许可情形及相应的合规风险，供参考：

序号	风险类型	合规内容/情形	受影响主体	规范形式/后果	法律依据
1	法律风险	商标许可合同的形式	许可方与被许可方双方	商标注册人许可他人使用其注册商标，必须签订商标使用许可合同	《商标使用许可合同备案办法》第二条
2	法律风险	商标许可合同的备案	被许可方	商标使用许可合同未经备案不得对抗善意第三人	《商标使用许可合同备案办法》第三条、《商标法》第四十三条
3	合同义务风险（商标许可使用的合同条款）——合同的订立	被许可商标的确认及许可使用的商品条款	被许可方	被许可商标由合同双方自行约定，但被许可方需要确认商标权利基础是否稳定，若被许可的商标权利基础不稳定不但会影响被许可方对商标的使用，还可能带来经济利益的损失等	《商标使用许可合同备案办法》第六条（一），《商标法》第五条、第四十三条
4		被许可商品/服务范围条款	被许可方	被许可的商标/服务范围也属于合同双方自行约定的范围，交易双方按需约定	《商标使用许可合同备案办法》第六条（二）、《商标法》第四十三条
5		许可方式条款	许可方与被许可方双方	根据许可方式的不同，在注册商标专用权被侵害时，被许可人的诉讼权利不同。独占使用许可合同的被许可人可以向人民法院提起诉讼；排他使用许可合同的被许可人可以和商标注册人共同起诉，也可以在商标注册人不起诉的情况下，自行提起诉讼；普通使用许可合同的被许可人经商标注册人明确授权，也可以提起诉讼	《最高人民法院关于审理商标民事纠纷案件适用法律若干问题的解释》第三条、第四条

续表

序号	风险类型	合规内容/情形	受影响主体	规范形式/后果	法律依据
6	合同义务风险（商标许可使用的合同条款）——合同的订立	许可使用期限条款	许可方与被许可方双方	法律法规对许可使用期限并无特别规定，交易双方可自行约定，但商标的专用权期限为十年，被许可方需关注被许可的商标是否到期及商标的状态。另外，许可期限的结束并不一定与被许可方的相关产品宣传截止时间、库存货物销售截止时间等匹配。如在许可期限结束后不作区分地直接禁止被许可方宣传或销售相关库存，将会给被许可方造成较大的损失。因而，在双方签署许可协议时被许可方应注意约定过渡期，避免带来不必要的损失	《商标使用许可合同备案办法》第六条（三）
7		许可使用商标的标识提供方式条款	许可方与被许可方双方	法律法规对许可使用商标的标识提供方式并无特别规定，许可方与被许可方均可提供	《商标使用许可合同备案办法》第六条（四）
8		许可人对被许可人使用其注册商标的商品质量进行监督的条款	许可方	若被许可方不能保证相关的产品/服务质量等可能会影响许可方的商誉等	《商标使用许可合同备案办法》第六条（五）(六)，《商标法》第四十三条
9		被许可方是否在产品/服务上标注了其名称及产地条款	许可方	若不标明被许可方名称及产地，一旦发生质量问题等，不但无法追根溯源，还会影响许可方的商誉等	

续表

序号	风险类型	合规内容/情形	受影响主体	规范形式/后果	法律依据
10	合同义务风险（商标许可使用的合同条款）——合同的订立	许可费用条款	许可方与被许可方双方	许可使用商标的许可人可以向被许可人收取报酬，但对于报酬的标准等并无标准可遵循，交易双方可自行约定。但需要注意的是，如标的商标为外国商标，则费用出境时可能需要被许可方在商务局等部门办理技术进口合同登记后方可支付许可费用	《技术进出口合同登记管理办法》
11		商标许可中对商标转让后的合同效力约定条款	被许可方	注册商标的转让不影响转让前已经生效的商标使用许可合同的效力，但商标使用许可合同另有约定的除外	《最高人民法院关于审理商标民事纠纷案件适用法律若干问题的解释》第二十条
12		商誉保证、商誉增值约定条款	许可方与被许可方双方	该条款属于交易双方自行约定的范畴，但商誉在许可阶段产生了减损，将会不可避免地直接影响交易双方的经济利益等，该条款也需引起交易双方的重视	/
13	合同义务风险——合同的变更、解除	合同变更解除条款	许可方与被许可方双方	商标使用许可合同会因到期或违约等多种原因而解除，交易双方应约定违约/合同解除的救济条款、保留相关证据	/

（二）商标转让法律合规要点

相较于商标使用许可合同有专门的法规规范而言，商标转让合同并没有专门的法规进行规范，相关的规定散落于《商标法》《商标法实施条例》等规定中，在此我们梳理了部分常见的商标转让情形及相应的合规风险，供参考：

序号	风险类型	合规内容/情形	受影响主体	规范形式/后果	法律依据
1	法律风险	商标转让合同的形式	转让方与受让方双方	转让注册商标的,转让人和受让人应当签订转让协议,并共同向商标局提出申请	《商标法》第四十二条
2	法律风险	商标转让合同的标的条款	受让方	1.转让注册商标,商标注册人对其在同一种或者类似商品上注册的相同或者近似的商标应当一同转让,否则可能面临转让不成功的情况;2.商标是否处于稳定状态、商标是否已被质押、商标三年内是否使用、商标是否涉及商标共有都会影响商标的转让	《商标法》第四十二条、《商标法实施条例》第三十一条
3	合同义务风险(商标转让合同条款)——合同的订立				
4		商标转让费用条款	转让方与受让方双方	根据商标转让流程或转让方义务的完成,分期支付转让费用	/
5		保证条款	受让方	转让方应保证权利的稳定性	/
6		共同向商标局提交转让的义务	转让方与受让方双方	双方根据商标局的要求,共同办理商标转让	/
7	合同义务风险——合同的变更、解除	合同变更、解除条款	转让方与受让方双方	商标转让中也会存在转让不成功或转让方侵犯他人在先权利的情况。交易双方应约定违约/合同解除的救济条款,保留相关证据	/

(三)商标交易的典型案例

1. 商标使用的被许可人在商标许可协议终止后使用商标许可期间所形成的商誉进行商业宣传是否构成虚假宣传——广州王老吉大健康产业有限公司诉加多宝(中国)饮料有限公司虚假宣传纠纷案

【案件基本情况】广州医药集团有限公司是"王老吉"系列商标的商标权人,1995年3月28日、9月14日,鸿道集团有限公司

（后更名并从属于加多宝集团）与广州羊城药业股份有限公司王老吉食品饮料分公司分别签订《商标使用许可合同》和《商标使用许可合同补充协议》，许可方式为独占许可。后续经鸿道集团多年来的营销与宣传，培育红罐"王老吉"凉茶品牌，并获得众多荣誉，"王老吉"罐装凉茶的包装装潢已具有极高的知名度。后2012年5月广药集团与鸿道集团之间的商标许可合同被认定无效，鸿道集团停止使用"王老吉"商标。2012年5月底，广药集团与广州王老吉大健康产业有限公司（大健康公司）签署了《商标使用许可合同》，同年6月，大健康公司开始生产红罐"王老吉"凉茶。后，鸿道集团有限公司以"加多宝凉茶全国上市红罐王老吉正式改名"进行了宣传和报道。大健康公司认为上述广告宣传等与客观情况不符，构成虚假宣传，遂向法院提起诉讼。

【案件要点】商标被许可人使用之前商誉进行商业宣传是否构成虚假宣传需要综合考量：被使用的商誉是否主要是由被许可人创造的；被许可人利用之前的商誉进行商业宣传，是否已告知消费者基本事实，符合客观情况，不存在易使相关公众误解的可能；被许可人利用之前的商誉进行商业宣传，是否会对相关商标的知名度和良好商誉造成损害或存在过错。如商誉由被许可人创造，消费者了解相关事实，该宣传也不会对商誉产生不良影响，则商标被许可人的行为并不构成虚假宣传。

2. 商标许可使用合同单方解除后，继续销售商品的合法性问题——道伯特化学公司、帕卡兴产株式会社与上海帕卡兴产化工有限公司侵害商标权纠纷案

【案件基本情况】道伯特公司是"NOX-RUST"注册商标的

专用权人。日本帕卡公司系"NOX-RUST"注册商标及其相关产品、生产技术信息在中国地区的唯一被许可使用人。2003年4月1日，日本帕卡公司与上海帕卡公司签订《防锈油剂技术转让合同》，日本帕卡公司授权上海帕卡公司使用"NOX-RUST"注册商标及相关技术生产、销售防锈油剂产品。道伯特公司同意并确认了日本帕卡公司向上海帕卡公司的上述"NOX-RUST"注册商标的再许可，双方之间的《转让合同》于2009年1月31日解除。之后，道伯特公司、日本帕卡公司先后在《新民晚报》等报刊上刊登律师声明，明确禁止上海帕卡公司使用"NOX-RUST"注册商标进行一切商业活动。但上海帕卡公司在2009年1月31日之后不仅没有停止使用"NOX-RUST"注册商标，反而通过向客户发函等方式声称其享有"NOX-RUST"注册商标的使用权，并在生产、销售、宣传其防锈油剂的产品过程中，使用了"NOX-RUST"注册商标。2012年6月20日，中国国际经济贸易仲裁委员会就日本帕卡公司和上海帕卡公司就履行《转让合同》所产生的争议作出《裁决书》，确认日本帕卡公司和上海帕卡公司之间的《转让合同》于2009年1月31日解除。但2009年1月31日以后，上海帕卡公司仍在使用相关商标，并辩称2012年6月28日才收到《裁决书》。因而，自2009年1月31日至2012年6月28日期间，日本帕卡公司和上海帕卡公司之间的《转让合同》属于效力待定状态，在上述期间内上海帕卡公司使用"NOX-RUST"注册商标的行为不构成对两原告享有的"NOX-RUST"注册商标合法权利的侵害。道伯特化学公司、帕卡兴产株式会社认为上海帕卡公司的行为构成商标侵权故向法院提起诉讼。

【案件要点】在合同履行过程中，一方当事人单方解除合同时，另一方当事人可以在收到解除通知后提出异议。但对解除合同提出异议，并不影响合同的效力，如果法院或仲裁机构最终确认合同应当解除，那么合同解除的效力溯及至解除通知到达对方当事人时，争议期内合同已经依法解除。如果法院或仲裁机构最终确认合同不应解除，那么合同在争议期内属于有效合同。当事人对解除合同提出异议并不会使合同在争议期内成为效力待定合同。

三、商标交易法律合规管理的改善

（一）商标交易合同的订立阶段

作为被许可方/受让方的合规：在商标交易中许可方/出让方的不同、商标权利基础是否稳固都会对商标交易产生不同的影响，因此在商标交易前，需要对商标是否共有，以及商标权利人是否为外国人、外国企业进行核查；需要对商标是否已经注册、商标是否有连续三年不使用、商标是否存在质押等情况进行核查，确保交易基础稳定。

作为许可方/出让方的合规：在交易中商标许可方/出让方进行商标交易的目的是通过交易行为获得商业利益不断扩张的目的。在交易中，作为许可方/出让方也应当审查被许可方/受让方的资质、其生产制造能力是否能保证产品/服务的质量等，以防许可方/出让方的商誉受损。

（二）商标交易合同的履行阶段

在合同履行阶段，企业应当加强对合同的管理。

1. 建立合同管理系统，保存合同原件、定期录入电子合同，确保合同签字、盖章、签署日期等的情况；

2. 定期跟进合同的履行情况，一旦发生违约及时查阅合同的相应条款进

行相应的权利救济,当履行情况变动时,及时对合同条款进行补充或调整;

3. 合同即将到期时,结合当前的履行情况,可对合同的缺口进行补充或变更,使得合同顺利解除;

4. 如合同履行中商标交易双方冲突严重,企业可委托专业的外部律师协助或提供服务。

(三) 商标交易合同的终止/解除

当合同终止/解除时,并不意味着合同的存在已毫无意义,企业应当将合同原件、合同的履行文件(如发票、商标转让/许可备案文件等)保留三年以上,以备发生争议时使用。

第五节 著作权交易的法律合规管理

一、著作权交易类型及法律合规管理概述

在我国,著作权亦被称为版权。[①] 依据《著作权法》(2020年修正)的规定,著作权基于作品而产生,著作权包括人身权和财产权。《著作权法》上的著作权交易类型包括著作权的许可使用和转让,其中,著作权的许可使用指著作权人将著作权中的财产权许可他人行使并依照约定或者《著作权法》有关规定获得报酬,著作权人不因许可使用而丧失作品的著作权;著作权的转让指著作权人将著作权中的财产权全部或者部分转让给他人,并依照约定

---

① 《著作权法》(2020年修正)第六十二条规定,本法所称的著作权即版权。

或者《著作权法》有关规定获得报酬，著作权人转让了相应财产权后，便不再享有该权利。

对于著作权交易的法律合规管理，可等同于对著作权许可使用合同和转让合同的合规管理，理由有二：其一，依据《著作权法》（2020年修正）的规定，使用他人作品、转让著作权均应当订立书面合同；[①] 其二，从法院司法的角度出发，根据《民事案件案由规定》（2020年修正）的规定，有关著作权许可使用和转让的争议属于三级案由"著作权合同纠纷"中的四级案由著作权许可使用合同纠纷和著作权转让合同纠纷。

因此，对于著作权交易的法律合规管理及改善，可借鉴对于合同的法律合规管理，并结合著作权交易的特点，从著作权交易（许可使用/转让）合同的订立、履行、变更和转让、终止等方面进行。

二、著作权交易法律合规要点

（一）著作权交易合同的订立

1. 合同的形式

《著作权法》（2020年修正）规定了著作权的许可使用应当订立合同，但对于合同的形式未明确规定，而对于著作权的转让则明确规定了"应当订立书面合同"，鉴于著作权等知识产权属于无形资产，因此，实务中著作权许可使用/转让合同仍以书面合同形式为主，包括传统的纸质合同及电子合同。

2. 合同的内容

《著作权法》（2020年修正）中规定的著作权许可使用合同的主要内容包括：（1）许可使用的权利种类；（2）许可使用的权利是专有使用权或者非专

[①] 《著作权法》（2020年修正）第二十六条第一款、第二十七条第一款。

有使用权；(3)许可使用的地域范围、期间；(4)付酬标准和办法；(5)违约责任；(6)双方认为需要约定的其他内容。

《著作权法》(2020年修正)中规定的著作权转让合同的主要内容包括：(1)作品的名称；(2)转让的权利种类、地域范围；(3)转让价金；(4)交付转让价金的日期和方式；(5)违约责任；(6)双方认为需要约定的其他内容。

对于上述两种交易类型合同内容的合规管理要点梳理如下：

合同内容	著作权许可使用合同	著作权转让合同
交易的权利种类（两种交易类型的通用内容）	著作权人可以许可他人使用、转让的财产权共有十三类，具体包括：复制权、发行权、出租权、展览权、表演权、放映权、广播权、信息网络传播权、摄制权、改编权、翻译权、汇编权以及应当由著作权人享有的其他权利。著作权人可以许可他人使用、向他人转让全部或部分的财产权。 对于"交易的权利种类"进行合规时，应注意以下事项： A. 权利基础的作品应是著作权法意义上的作品 著作权基于作品而产生，著作权使用无法脱离具体作品，因作品不同该作品的著作权类型亦不同，因此，对于"交易的权利种类"的合规，首先应对于权利基础的作品的合法性进行审查，即该作品是否属于著作权法意义上的"作品"。实务中，最常见的证明作品合法性的证明文件是著作权登记证书。 B. 权利来源的合法性 无论是著作权的许可使用还是著作权的转让，都应与著作权人订立合同。《著作权法》上的著作权人包括两类，一是作品的作者，二是其他依照《著作权法》享有作品著作权的自然人、法人或者非法人组织。因此，从合规角度，许可使用的权利来源应是前两类主体的许可。但需特别注意的是，在著作权转让中，著作权人应享有著作权的所有权，而并非被许可使用的使用权。 C. 权利种类因作品类型而有所区分 不同种类的作品所产生的著作权中的财产权并不完全相同，例如，《著作权法》规定的财产权中的"出租权"，是视听作品、计算机软件这两类作品所专有的财产权。因此，作品不同，其财产权的内容亦不同，可以"交易的权利种类"的内容也有所不同。 D. 权利仍处于法定保护期内 与专利权相同，著作权的权利有保护期，期满之后权利进入公共领域，其财产权不再享有排他性的保护。 从交易目的而言，双方都是为了实现作品财产权的利益最大化，因此，处于法定保护期内的权利方能实现该目的，故对于权利进行合规时，应按照《著作权法》的规定，对于权利的保护期状况进行调查	

续表

合同内容	著作权许可使用合同	著作权转让合同
交易的地域范围（两种交易类型的通用内容）	法律法规对此并无特别规定，因此，对于许可使用、转让的地域范围，由合同双方根据协商情况自行约定。 实务中，在约定许可使用、转让的具体地域范围时，常见的做法是根据交易的作品类型、交易权利种类、许可使用方式等确认具体的地域范围。比如，对于某一文字作品的发行权采用专有许可方式（排除著作权人的发行权），此时的许可地域范围一般为国内	
交易对价（两种交易类型的通用内容）	法律法规对于许可使用报酬、转让价金并无特别规定，由交易双方协商确认。 实务中，对于报酬的计算标准、支付办法并无格式化的标准可循，往往需要结合交易涉及的作品类型、权利种类、地域范围及其他条件（如许可使用方式及期间）等确认一种计算标准及支付办法，在合同中采用多种计算标准与支付办法是极为少见的，一般也不推荐采用多种标准与支付办法	
违约责任（两种交易类型的通用内容）	对于违约责任的约定，应根据合同中其他条款所涉及的权利义务进行约定，主要包括许可人、出让方的义务条款，被许可人、受让方的义务条款来确认各自未依约履行时所应承担的违约责任。实务中，违约责任多为违约金、赔偿条款	
双方认为需要约定的其他内容（两种交易类型的通用内容）	交易双方可以根据具体许可的情况，约定前述主要内容外的其他内容。一般而言，可以包括以下的其他内容： A.对于作品的描述 如前文所述，著作权基于作品产生，著作权种类因作品类型不同亦有所不同，因此，著作权的交易无法脱离作品而仅就权利进行约定，因此，著作权的交易与相关作品本身并不可分。实务中，著作权许可使用合同、转让合同往往都会涉及对于标的作品的描述，这在发生争议时有助于更好地理解合同交易所涉及的权利种类。因此，在双方认为需要约定的其他内容中，可以增加对于作品的描述，若作品已取得了国内的著作权登记证书的，可援引证书上的内容，并将证书（复印件）作为合同的附件。 B.交易双方的主体信息 著作权交易合同中的主体信息应载明双方的基本信息，此外，许可人方、出让方的基本信息中还可注明其是作品作者还是其他依法享有著作权的主体。实务中，除了约定主体信息外，亦会特别约定双方主体的联系信息，包括指定的联系人、联系方式、收件方式等，以便在许可使用实际履行、变更、转让、终止时双方能有效沟通。 C.解除/终止情形及后合同义务 合同除了法定的解除、终止情形外，双方亦可自行约定其他的解除情形。实务中，对于解除情形的约定，一般均以一方违反合同义务达到一定程度为前提条件，并对解除的程序作出相应约定。	

续表

合同内容	著作权许可使用合同	著作权转让合同
双方认为需要约定的其他内容（两种交易类型的通用内容）	D. 其他内容 除了前述内容外，交易双方还可根据双方协商的情况，另行约定其他的内容。比如，对于争议管辖的选择（诉讼或是仲裁），其他的禁止性事项（比如许可使用合同中禁止被许可人将作品登记注册为其他知识产权或是登记注册为企业/组织字号信息、许可使用合同中被许可人是否有转许可权利及转许可内容的具体约定等）	
著作权许可使用合同的专有内容（专有使用权/非专有使用权）	许可使用方式为许可使用合同专有内容，实务中对于著作权许可使用方式的表述常见的有三种，分别为"普通许可""排他性许可""独占/独家许可"，依表述不同，在许可使用合同履行期间，许可使用合同所涉著作权的主体范围也不同。然而前述的许可方式表述虽来自法律法规，却并非法律上的概念。 《著作权法》上的许可使用方式仅分为"专有使用权"与"非专有使用权"，《著作权法实施条例》（2013年修订）则对于"专有使用权"予以进一步的明确，即对于著作权人在专用许可合同下是否也不得以同样方式使用作品，应以合同有明确约定为准。 因此，在许可方式的约定上，对于使用权是否属于专有使用权，并非简单采用"普通许可""排他性许可""独占/独家许可"的表述即视为有明确约定，仍需根据许可人与被许可人协商确认的结果，在合同中以较为明确的表述为宜。例如，虽采专有许可使用权，但不排除著作权人自身使用的，应在合同中予以明确的约定	/
著作权许可使用合同的专有内容（许可使用的期间）	许可使用期间为许可使用合同专有内容，法律法规对此亦无特别规定，由许可使用合同双方根据磋商情况自行约定。 实务中对于许可使用的期间，常见的包括五年、十年或是其他的期间。对于期间的选择，一般是根据作品类型、著作权的保护期限、权利种类、许可方式等综合考量后双方最终确认，但应避免出现超出作品本身著作权保护期限的期间	/
著作权许可使用合同的专有内容（对于许可使用权利具体使用方式的约定）	实务中，对于"许可使用的权利种类"时有结合作品进行细化的表述，例如，对于某一美术作品的复制权的许可使用，约定"在某某商品的外包装上印制该美术作品"。因此，对于权利的具体使用方式亦可根据双方协商情况，作进一步的明确约定	/

续表

合同内容	著作权许可使用合同	著作权转让合同
著作权许可使用合同的专有内容（对于他人侵权行为的追究）	著作权受到第三方侵害的情况是不可避免的。此时，著作权人多会寻求通过法律手段维护著作权，包括行政、司法等途径。在著作权许可使用的情况下，因实际的著作权权利使用人除著作权人之外还有被许可人，甚至在排除著作权人使用的专有使用权的情况下，仅有被许可人在使用作品及著作权，因此，在发现侵权行为时，首要的问题在于维权主体是谁。实务中，被许可人若需以自己的名义维权，一般需要著作权人的特别授权或许可，因此，在许可使用合同中，此类的授权/许可亦是双方可先行约定的内容。这类的授权/许可约定一般可包括：被许可人可以自己的名义进行侵权的维权，包括通过行政、司法等途径；因维权所获得的赔偿归于哪一方或是如何分配等 著作权许可使用合同对于合同解除/终止后的后合同义务应予以特别注意。原因在于，许可使用合同的标的为无形的著作权，而著作权又依托于作品的具体载体，合同虽然解除/终止，但权利和载体本身并未消灭，此时，若被许可人仍在继续行使原合同中的权利并处分相关产品，则对于许可人而言会直接产生侵权的问题。因此，对于合同的解除/终止，除了约定非法定的情形外，解除/终止后的后合同义务的约定也十分重要。实务中，此类约定一般包括了合同解除/终止后的权利载体（产品）的处理方法、权利相关材料文书（包括合同的附件、许可人提供的非附件材料等）的处理方法、相对应的违约责任等	/
著作权许可转让合同的专有内容（双方认为需要约定的其他内容）	/	若转让的标的有著作权登记证书的，可就转让后的著作权登记证书变更（附后）进行约定，并可就转让后的出让方应尽到的对外公示/告知义务进行约定

(二)著作权交易合同的履行

合同订立后,双方均应按合同的约定履行,避免出现违约、无故/随意解约的情形发生。在履行过程中,对于一些重要的义务事项,若合同中约定了明确的联系人/经办人、联系方式的,应依该约定进行联系沟通,并保留书面形式的沟通记录,以备核查履行情况或是在发生争议时进行复核。

实务中,在履行阶段,时有发生因一些情形而出现履行不当乃至违约的情形,在此情形发生时,守约方应及时采用书面方式与对方沟通,以合同继续履行为原则进行磋商,并保留沟通过程的书面证据,以备后续合同履行、变更或是终止时所需,避免仅以口头方式达成共识,从而产生争议。

(三)著作权交易合同的变更和转让

合同的变更,是指在交易双方均无变更的情况下,双方经过协商,对于合同的内容进行更改。对于合同变更的形式,仍应与订立阶段一样,采用书面形式为宜。对于合同变更的内容,亦可依订立阶段合同不同内容的合规重点/标准,经协商后确认变更后的内容。

合同的转让,是指合同的履行主体发生变更的情形。对于合同发生转让的,应在确认新的合同方后,双方订立书面合同,原合同方应就原合同的解除达成一致并订立协议。此处需特别指出的是,实务中,在交易的一方是企业时,该企业的股东、法定代表人的变更并不属于合同主体变更而致合同转让的情形。

(四)著作权交易合同的终止/解除

1.许可使用合同的终止包括两种情形:一种是合同的许可期间(一般亦是合同期限)到期终止,另一种则是虽未到期,但一方存在严重的违约情况，守约方依据合同约定或是依法律规定[①]解除许可使用合同的情形。合同的终止应严格按照合同约定及法律规定的情形进行，且在终止前，应保留有一定的书面证据，尤其是在合同未到期解除的情形中，这种情况下，解除方一般都是守约方，应在解除前保留有违约方违约的相关证据，以避免在发生争议时己方的解除合法性难以证明的情况发生。

许可使用合同终止后，应及时处理终止后的事项，其中，对于原合同中许可的作品的载体（产品）、作品及著作权相关资料的处理尤为重要，若原合同中已就相关内容约定了后合同义务的，应按约定履行，并保留相应的书面凭证。

2. 转让合同因转让的是所有权而非财产权，因此，并无合同到期一说，故转让合同的"终止"为合同的解除。对于转让合同解除的合规，可按许可使用合同解除合同的标准进行。

三、著作权交易法律合规管理的改善

（一）著作权交易合同的订立阶段

1. 对于许可人/出让方资格的合规

在正式签订交易合同前，应对于许可人/出让方是否具有资格进行合规审查，即应检视许可人是否为许可使用所涉及作品的作者或是依法享有该作品的著作权，出让方应合法享有出让作品的著作权而并非著作权的被许可人。

若企业为作品作者的，应依《著作权法》(2020年修正）的规定，审查作品是否由企业组织主持、代表企业意志创作并由企业承担责任进行合规审

[①] 此处的法律规定为《民法典》。

查。若企业为非作者的著作权人，则需审查企业是否为法定或合同约定的职务作品的著作权人、是否委托创作合同约定企业为著作权人、是否有其他著作权人的授权。

实务中，企业对于许可人/出让方资格的审查，除了证明作者身份的著作权登记证书、证明著作权人身份的合同外，亦可委托专业的第三方机构就作品的作者、著作权等进行知识产权尽职调查，以进一步查明交易涉及的作品及其知识产权的权利状况，从而更有效地审查企业是否具有许可人的资格并可对外许可使用或授权，或是否合法享有出让作品的著作权且并非著作权的被许可人。

2. 对于合同内容的合规

企业内部若设置有专门负责知识产权岗位的，可由该岗位的人员依合同主要内容与其他内容分别对于具体的交易事项进行合规审查。依据在交易中角色的不同，对于合规的重点亦有所不同。企业在作为许可人/出让方时，除了应审核自己是否具有相应资格、交易涉及的作品与著作权有无瑕疵（包括权利的合法性、是否在法定保护期内）外，还应对于被许可人/出让方状况、被许可人/出让方报酬支付及禁止性义务、违约责任、其他内容（如许可使用合同终止后的被许可人义务等）等进行约定。而企业在作为被许可人/著作权受让方时，则需着重审查许可人/出让方的资格、作品与著作权有无瑕疵、相应的违约责任、其他内容（如许可使用合同中被许可人是否可对外独立维权）等。在合同审查中，企业亦可委任专业的外部律师参与合同内容的合规审查，以进一步提升合同内容的专业性及"有效性"，同时，应避免采用一般合同的审查标准来审查，以减少出现没有约定、约定不明甚至约定不利的情况发生。

(二)著作权交易合同的履行阶段

1. 合同的管理

在履行阶段,企业首先应加强对于已订立合同的管理,以避免履行中无合同可查的情况发生。

企业若有合同管理制度的,应严格按照制度规定订立、保管合同原件。若无相关规定,则可遵循下列标准订立保管合同原件:(1)合同订立应采用原件形式,并双方加盖公章(一方为自然人的应签字),避免非原件(如传真、照片、扫描件等)加盖公章/签字或仅一方加盖公章/签字;(2)合同原件应至少保留一份,若有合同备案需求、权利登记变更需求或是公司管理需求的,可保留多份原件,同时应另采取复印、扫描等方式保留合同的复印件;(3)合同原件应专门保管归档并作内部登记,并可按一定周期核对原件保管情况;(4)合同查阅、复制,合同保管人员变更,可预设一定的管理、交接流程并执行,以避免因缺乏必要的程序而致合同管理混乱的情况发生。

若发生合同原件丢失等情况的,企业应及时采取补救措施,若有需要,可委托专业的外部律师协助。

2. 合同的履行

合同订立后,应按照合同的约定履行。在日常的正常履行中,对于履行的过程、履行的结果、对方对于履行的认可,应以书面方式予以保存。对于履行中发生的违约、情势变更、不可抗力及其他可能影响合同正常履行的情况,应先保留情形出现的证据,并与对方积极沟通并保留证据,但该等情况的处理,应由企业的法务部门的参与,或者委托外部律师介入,以避免履行不当乃至违约的情况出现。

（三）著作权交易合同的变更和转让

在合同的履行过程中，若发生合同变更的情形，可借鉴合同订立阶段的合规标准进行审查，并订立书面的变更合同，变更后的合同遵循合同管理的标准管理。

若发生合同转让的情形，可借鉴对于许可人资格审查的标准进行审查，并订立书面的转让合同，转让合同遵循合同管理的标准管理。

在变更和转让审查中，企业可委托专业的外部律师协助或提供服务。

（四）著作权交易合同的终止/解除

对于解除或终止有争议的，应在收到解除或终止通知后，尽早地依据原合同约定的争议解决方式主张权益。

合同解除或到期终止的，对于原合同、解除或终止争议涉及的证据、解除或终止后合同义务的履行情况（如产品处理等）应保留三年以上，以备仲裁或诉讼时作为证据使用。

对于解除或终止，特别是有争议发生时，企业应尽早委托外部律师处理，以免因久拖不决而造成证据灭失的情况发生。

第六节　计算机软件著作权交易法律合规管理

一、计算机软件著作权的定义

计算机软件著作权（以下简称软件著作权）属于著作权（copyright），法律法规对软件著作权的保护主要涉及：《著作权法》（2020 修正）、《计算机软件保护条例》（2013 年修订）（以下简称《条例》）和《计算机软件著作权登记办法》（2002 年）（以下简称《办法》）。《著作权法》第三条列举了该法中所称的作品所包括的类型，其中第八种为计算机软件。《条例》第二条规定："本条例所称计算机软件（以下简称软件），是指计算机程序及其有关文档。"在本书中，软件、计算机软件是同一含义，有时也会称为源代码。

与专利权（patent）保护创意（Idea）或技术方案不同，软件著作权保护的是表达方式（expression）。《条例》第六条规定："本条例对软件著作权的保护不延及开发软件所用的思想、处理过程、操作方法或者数学概念等。"

对软件著作权的保护包括计算机程序及其有关文档，但不涉及开发软件所用的思想、过程或方法等。当通过计算机软件所实现的技术方案和其他已有技术方案相同时，如果其表达方式不同于已有计算机软件的表达方式，也是被允许的。即通过不同源代码实现相同的技术方案，较难认定为软件著作权侵权。但若在先源代码将其创意申请专利并获得专利权保护，则实现相同技术方案的在后源代码可能构成对在先专利权的侵权。

二、计算机软件著作权的取得

《著作权法》第二条第一款规定:"中国公民、法人或者非法人组织的作品,不论是否发表,依照本法享有著作权。"《著作权法》第十二条第二款规定:"作者等著作权人可以向国家著作权主管部门认定的登记机构办理作品登记。"《条例》第五条第一款规定:"中国公民、法人或者其他组织对其所开发的软件,不论是否发表,依照本条例享有著作权。"按照《条例》第七条的规定,软件著作权人可以向国务院著作权行政管理部门认定的软件登记机构办理登记。软件登记机构发放的登记证明文件是登记事项的初步证明。

可以看出,注册(登记)不是获取软件著作权的前提条件。相比获取专利权所耗费的时间和成本,软件著作权注册所需时间短、成本低,而且保护时间也长。

三、计算机软件著作权交易法律合规要点

(一)计算机软件著作权交易的形式

与《著作权法》对著作权许可和转让在合同形式上的规定有所不同(《著作权法》规定著作权许可使用应当订立合同,著作权转让则应当订立书面合同),《条例》对软件著作权许可和转让作如下规定:

第十八条第一款:许可他人行使软件著作权的,应当订立许可使用合同。

第十九条第一款:许可他人专有行使软件著作权的,当事人应当订立书面合同。

第二十条:转让软件著作权的,当事人应当订立书面合同。

可以看出,许可他人专有行使软件著作权或转让软件著作权的,应当

订立书面合同。同时《条例》第二十一条规定：订立许可他人专有行使软件著作权的许可合同，或者订立转让软件著作权合同，可以向国务院著作权行政管理部门认定的软件登记机构登记。在实务中，即便订立《著作权法》第十八条规定的非专有许可合同，通常也应以书面形式进行。

（二）计算机软件著作权交易合同的内容

《著作权法》第二十七条规定著作权转让合同包括下列主要内容：（1）作品的名称；（2）转让的权利种类、地域范围；（3）转让价金；（4）交付转让价金的日期和方式；（5）违约责任；（6）双方认为需要约定的其他内容。

《著作权法》第二十六条规定著作权许可使用合同的主要内容包括：（1）许可使用的权利种类；（2）许可使用的权利是专有使用权或者非专有使用权；（3）许可使用的地域范围、期间；（4）付酬标准和办法；（5）违约责任；（6）双方认为需要约定的其他内容。《条例》并没有对软件著作权转让或许可合同的主要内容进行详细规定。因此，软件著作权转让或许可合同的内容要点可以参见本章第五节相应部分。

但需要注意的是，当软件产品涉及技术时，由于各个国家和地区均对技术进出口进行控制，跨境的软件著作权转让或许可则需要遵循各国和地区关于技术进出口的法律法规，以及可能涉及的安全审查程序。按照《条例》第二十二条的规定，中国公民、法人或者其他组织向外国人许可或者转让软件著作权的，应当遵守《技术进出口管理条例》（2020年修订）的有关规定。《对外贸易法》（2016年修正）也对此进行相关规定。我国法律法规对相关的货物和技术实施进出口管制。属于限制进口的技术，实行许可证管理；未经许可，不得进口。属于禁止进口的技术，不得进口。

按照《技术进出口管理条例》（2020年修订）第二十九条的规定，属于禁止出口的技术，不得出口。第三十条，规定属于限制出口的技术，实行许可证管理；未经许可，不得出口。美国也通过《出口管理法》（EAA，Export Administration Act）和《出口管理条例》（EAR，Export Administration Regulations）进行出口管制。

在订立软件著作权转让或许可协议之前则需要了解该知识产权是否受相关国家关于技术进出口限制的规定，需要由转让方或许可方提供相应的保证。同时，转让方或许可方需要明确受让方或被许可方是否是受限制的"实体清单"。

（三）开源软件许可注意要点

"开源"这一概念最初起源于开源软件（Open Source Software），其本质是开放源代码。通常来说，"开源"是指开源软件的版权持有人授予他人自由使用、复制、散布、研究和改进软件的权利。本文不重点讨论开源在商业生态上的效果，仅尝试从软件许可的角度对开源软件进行分析。

开源软件是通过许可证或许可证协议开放给使用者的，该许可证规定了软件使用者的权利和义务，使用者只有同意遵守这个许可证，才可使用该开源软件。因此，开源软件并不是可以不受限制地随意使用。

例如，当开源软件许可证中规定，使用开源软件进行开发的开发者可能需要将包含开源代码的软件产品的全部源代码公开。尽管该开发者是在原本的开源软件基础上进行开发的，但若其开发的部分对该开发者而言是不希望公开的，则显然无法接受将源代码全部公开的要求。

由于在使用开源软件时必须同意遵守许可证协议，每个许可证都可以被看作是一份冗长的"格式条款"的许可合同，而不同的许可证协议对使用者的"友好程度"是不同的，因此使用者必须清楚理解协议的内容。

公认的许可证需要通过Open Source Initiative（简称OSI）的认证。当前通过 OSI 认证的许可证有 70 种。

在这 70 种许可证中，有些许可证是对使用者非常友好的，例如，BSD 许可证、BSL1.0 许可证、MIT 许可证等，仅要求使用者使用或再发布开源软件时附有版权声明、许可证中的条件、许可证带有的免责条款等声明，没有给使用者增加其他义务。有些许可证则给使用者设定了较多义务，例如 GPL 许可证规定，对于修改代码和衍生代码，使用者必须将其以 GPL 许可证的方式作为开源软件发布出来，而不得将其作为闭源的商业软件发布和销售。

通过使用开源软件进行开发的软件，在法律上属于对作品的演绎，也是受《著作权法》保护的软件作品，在将该开发的软件进行许可时应同时需要遵守所使用的开源软件的许可证协议。

第九章 知识产权法律合规尽职调查

第一节　概述

现今,企业融资上市以及企业间的并购等时常发生,这类交易归根结底都是一方将其所拥有的标的公司全部或部分转卖给另一方。标的公司到底价值几何是交易中最需要关心的问题。但标的公司掌握在出卖人手里,信息的不对称导致买受人必须尽可能地对将要购买的标的进行尽职调查来弥补自己在信息获知上的不平衡,尤其要对自己所看重的那部分价值进行彻底的调查研究。

尽职调查是英文"Due Diligence"的汉语翻译,是商务调查研究中一种公认的深度调研业务形式,是指围绕商务目标（包括资产、负债、经营、产品、技术、产权、法律关系、成长机会与潜在风险等方面情况）进行系统的调查研究,通过尽可能地全面掌握目标相关信息而进行科学合理的决策。法律尽职调查是较早产生的尽职调查形式之一,并与财务尽职调查成为最重要的两类尽职调查,是指在公司并购、证券发行、资产交易等重大公司行为中,由第三方专业机构（主要是律师）进行的对目标公司、发行人或拟交易的资产的主体合法性存续、企业资质、资产和负债、对外担保、重大合同、关联关系、纳税、环保、劳动关系等一系列法律问题的调查。

近几年来,随着企业合规管理的发展,合规尽职调查逐步成为尽职调查的重要内容之一,并在实践中常与法律尽职调查合并成为法律合规尽职调查。

一、知识产权法律合规尽职调查

知识产权法律合规尽职调查是指，在公司并购、证券发行、资产交易等重大公司行为中，由第三方专业机构（主要是律师）进行的对目标公司、发行人或拟交易的资产，委托第三方专业机构或人员，从法律与合规角度，对目标公司的知识产权或者标的知识产权进行全面性的专业调查，为目标公司或者标的知识产权潜在的知识产权法律风险与合规风险进行识别并提示，或者为公司的知识产权的价值进行评估提供法律合规基础信息。

二、知识产权法律合规尽职调查的分类

（一）法律合规尽职调查与法律合规内部调查

根据所要达到的目的不同，知识产权法律合规调查主要有两种：一是法律合规尽职调查；二是法律合规内部调查。

1. 知识产权法律合规尽职调查是指第三方专业机构（主要为律师）为企业进行投资、并购等重大交易时，为避免法律风险与合规风险所进行的专业调查，带有评估和防范法律风险与合规风险的功能。

2. 知识产权法律合规内部调查则是在企业面临知识产权监管调查、刑事执法或者出现违规事件之后，由第三方专业机构进行的知识产权专业性法律合规调查活动，主要目的在于查明违法违规行为、识别违规责任人、发现合规漏洞，为划分员工责任与企业责任、完善合规体系做好准备。

（二）按知识产权类别进行法律合规尽职调查

根据知识产权的不同类别（如商标、专利、著作权、商业秘密、域名等），分别对其获取、维护、运用、保护的合法合规情况进行法律合规尽职

调查，如商标法律合规尽职调查、专利合规尽职调查、著作权合规尽职调查、商业秘密合规尽职调查等。

（三）从知识产权管理角度进行法律合规尽职调查

从知识产权管理的不同方面进行法律合规尽职调查，包括：

1. 内容行为类法律合规尽职调查

企业发布的各种信息以及各类标识是否与事实相符，是否会误导公众或产生不良社会影响，知识产权内容是否遵守国家强制性规定，是否侵犯他人合法权益等。

2. 法定程序类法律合规尽职调查

知识产权的获取、维护、运用等是否遵守法定程序。例如，向国外申请专利前的保密审查申请程序、自由类技术进出口合同的登记、限制类技术的进出口审批、国务院关于知识产权对外转让的相关审查、网站的ICP备案或ISP许可、涉知识产权的经营者集中申报、高新技术企业的申报与复核等。

3. 规章制度类法律合规尽职调查

企业是否根据相关法律法规的规定，在内部建立某些与知识产权有关的规章制度或流程，例如，职务发明奖酬制度、电商平台的知识产权保护规则、网络安全与数据隐私保护制度、科研数据管理制度等。

三、知识产权法律合规尽职调查的目的和意义

（一）知识产权法律合规尽职调查的目的

1. 从宏观来看，知识产权法律合规尽职调查的目的主要包括两方面：一是梳理公司的知识产权状况，包括权利内容、权利归属、权利来源、权利负担、权利价值等；二是对知识产权管理的各个环节（获取、维护、运用、保

护等）的合法合规性进行调查，发掘和揭示存在的法律风险与合规风险。

2. 从微观来看，知识产权法律合规尽职调查的目的随着商业需求的不同而有所差异。开展法律合规尽职调查的商业需求多种多样，而不同的目标设定则可能影响法律合规尽职调查的准备思路及分析重点。例如，如果一项商业计划的目的有可能涉及公司的核心技术人员或技术秘密，则知识产权法律合规尽职调查的目标设定应侧重于对这些核心技术人员情况的调查，要调查公司的职务发明成果、技术人员的比例及激励方法，商事计划或交易展开后技术人员的去向等。又如，如果要求开展尽职调查的原因是希望获得公司的知名或新兴的品牌，那么知识产权法律合规尽职调查的内容和目标要围绕公司的品牌是否获得了全面的权利保护进行确定。

（二）知识产权法律合规尽职调查的意义

1. 助力准确评估公司价值

通过对目标公司开展知识产权法律合规尽职调查，可以详细了解公司知识产权的所有权归属情况、法律状态、运营情况等基本信息，得出全面系统的事实根据，从而有助于对公司的价值作出准确、客观、科学的评估。

2. 发现价值、揭示风险

依据知识产权法律合规尽职调查结果和报告，可对目标公司的知识产权资产进行综合性的价值挖掘与风险评估，以更好地了解目标公司知识产权的实际价值，并有利于发现潜在的可能阻碍未来商事活动或交易的法律风险、合规风险及可能带来的隐性成本，从而避免商业计划或交易风险和成本的增加。

3. 调整完善商事计划

在对目标公司的知识产权资产进行全面分析及风险评估的前提下，委托方能够准确分配各方权利义务关系，并对现存的瑕疵及其他阻碍有针对性地进行商业计划及交易结构的调整与完善。

四、知识产权法律合规尽职调查的专业性

与一般的尽职调查相比，由于标的涉及专业性较强的知识产权，而知识产权又是涵盖不同领域不同类型权利的一类统称，因此知识产权法律合规尽职调查最重要的特点就是专业性极强，往往需要参与调查的第三方专业机构人员具有相关领域的专业技能或对项目具有整体把控能力。

例如，涉及某个小分子药的知识产权法律合规尽职调查项目，就需要参与者了解：小分子药物具体涉及哪些研发流程、某小分子药的最初来源可能是什么、这些来源是否有专利保护、某小分子药是否会涉及他人的技术秘密、来源是否合法等等一系列非常专业的问题。如果是通常从事一般尽职调查的律师参与该项目，他所关心的问题很可能是围绕在某公司已经获得的与某小分子药相关的专利是否具有权利瑕疵的层面，而权利瑕疵也很可能局限于是否授权、是否有权属争议风险等表面上的问题。

知识产权从实际表现形式上又可大致分为专利（发明、实用新型、外观设计）、著作权（版权）、商标、植物新品种、集成电路布图设计、地理标志、装潢设计、企业字号、域名、商业秘密（包括技术秘密）等。要做好知识产权合规尽职调查，不仅要了解标的知识产权的专业特点，还需要了解其所属知识产权的法律分类的特点。因此，知识产权法律合规尽职调查具有很强的专业性。

第二节　知识产权基础管理法律合规尽职调查

按照我国国家标准化委员会于 2013 年发布的国家标准《企业知识产权管理规范》（GB/T 29490—2013）第 3.1 条的规定，知识产权的范围包括专利、商标、著作权及相关权、集成电路布图设计、地理标志、植物新品种、商业秘密、传统知识、遗传资源以及民间文艺等。

按照该标准第 7 条的规定，企业知识产权的基础管理包括：知识产权的获取、维护、运用、保护，知识产权合同管理，知识产权保密管理等。

对于公司投资、并购、资产交易或知识产权交易项目，本节针对知识产权中的商标权、专利权、著作权、商业秘密和域名等，从知识产权的基础管理角度，对知识产权法律合规尽职调查的内容进行梳理和总结。

一、商标权法律合规尽职调查

商标权法律合规尽职调查主要结合相关资料及信息，针对公司所注册的商标的申请注册情况、商标权权属状况、法律状态、运营情况、涉诉情况及法律风险、合规风险等方面对下述具体内容展开尽职调查：

1. 公司商标清单，内容应包括注册类别、商标号、商标样式、申请日期、授权日期、续展情况、核准注册的商品或服务内容、转让情况、许可情况等。

2. 公司商标已经核准注册的，则需对各商标证书及变更、续展等通知对注册类别、商标号、商标样式、申请日期、授权日期、续展情况、核准注册的商品或服务内容进行核查，结合中国商标网等对商标情况进行核实。

3. 公司商标未核准注册的，则：

（1）公司的商标已提交注册申请尚未被核准注册的，需要对商标注册申请受理通知书、注册申请费缴纳凭证、申请过程中的官方批复文件等内容，结合中国商标网等进行审查；

（2）公司的商标未提交注册申请但实际使用未注册商标的，需要对使用的产品、商标显著性证明、商标原始使用证明、商标实际使用情况、驰名情况、是否存在侵害他人合法在先权利的风险等内容进行审查。

4. 公司申请注册国际商标的，需要对国际商标权属证明、申请文件、注册申请类别、申请国的商标注册申请法律规定等内容进行审查。

5. 公司通过委托设计、合作设计取得商标申请权或商标权的，需要对委托协议、合作协议及权利归属内容进行审查。

6. 公司通过受让取得商标申请权或商标权的，需要对转让协议、转让登记证明、商标变更证明、转让费支付凭证等内容进行审查。

7. 公司通过被许可方式取得商标使用权的，则需对商标权属证明、许可使用协议、许可使用费支付凭证、被许可使用的权利范围及限制、被许可的类型及使用期限约定及剩余期限、许可使用合同备案登记证明、商标共同使用情况约定等内容进行审查。

8. 公司将商标权作价出资的，需要对投资对象的情况、投资对象与公司之间的关系、出资协议中商标权作价合理性等内容进行审查。

9. 公司将商标权许可或转许可他人使用，需要对许可使用协议、许可使用期限、许可的类型、许可使用的权利范围及限制、许可使用费支付凭证、合同备案情况等内容进行审查。

10. 公司将商标权质押的，需要对著作权质押协议、质押目的、期限及商标权质权登记簿等内容进行审查。

11. 公司与商标权相关或者与商标权协议相关的侵权、争议以及诉讼、仲裁等涉诉情况。

12. 公司商标是否仍具有显著性、是否存在被弱化或称为核准注册类别的通用名称的风险等内容进行审查。

13. 公司是否存在注册商标连续三年不使用而被撤销的风险进行审查。

14. 公司已使用但未核准注册的商标，是否存在侵害他人合法在先权利的风险进行审查。

二、专利权法律合规尽职调查

专利权法律合规尽职调查主要结合相关资料及信息，针对公司相关专利的申请授权情况、专利权权属状况、法律状态、运营情况、涉诉情况及法律风险、合规风险等方面对下述具体内容展开尽职调查：

1. 公司专利清单，内容应包括专利及专利申请的类型、名称、申请号、申请日期、公开（告）号、公开（告）日期、授权日期、有效期限、法律状态、转让情况、许可情况等。

2. 公司已授权专利，需对专利证书、专利登记簿副本、授权文本、有效期限、年费缴纳凭证等内容进行审查。

3. 公司已提交申请但尚未获得授权的专利，需要对申请文件提交回执、专利申请受理通知书、进入实质审查通知书、审查意见通知书等官方发文及缴费凭证等内容进行审查。

4. 公司通过自行研发取得专利申请权或专利权的，需要对研发利用的物资技术来源进行调查，并对专利权证书、技术研发记录文件等内容进行审查。

5. 公司通过委托开发或合作开发取得专利申请权或专利权的，需要对委托开发协议、合作开发协议、权利归属相关条款或协议等内容进行审查。

6. 公司通过个人的职务发明取得专利权的，需要对职务发明归属协议、发明人或设计人的工作经历、公司内部的职务发明管理规定以及公司对职务发明的奖励和报酬的发放情况等内容进行审查。

7. 公司通过受让取得专利申请权或专利权的，需要对转让协议、转让登记证明、专利著录变更证明、变更公告、转让费支付凭证等内容进行审查。

8. 公司通过被许可方式取得专利使用权的，需要对专利权属证明、许可使用协议、许可使用合同备案登记证明、许可使用费支付凭证、被许可使用的权利范围、被许可的类型及使用期限约定等内容进行审查。

9. 公司将专利申请权或专利权作价出资的，需要对专利权属证明、专利权评价报告、出资协议等内容进行审查。

10. 公司将专利权许可或转许可他人使用的，需要对专利权属证明、许可使用协议、许可使用费支付凭证、许可使用期限、许可的类型、许可使用的权利范围、合同备案情况等内容进行审查。

11. 公司将专利权质押的，需要对专利权属证明、质押协议、专利权质押登记证、年费缴纳情况等内容进行审查。

12. 公司与专利权相关或者与专利权协议相关的侵权、争议以及诉讼、仲裁等涉诉情况。

13. 公司与核心研发人员之间的保密协议、竞业限制协议约定的内容以及竞业限制补偿金的发放情况。

14. 公司专利管理及保护的内部规章制度，以及对于正在研发过程中的核心技术的相关保密措施。

15. 公司核心研发人员的工作历程及与其原单位之间的劳动合同、保密协议、竞业限制协议约定的内容以及竞业限制补偿金的发放情况。

16. 公司专利的稳定性情况，包括但不限于对授权专利是否进入复审或无效程序，专利（申请）是否属于技术领域的公知常识和自由技术、是否可能被在先公开。

17. 公司竞争对手的产品和专利情况，分析竞争对手产品是否有侵害公司专利权的可能性，或者公司产品（特别是核心产品）是否有侵害竞争对手专利权的可能性。

三、著作权法律合规尽职调查

著作权法律合规尽职调查主要结合相关资料及信息，针对公司所享有的著作权权属状况、法律状态、运营情况、涉诉情况及法律风险、合规风险等方面对下述具体内容展开尽职调查：

1. 公司享有著作权的作品清单，内容应包括证书编号、作品类型、作者、权利来源、权利归属、权利限制等。

2. 公司各作品完成日期、发表日期，剩余权利期限及是否办理了著作权登记。

3. 公司办理了著作权登记的则主要核查著作权登记证书，结合国家版权登记中心网站进行核实，并通过访谈等方式对其著作权权属情况进行印证。

4. 公司未办理著作权登记，但声称对作品享有著作权的，则需核查相关协议、作品创作底稿、软件代码及相关证明文件：

（1）公司通过主持创作取得著作权的，需对创作底稿，主持创作的会议记录及决议、创作完成的时间证明文件、首次发表的证明文件等内容进行审查；

（2）公司通过委托创作取得著作权的，需对著作权委托协议、权利归属协议等内容进行审查；

（3）公司通过与他人合作创作取得著作权的，需对合作协议、权利归属协议等内容进行审查；

（4）公司通过个人的职务创造取得著作权的，需对职务作品归属协议、公司内部的职务作品创造激励办法等内容进行审查；

（5）公司通过受让取得著作权的，需对著作权转让协议、转让费支付凭证、著作权登记变更证明等内容进行审查；

（6）涉及国际著作权的，则需对作者、完成的时间、首次发表的时间及国家是否《伯尔尼公约》成员国等内容进行审查。

5.公司通过被许可方式取得著作权的使用权的，则需对著作权权属证明、著作权许可使用协议、许可使用费支付凭证、被许可使用的权利范围及限制、被许可的类型及使用期限约定及剩余期限等内容进行审查。

6.公司将著作权作价出资的，需要对投资对象的情况、投资对象与公司之间的关系、出资协议中著作权作价合理性等内容进行审查。

7.公司将著作权许可或转许可他人使用，需要对许可使用协议、许可使用期限、许可的类型、许可使用的权利范围及限制、许可使用费支付凭证等内容进行审查。

8.公司将著作权质押的，需要对著作权质押协议、质押目的、期限及著作权质权登记簿等内容进行审查。

9.公司与著作权相关或者与著作权协议相关的侵权、争议以及诉讼、仲裁等涉诉情况。

10.公司与核心研发创作人员之间的保密协议、竞业限制协议约定的内容以及竞业限制补偿金的发放情况。

11.公司著作权管理及保护的内部规章制度，以及对于核心著作权的相关保密措施。

12.公司核心研发创作人员的工作历程及与其原单位之间的劳动合同、保密协议、竞业限制协议约定的内容以及竞业限制补偿金的发放情况。

13. 公司各作品的具体内容，是否存在侵害他人在先著作权（含邻接权）乃至他人姓名权、肖像权等在先权利的风险或者构成不正当竞争的风险。

四、商业秘密法律合规尽职调查

商业秘密包括经营秘密和技术秘密，其法律合规尽职调查应结合相关资料及信息，对包括但不限于下述内容开展调查：

1. 公司商业秘密权属证明资料，如技术信息或经营信息形成记录等。

2. 公司商业秘密的表现形式及使用情况。

3. 公司内部商业秘密管理制度落实情况及商业秘密保密措施实施情况。例如，是否与员工签订了保密协议、竞业禁止协议，是否对涉密资料进行了存档管理，是否明确告知保密人员商业秘密的范围、保密义务等。

4. 公司涉及商业秘密研发人员的劳动合同，对职务创作或者职务发明的约定及激励措施等。

5. 公司核心研发人员的工作历程及与其原单位之间的劳动合同、保密协议、竞业限制协议约定的内容以及竞业限制补偿金的发放情况。

6. 公司将专有技术对外许可的，则需要对许可使用协议、许可使用期限、许可的类型、许可使用的权利范围及限制、许可使用费支付凭证等内容进行审查。

7. 公司与商业秘密相关的侵权、争议以及诉讼、仲裁等涉诉情况。

五、域名法律合规尽职调查

鉴于目前大多数企业都有自己的网站，而域名则是网站的持有基础，且域名与商标权等争议频发，因此有必要对域名展开法律合规尽职调查，发现并预防存在的法律风险与合规风险。

域名法律合规尽职调查应结合相关资料及信息，对包括但不限于下述内容开展调查：

1. 公司域名及对应网站清单，应包含域名注册时间、网站开办时间、网站名称、网站备案主体、备案主体与公司的关系等相关信息。

2. 公司域名注册申请文件、域名注册证书、备案信息等权属证明资料。

3. 公司域名申请注册的时间、保护期限、剩余期限及续费情况。

4. 公司域名使用情况、转让情况，包括使用证明、转让协议、权利变更证明资料等。

5. 公司与域名相关或与域名协议相关的争议、诉讼、仲裁等。

6. 公司域名是否存在被抢注的情况。

7. 公司域名是否存在与在先商标权、知名服务特有名称等他人合法在先权利冲突情况以及是否有使用该等域名的合理事由及证明材料等。

第三节　知识产权法律合规管理尽职调查

对于大型投资、并购项目，除了需要对目标公司知识产权的基础管理进行法律合规尽职调查外，还有必要对目标公司知识产权法律合规管理情况进行法律合规尽职调查。

一、知识产权管理法律合规尽职调查

按照我国国家标准化委员会于2013年发布的我国国家标准《企业知识

产权管理规范》(GB/T 29490—2013)的规定，企业知识产权的管理体系除包括以上第二节所述基础管理外，还包括以下要素和管理环节：

1. 体系总体要求，包括文件要求和文件控制等。

2. 管理职责，包括知识产权的管理承诺、方针、职责、权限和沟通、管理负责人及其职责、管理机构、内部沟通、管理评审。

3. 知识产权管理资源配置，包括人力资源配置，对企业员工的知识产权管理，知识产权管理的基础设施、财务资源、信息资源等。

4. 知识产权基础管理，包括知识产权的获取、维护、运用、保护、合同管理和保密等。

5. 实施和运行，包括对立项、研发、采购、生产、销售和售后等环节中涉及知识产权进行管理。

6. 审核和改进，包括对知识产权管理体系适用性和有效性进行监控、内部审核、分析和改进。

知识产权种类较多、知识产权运用丰富的企业，有必要参照我国国家标准《企业知识产权管理规范》(GB/T 29490—2013)建立知识产权管理体系，加强知识产权管理。因此，对于大型投资、并购项目，有必要对目标公司知识产权法律合规管理情况进行法律合规尽职调查。

根据该标准的规定以及我们的实践经验，将知识产权管理法律合规尽职调查要点总结梳理如下：

（一）管理战略和方针

1. 是否制定了公司的知识产权战略和方针？
2. 企业最高管理层是否作出了知识产权的管理承诺？

（二）策划

1. 是否进行了知识产权体系策划？
2. 是否建立了知识产权的管理目标和考核要求？

（三）知识产权管理机构和职责

1. 是否明确最高管理者是企业知识产权的第一责任人？
2. 是否明确了公司治理机构的知识产权管理职责？
3. 是否明确了知识产权管理负责人，并明确其管理职责及汇报路线？
4. 是否设立了知识产权管理部门，并明确其管理职责？

（四）有效沟通

1. 是否采取措施（宣传、培训等）确保全体员工理解知识产权方针和目标，落实所需各项资源，确保外部沟通有效性等？
2. 是否建立内部沟通渠道，确保知识产权管理体系有效运行？

（五）资源配置

1. 人力资源配置：是否配备知识产权工作所需各级人才，必要时在研发／市场等关键部门配备专职／兼职知识产权工作人员管理与企业知识产权相关的各项工作？
2. 基础设施：是否配备知识产权管理所需软硬件设备和办公场所？
3. 财务资源：是否建立财务管理中的知识产权管理机制，编制知识产权预算，不仅核算知识产权成本，也要核算知识产权收益？
4. 信息资源：是否建立信息收集渠道，进行信息筛选、分析加工和有效利用，对信息发布进行审批控制，建立和维护知识产权信息数据库？

（六）知识产权基础管理

1. 获取：是否制定了知识产权获取计划，进行必要的检索和分析，保持获取记录，保障发明创造人员的署名权？

2. 维护：是否建立了分类管理档案并进行日常维护，进行知识产权评估，管理知识产权变更和放弃，进行分级管理？

3. 运用：是否建立管理知识产权的实施、许可、转让机制，进行法律合规尽职调查以及法律合规审查等？

4. 保护：是否开展了知识产权风险管理，避免或降低侵犯他人知识产权风险，定期监控产品可能涉及他人知识产权情况并提出防范知识产权侵权和纠纷处预案，将知识产权纳入企业风险管理体系？在处理知识产权争议时，是否运用行政和司法途径保护知识产权，选取适宜的争议解决方式？在涉外贸易中，是否调查目的地知识产权法律政策并分析可能涉及的知识产权风险，适时在目的地进行知识产权申请、登记和注册，采取相应的边境保护措施等？

5. 合同管理：是否加强合同中知识产权管理，进行合同法律合规审查？在对外委托业务中是否签署合同并约定知识产权权属、保密等条款？在委托开发或合作开发时是否签署书面合同并约定知识产权权属、保密、利益分配、后续改进权属和使用等？

6. 保密：是否明确涉密人员、涉密信息和涉密区域，设定保密等级和接触权限，规定客户及参访人员活动范围等？

（七）实施和运行

1. 是否对立项、研发、采购、生产、销售和售后等环节中涉及知识产权进行管理？

2. 是否将知识产权管理融入这些部门领域的业务管理流程？

（八）员工知识产权管理

1. 是否在人事合同中约定知识产权权属及保密条款并在必要时约定竞业限制和补偿条款等？

2. 是否对新员工进行入职前知识产权背景调查？

3. 是否就专利、著作权的申请、权属、运用等制定具体的规章制度？

4. 是否对员工职务发明或职务作品等职务性成果的奖励及报酬等制定具体的规章制度？

5. 是否对核心知识产权员工离职时采取脱密措施（包括签署离职知识产权协议、保密协议或经营限制协议等）？

6. 是否建立知识产权激励和相应惩处机制等？

（九）商业伙伴知识产权法律合规尽职调查

在考察、评审、复核商业伙伴时，是否将知识产权的法律合规尽职调查纳入对商业伙伴的尽职调查？

（十）审核和改进

1. 是否对知识产权管理体系适用性和有效性进行监控、内部审核、分析和改进？

2. 最高管理者是否定期评审知识产权的适用性和有效性？

二、知识产权合规管理合规尽职调查

按照国务院国资委《中央企业合规管理办法》、有关部委以及各省、自治区、直辖市有关合规管理指引，我国中央企业、地方国有企业、商业银行、保险公司、证券公司和基金管理公司等应当建立全面合规管理体系，知识产权是其合规管理重点领域之一。

因此，对于上述企业进行知识产权法律合规尽职调查，应包括对这些企业知识产权合规管理的情况进行尽职调查。如果其他性质的企业选择在知识产权领域建立合规管理体系，也应对其知识产权的合规管理进行合规尽职调查。具体内容包括：

（一）合规管理重点领域

是否将知识产权确定为合规管理重点领域，或者建立专门的知识产权合规管理体系？

（二）融入管理体系

1. 是否将知识产权合规管理融入企业合规管理体系，包括企业合规管理的组织体系、制度体系、运行机制、合规文化、监督问责等？
2. 是否将知识产权合规管理融入上述知识产权管理体系？

（三）是否开展知识产权领域的专项合规管理

1. 是否建立知识产权领域的法律法规库？
2. 是否建立知识产权领域的违规案例库？
3. 是否对知识产权领域进行法律风险与合规风险评估？
4. 是否制定知识产权领域法律风险与合规风险清单？
5. 是否制定知识产权领域法律风险与合规风险的应对整改措施、整改计划并有效执行？
6. 是否对有关业务流程进行法律合规审查，将法律合规要求以及对法律风险与合规风险的管控融入业务流程?

第四节 知识产权法律合规尽职调查程序

从管理学角度来看，知识产权法律合规尽职调查就是一个典型的项目，也可称之为"知识产权法律合规尽职调查项目"，可以遵循企业项目管理方法来开展，即运用各种项目管理方法和工具，为实现项目目标所开展的计划、组织、领导、控制、评价和验收。

一、前期初步调研

对目标公司基本情况（如产品、业务模式、组织机构等）进行初步检索，了解目标公司基本情况。

二、制定计划

制定知识产权法律合规尽职调查计划，包括时间、地点、内容、参与人员、资源配置等。

三、建立组织

建立知识产权法律合规尽职调查小组，明确小组职责、授权和汇报路线，明确小组组长和组员及其职责分工。

四、实施和控制

知识产权法律合规尽职调查小组认真履行调查计划包括：

1. 制定并提交知识产权法律合规尽职调查清单，包括在必要时后续提供补充清单；

2. 对目标公司知识产权权属情况、争议诉讼等情况进行线上检索；

3. 从目标公司收集并核验相关知识产权资料、证书、合同、备案等文件；

4. 对目标公司的主要领导以及与知识产权有关的部门（研发部门、知识产权管理部门、法律合规管理部门、财务部门、采购部门、营销部门等）进行访谈；

5. 对目标公司知识产权争议及其解决情况进行详细了解。

五、知识产权法律合规尽职调查报告

（一）知识产权法律合规尽职调查报告的基本要求

在调查与分析工作完成后，应就调查工作的开展实施、调查涉及的资料分析情况、发现的知识产权问题及相应的处理意见等内容进行整合，并撰写成书面报告。知识产权法律合规尽职调查报告需满足如下基本要求：

1. 针对性。知识产权法律合规尽职调查报告应当具有针对性，与委托方的实际需求和开展尽职调查的目的相一致，报告语言要专业精练、逻辑清晰、条理分明、重点突出。

2. 真实性。知识产权法律合规尽职调查报告应当根据获取的真实、完整的信息资料进行书写，不能有遗漏、存疑、有误或者不完整。

3. 合法性。知识产权法律合规尽职调查报告应包含对相关事实进行分析所适用的具体法律条文。撰写法律风险分析及建议部分，受托方应当根据调查所得的资料以及现有法律法规等依据，充分客观地披露存在的法律风险，并据此提出专业的处理意见或解决方案。

4. 完整全面性。知识产权法律合规尽职调查过程中会涉及大量文件资料，可以将第三方及公司提供的资料清单、对报告中揭示的法律风险有重要作用的文件、相关的证明资料等内容以及根据相关资料整理制作的图表、汇总表等信息作为尽职调查报告的附件，以使报告内容更为完整全面。

5. 保密性。知识产权法律合规尽职调查过程中会接触到大量需要保密的资料，应当对这些资料进行保密。

（二）制作并保存知识产权法律合规尽职调查的工作底稿

知识产权法律合规尽职调查涉及的内容及文献较多，有必要完整保存出具知识产权法律合规尽职调查项目报告过程中形成的工作记录，以及在工作中获取的所有文件、资料，以备查验并反映项目工作存在的问题与不足。

1. 知识产权法律合规尽职调查应建立工作底稿制度，工作底稿是判断尽职调查团队是否勤勉尽责的重要证据。

2. 归档备查的知识产权法律合规尽职调查工作底稿，是指尽职调查项目成员在尽职调查过程中获取和制作的、与项目相关的各种工作记录和重要资料的总称。

3. 工作底稿应当真实、准确、完整地反映所开展的知识产权法律合规尽职调查工作，应能够涵盖并如实反映整个知识产权法律合规尽职调查的全部数据、资料以及相关人员的分析与评价。

4. 工作底稿的制作应当格式规范、记录清晰、简明易懂、表述明确，并能按照项目工作的逻辑顺序编号排序、整理归类，建立统一目录以便于查阅与核对。

5. 项目所涉及的所有文件资料均应归档备查，归档备查工作应由项目成员专人负责。

6. 所有归档备查的文件资料均应全面反映文件名称、文件内容、文件来源、交接人员及相应日期等重要信息，并附有经办人的签名，形成严格的出入档记录。

7. 从公司以外的第三方所取得并经确认的相关资料，除注明资料来源外，项目成员还应实施必要的调查程序，形成相应的调查记录和必要的签字。

8. 所有文件资料在归档备查之前，应仔细核查工作底稿，一旦发现存在缺漏或其他瑕疵，应及时汇报，并及时采取相应的补救措施。

9. 项目归档备查的所有纸制与电子文档的保存期应不少于十年。

（三）FTO 尽职调查报告（样例）

摘要

通过检索分析中国授权专利及专利申请以及近 4 年的 PCT 国际申请，对与"某某某"可能相关的技术进行筛选。

发现两件专利/申请具有潜在侵权风险，专利申请需要跟踪进程，授权专利需要注意规避。

一、分析的技术方案

将传统的瓶盖内侧所印内容例如替换为二维码……以下简称"我方技术方案"。

二、检索结果

(一)检索策略

1. 重点分析中国的相关专利情况。

2. 分析相关主题近 4 年 PCT 专利申请情况。

检索所收集的专利主要是授权专利以及尚处于申请阶段的专利,并且收集四年内的 PCT 国际申请,确保收集到尽可能多的潜在风险。

关键词 1:XXX

关键词 2:YYY

分类号:ZZZ

相应检索结果如下:

序号	数据库	检索条件	检索结果
1	PSS	关键词 = [(XXX) and (YYY or ZZZ ……)]	2084
2	PSS	……	……

PSS 系国家知识产权局专利检索及分析系统

(二)筛选后检索结果及分析

1. 名称:具有二维码的瓶盖及其防伪装置和防伪方法

申请号:CN201010272479.6

申请日:2010.09.03

公开(公告)号:CN101948024A

公开(公告)日:2011.01.19

IPC 分类号:B65D55/00;G06K7/10;G06K19/06

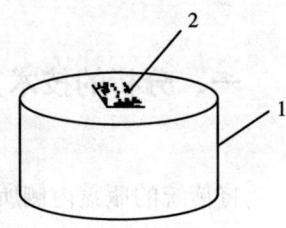

申请（专利权）人：多米诺标识科技有限公司

发明人：吴某峰、汪某

摘要：本发明公开了一种瓶盖，瓶盖上的顶部或侧部具有二维码，二维码通过喷码设备标注于瓶盖上，并可由识读设备识读。本发明还提供了一种基于二维码的防伪装置，该防伪装置包括用于按照预设的密码规则为瓶盖编码以生成二维码的计算模块、用于在瓶盖上标注二维码的喷码设备、用于记录并存储二维码的第一信息的数据存储模块、用于读取被回收的瓶盖上的二维码的第二信息的识读设备、用于将第一信息和第二信息进行比对以确定瓶盖的真伪的比对模块。本发明还提供了一种基于二维码的防伪方法。本发明可在瓶盖狭小的空间上标注较多的产品信息，并具有较高的可靠性和易识读的优点，极大地提高了瓶盖的防伪效果。

权利要求：

（1）一种瓶盖，其特征在于：所述瓶盖上具有二维码。

（2）如权利要求1所述的瓶盖，其中：所述二维码位于所述瓶盖的顶部。

（3）如权利要求1所述的瓶盖，其中：所述二维码位于所述瓶盖的侧部。

法律状态：发明专利申请公布后的视为撤回（2012—12—26）

分析：尽管本专利的权利要求范围很大，但由于该专利目前的状态属于"撤回"状态，所以不会对我方技术方案构成影响。

权利要求	我方技术方案
瓶盖上具有二维码	相同

2. 名称：一种双码防伪瓶盖及其制造方法

申请号：CN201510346447.9

申请日：2015.06.19

公开（公告）号：CN104915847A

公开（公告）日：2015.09.16

IPC分类号：G06Q30/00；B65D51/24；G06K19/06

申请（专利权）人：烟台海普制盖有限公司

发明人：孙某、谢某、张某岩、曹某峰

摘要：本发明的双码防伪瓶盖，包括加密信息二维码和防伪查询二维码，所述信息加密码设置在瓶盖外部，所述防伪查询二维码设置在瓶盖内部，所述加密信息二维码与产品信息管理平台关联，扫描加密信息二维码的客户扫描端为手机或二维码扫描器，所述防伪查询二维码与计算机识别系统关联，所述计算机识别系统与产品信息管理平台关联。本发明的双码防伪瓶盖的每个防伪码对应唯一一个产品，查询一次之后便无法再次获得真伪的信息，此外，该防伪查询二维码只有和加密信息二维码对应上才能进入计算机识别系统，这样企业还需要仿冒加密信息二维码，进一步增加仿冒的成本。

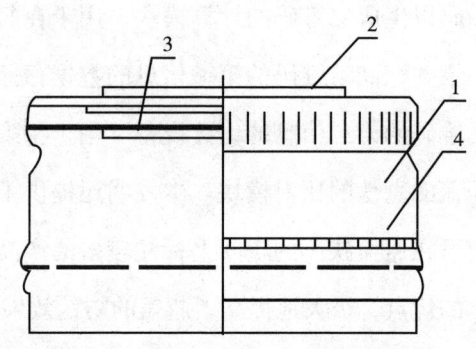

权利要求：一种双码防伪瓶盖，其特征在于：包括加密信息二维码（2）和防伪查询二维码（3），所述信息加密码设置在瓶盖（1）外部，所述防伪查询二维码（3）设置在瓶盖（1）内部。

法律状态：实质审查的生效（2016—06—15）

分析：本专利尚未被授权。且由于本专利中涉及同时在瓶盖上存在两种不同的二维码，且一种在瓶盖外部，所以我方技术方案不会受到影响。

权利要求	我方技术方案
加密信息二维码和防伪查询二维码	不同：单二维码
信息加密码设置在瓶盖外部	不同：不存在瓶盖外部的二维码
防伪查询二维码设置在瓶盖内部	不同：并非用于防伪查询目的

3. 名称：……

……

……

……

三、法律意见

针对我方技术方案，检索了中国和 WO 相关专利/申请。

通过检索分析发现实用新型专利 CN20122×××××的权利要求以及实用新型专利 CN20162×××××（该专利还有一项相同的发明专利即 CN20161×××××）的权利要求覆盖了我方的技术方案。根据《专利法》的相关规定，我方技术方案可能具有被诉风险或侵权风险。

1.CN20122×××××是一件权利要求保护范围很大的实用新型专利，该专利权利要求 1 所要求保护的……

本所律师认为，如果贵司有被诉情况，可以采取以下对策：

（1）……

2.CN20162×××××权利要求中所述二维码是通过紫外激光刻蚀形成……

本所律师认为，如果贵司有被诉情况，可以采取以下对策：

（1）……

四、声明与承诺

1. 本法律意见书仅根据并依赖于本法律意见书出具之日公布并生效的相关法律、法规，并参照部门规章等本国的法律、法规、规章出具。本所不能保证在本法律意见书出具之后所公布生效的任何法律、法规、规章对本法律意见书不产生影响。

2. 本所律师已经严格履行了法定职责，遵循了勤勉、尽职、诚信的执业原则，由于本意见书的出具涉及对专利审查员、法官自由裁量权的评价，而他们所依据自由裁量权最终作出何种决定或判决并非律师所能掌控。对此，特提示贵司对本意见持审慎采信态度。

3. 本文件仅应贵司要求，供贵司参考，切勿外传。

（样例完毕）

第十章

企业员工知识产权法律合规管理

第一节　企业员工知识产权法律合规管理概述

一、知识产权法律合规管理中"企业员工"的范围

企业最重要的就是员工,人力资源是企业的第一生产力。在我国现行法律法规制度之下,结合近年灵活用工方式的出现,企业存在多种用工模式,包括但不限于全日制用工、非全日制用工、劳务派遣用工、劳务外包等方式。

国际标准暨我国国家标准《合规管理体系 指南》第2.5条规定:"员工,国家法律或实践认可的雇佣关系中受雇的个人。"

(一)全日制用工、非全日制用工

《劳动合同法》中已有全日制用工、非全日制用工的相关规定,是指与企业建立劳动关系,满足《合规管理体系 指南》第2.5条中"员工"的定义。而且《民法典》第一千一百九十一条亦明确规定,用人单位的工作人员因执行工作任务造成他人损害的,由用人单位承担侵权责任。因此,应当将与用人单位建立劳动关系的全日制、非全日制员工一并纳入知识产权法律合规管理体系之中。

(二)劳务派遣用工

劳务派遣用工模式中,劳动者虽与派遣单位签署劳动合同,再由劳

务派遣单位与接受以劳务派遣形式用工的单位(以下简称用工单位)订立劳务派遣协议,但劳动者实际为用工单位提供劳动。而根据《民法典》第一千一百九十一条规定,劳务派遣期间,被派遣的工作人员因执行工作任务造成他人损害的,由接受劳务派遣的用工单位承担侵权责任。因此,也应将劳务派遣人员纳入知识产权法律合规管理体系之中。

(三)劳务外包

劳务外包用工模式中,劳动者虽未与企业建立直接雇用关系,但仍要完成企业的工作任务,不可避免地会接触到企业的相关知识产权。

在倡导企业大合规背景下,对企业上下游供应商、分销商、合作伙伴等商业伙伴的合规管理是企业合规管理的重点领域之一,笔者建议应将《合规管理体系 指南》第2.5条中"员工"的含义作广义理解,将为企业提供劳动的且能接触企业知识产权的各类人员均纳入知识产权合规管理体系之中,为企业知识产权合规管理保驾护航。

二、企业员工知识产权法律合规管理的内容

《民法典》第一百二十三条对"知识产权"作出如下定义:知识产权是权利人依法就下列客体享有的专有权利:(一)作品;(二)发明、实用新型、外观设计;(三)商标;(四)地理标志;(五)商业秘密;(六)集成电路布图设计;(七)植物新品种;(八)法律规定的其他客体。

关于企业知识产权法律合规管理的内容、组织结构、目的等本书第二章已作详细阐述,本章不再赘述。本章节着重探讨涉及企业员工的知识产权法律合规管理的具体内容。

知识产权作为企业的无形资产,越来越受到企业的重视。随着我国知识

产权保护力度的不断加强,企业对于自身知识产权保护体系的建设以及避免侵犯他人知识产权的防御意识亦不断加强。企业的知识产权大多涉及专利、商标、著作权、商业秘密等,知识产权亦渗透在企业运营的各个方面,涉及各个部门人员,如研发、生产、采购、市场、销售、人力资源、财务等,需要全体员工能够清晰地知晓企业知识产权法律合规管理的内容,并在日常工作中予以贯彻落实。

国际标准 ISO 37301：2021《合规管理体系 要求及使用指南》第 5.3.4 条规定所有员工应：坚持遵守组织的合规义务、政策和程序；履行与其职位和职务有关的组织合规义务；报告合规疑虑、问题和缺陷；参加要求的培训。

企业员工知识产权合规管理,应落实在员工入职、履职、离职全过程之中,对于知识产权的取得、实施、保护及防御侵犯他人知识产权均应有详细的制度规定,以便员工得以遵守执行,唯有此才能有效控制知识产权领域的法律风险与合规风险。

三、企业员工知识产权法律合规管理的意义

2005 年 4 月 29 日,巴塞尔银行监管委员会颁布实施的《合规与银行内部合规部门》引言中就提及："合规与银行内部的每一位员工都相关,应被视为银行经营活动的组成部分。"

2010 年 9 月,世界银行集团发布的《诚信合规指南》摘要第 2.2 条 "个人责任" 规定："遵守合规计划是公司各级员工的强制性个人义务。"

2020 年 12 月,郭青红律师所著的《企业合规管理体系实务指南》(第 2 版)中亦提及："企业员工代表企业的主要群体,是组成企业的最基本单元,也是履行企业合规职责的最基本单元和主要力量,是企业合规的最基本践行者。企业如果做到了员工人人合规,企业合规就得到了最有力的保障,企业

合规的目标也基本得以实现。"

由此可见，企业员工的法律合规管理对于企业法律合规体系的实施、法律合规目标的实现具有决定性的作用。而就企业知识产权法律合规管理而言，企业员工入职时是否处于前单位签署竞业限制协议期限内及是否携带、使用了前单位的商业秘密，企业员工在履职过程中所产生作品的知识产权归属及使用问题，企业员工在履职过程中对于企业商业秘密的保护，防止侵犯他人知识产权的风险以及企业员工离职后知识产权的归属及商业秘密保护等问题，需要企业事先作出相应的制度安排，制定相应的企业知识产权法律合规管理制度，并安排全体员工进行培训学习。同时，企业还需要根据法律法规更迭而不断更新相应制度，形成动态闭环全员参与的知识产权管理体系，以此保障企业知识产权法律合规有效实施，支持企业创新发展。

第二节 企业员工入职阶段的知识产权法律合规管理

一、背景调查

国际标准 ISO 37301：2021《合规管理体系 要求及使用指南》第 A7.2.2 条规定，在聘用、晋升员工前，组织应对其进行包括背景调查在内的尽职调查。

企业招录核心技术相关岗位的员工，应在入职前对新员工的履职经历、技术能力、入职目的等进行详细的背景调查。当然，出于对个人信息保护的考虑，企业应在面试表中取得对新入职员工背景调查的授权许可。这是企业员工知识产权法律合规管理的第一步。

▶ 案例

A公司成立于2013年12月，专注研发交友类App，目前，平台注册用户过千万，日活量超过300万人次，被认定为高新技术企业。期间，小甲成功应聘A公司，负责Python开发工作，企业给予其App后端服务器存储等内容的查看权限。小甲利用在A公司得知的开发数据及软件改版创意，开发了一个与A公司类型趋同、功能相似的软件产品，并于该产品上线当日向A公司提出离职。经企业事后查询得知，原来小甲在入职A公司之前就已注册成立了一家与A公司经营范围高度一致的网络公司并担任法定代表人。最终，在A公司积极举证，法院认定案件事实的基础上，小甲充分意识到其行为的不当，主动提出书面道歉、下架侵权软件并赔偿A公司损失。

背景调查的目的是更好地了解求职者，获得求职者更全面的信息。除了企业人力资源部通过与求职者原用人单位获取信息之外，企业还可通过裁判文书网、国家企业信用信息公示系统等公开渠道了解求职者。如上述案例，A公司本可以通过国家企业信用信息公示系统等渠道了解到小甲设立竞争公司的事实，从而在事前避免此次企业商业秘密的泄露。

二、先前知识产权成果的确认

先前知识产权成果是指员工在入职之前由其自行或与他人合作完成或基

于前任雇用关系而产生的与公司的产品、服务有关且未转让给公司的所有技术成果、作品、商业秘密、未公开数据等。

由新入职员工掌握的先前作品的知识产权除了属于员工的情况下，还存在属于前任雇主的可能。如《专利法实施细则》第十二条规定，劳动、人事关系终止后一年内作出的，与其在原单位承担的本职工作或者原单位分配的任务有关的发明创造，申请专利的权利属于原单位，申请被批准后，原单位为专利权人。为避免日后由于员工将该等先前知识产权成果应用于企业业务中引起的工作成果的权利瑕疵，或引发的知识产权权属纷争，企业应建立特殊岗位新员工入职的知识产权背景调查制度，并在新员工入职伊始完成对先前成果的披露、使用、授权等约定。

▶ 案例

蓝吉公司成立于2000年4月5日，注册资本21万美元，经营范围包括生产客机上手推车、烧烤炉。蓝吉公司成立后，从事航空手推车的研发和生产，并先后形成了一系列技术资料。蓝吉公司于2010年1月14日申请了名为"手推车刹车装置"的实用新型专利，于2010年10月6日获得授权，专利号为ＺＬ20102002××××.×，发明人为张某楚。

安铂公司成立于2014年11月28日，注册资本500万元，经营范围为：金属包装箱、手推车、烤炉架的生产及销售等。安铂公司于2015年12月28日向国家知识产权局申请了名为"航空手推车刹车装置"的实用新型专利，于2016年6月8日获得授权，专利号为ＺＬ20152110××××.0，专利证书记载的发明人为胡某渊。

胡某渊自2006年6月入职蓝吉公司，并两度担任蓝吉公司在中国民用航空华东地区管理局适航审定处（以下简称适航审定处）

的飞机厨房手推车项目的工程委任代表，两个任期分别为 2009 年 9 月 1 日至 2011 年 8 月 31 日、2013 年 9 月 6 日至 2015 年 9 月 5 日，两个委任代表资格声明中均记载胡某渊为蓝吉公司的技术部长，于 2014 年 12 月 1 日与蓝吉公司终止劳动关系。

法院经审理认为，第一，关于专利发明人身份的确定是专利权属的关键。如无相反证据足以推翻外，则一般认定专利证书上载明的发明人为实际发明人；第二，关于是否为职务发明的认定，应主要关注诉争专利与发明人本职工作的关联度。涉案发明创造所涉产品与蓝吉公司的核心产品为同一技术领域的产品，且诉争专利与蓝吉公司在先专利相比，两者在研究方向、设计思路及相关原理上具有一致性或延续性；第三，涉案发明创造是否系员工离职一年内作出的认定。离职一年内的认定，并非简单的适用从离职之日到专利申请日的期限，而是结合实际情况，合理考虑技术方案从构思到完善再到专利申请文件的撰写、提交等实际所需时间。最终，法院认定安铂公司于 2015 年 12 月 28 日申请的专利系发明人胡某渊自蓝吉公司离职后一年内作出，是其在蓝吉公司承担的本职工作相关的职务发明创造，故涉案发明创造的专利权应当归蓝吉公司所有。

三、签署知识产权法律合规管理制度文件

国际标准 ISO 37301：2021《合规管理体系 要求及使用指南》第 5.3.4 条规定的员工责任之一为坚持遵守组织的合规义务。因此，让员工进入企业之时，获得企业合规管理体系中相关制度文件，知晓合规要求，是其后续工作中坚持履行合规义务的前提条件。

知识产权法律合规管理制度文件，则根据各企业实际需求而制定，如《知识产权管理办法》《公司商业秘密管理制度》《合规手册》《知识产权保密协议》《竞业限制协议》《知识产权归属协议》等。同时，企业应注意签署过程的书面记录，以便在法律合规管理过程中做到有据可查。知识产权法律合规管理制度文件的签署，不仅可以让员工知悉并服从规则，另一方面也证明企业具有知识产权法律合规管理体系，履行了告知、警示义务，可作为日后因员工行为引起的知识产权侵权而降低、免除企业责任的依据。

四、进行新员工知识产权法律合规管理培训

国际标准 ISO 37301：2021《合规管理体系 要求及使用指南》第 A7.2.3 条规定，培训项目的目标是确保员工有能力与组织合规文化及其合规承诺一致的方式履行职责。设计合理并有效执行的培训能使员工以有效的方式了解之前未识别的合规风险。

企业的入职培训应结合整体和局部的关系。除了整体上向新入职员工宏观介绍企业整个知识产权法律合规管理体系及制度外，局部上还应结合新入职员工的工作岗位进行差别化的法律合规管理培训。差别化的法律合规管理培训应当针对岗位所特有的知识产权法律合规要求、法律风险和合规风险，可以结合岗位所涉及的知识产权法律风险与合规风险案例进行量身定制，便于员工理解并加深印象。

第三节 企业员工履职阶段的知识产权法律合规管理

一、职务作品的归属确认

(一) 著作权

根据《著作权法》第二条第一款规定:"中国公民、法人或者非法人组织的作品,不论是否发表,依照本法享有著作权。"第三条规定:"本法所称的作品,是指文学、艺术和科学领域内具有独创性并能以一定形式表现的智力成果,包括:(一)文字作品;(二)口述作品;(三)音乐、戏剧、曲艺、舞蹈、杂技艺术作品;(四)美术、建筑作品;(五)摄影作品;(六)视听作品;(七)工程设计图、产品设计图、地图、示意图等图形作品和模型作品;(八)计算机软件;(九)符合作品特征的其他智力成果。"

企业员工在履职过程中,根据其所从事的岗位不同,可能会产生不同的职务作品,如文娱行业以文字作品、口述作品、音乐作品等居多,而软件行业则以计算机软件为主,设计单位又以工程设计图、产品设计图等为主,但《著作权法》第十八条对于不同职务作品的著作权归属有不同的规定,具体列示如下:

类别		著作权归属	著作权限制
一般情形	自然人为完成法人或者非法人组织工作任务所创作的作品	著作权由作者享有，法人或非法人组织有权在其业务范围内优先使用	未经单位同意，作者不得许可第三人以与单位使用的相同方式使用该作品
特殊情形	主要利用法人或者非法人组织的物质技术条件创作，并由法人或者非法人组织承担责任的工程设计图、产品设计图、地图、示意图、计算机软件等职务作品	作者享有署名权，著作权的其他权利由法人或者非法人组织享有	法人或者非法人组织可以给予作者奖励
	报社、期刊社、通讯社、广播电台、电视台的工作人员创作的职务作品		
	法律、行政法规规定或者合同约定著作权由法人或者非法人组织享有的职务作品		

由上述规定可知，一般情况下的职务作品著作权由作者即员工享有，企业仅享有优先使用权。作品完成两年内，员工可以许可第三人以不同方式使用该作品，而两年之后，员工可自由行使著作权。

企业在实际运营管理中，如员工因完成工作任务而创作作品对于公司的经营有关键影响，则企业可以考虑与员工先行签署知识产权归属协议，明确约定职务作品的著作权归属于企业，员工仅享有署名权，著作权的其他权利由企业享有，同时给予员工一定的奖励。如此一来，企业一方面可以排除员工许可第三方使用而可能引起的竞争风险；另一方面以给予奖励的方式鼓励员工进行创作，维护和激励企业创新创作的良好氛围。

(二)专利权

1. 职务发明创造专利权权属

《专利法》第六条第一款规定:"执行本单位的任务或者主要是利用本单位的物质技术条件所完成的发明创造为职务发明创造。职务发明创造申请专利的权利属于该单位,申请被批准后,该单位为专利权人。该单位可以依法处置其职务发明创造申请专利的权利和专利权,促进相关发明创造的实施和运用。"

与著作权不同的是,职务发明创造的专利申请权法律规定归属于企业所有。而发明创造是否是员工执行本单位的任务或者主要利用本单位的物质技术条件所完成,就成了企业与员工关于专利权作品是否属于职务发明的主要争议焦点之一,需要企业对此予以重点关注。

企业需要对相关技术岗位员工的工作职责进行书面约定,针对研发项目或可能产生发明创造作品的工作任务,应以邮件、会议记录、汇报文件等书面形式记录项目的具体内容,如项目起始日期、参与人员、需解决的技术问题、所需物质条件、提出的技术方案等。

2. 职务发明创造专利权奖励及报酬

《专利法》第十五条规定:"被授予专利权的单位应当对职务发明创造的发明人或者设计人给予奖励;发明创造专利实施后,根据其推广应用的范围和取得的经济效益,对发明人或者设计人给予合理的报酬。国家鼓励被授予专利权的单位实行产权激励,采取股权、期权、分红等方式,使发明人或者设计人合理分享创新收益。"

《专利法实施细则》第七十六条第一款规定:"被授予专利权的单位可以与发明人、设计人约定或者在其依法制定的规章制度中规定专利法第十六条规定的奖励、报酬的方式和数额。"

由此可见，企业员工完成职务发明创造，公司被授予专利权后，应给予员工相应的奖励。该笔奖励为一次性奖励，金额采取约定优先原则，可由企业与员工优先约定或规章制度中予以规定，发放时间规定为专利权公告之日起三个月内。而职务发明专利权的报酬与奖励并非同一性质，亦并非同一笔。是待职务创造发明实际实施后，根据其实施所取得的经济效益而给予员工的报酬，亦采取约定优先原则，形式上也突破了仅以金钱作为报酬的模式，企业可探索采用股权、期权、分红等方式。企业在发放职务发明奖酬时应注意与普通的薪酬区别开来，不要混同支付。

在企业与员工关于职务发明的奖励和报酬无事先约定的情形下，依据《专利法实施细则》规定，实施发明创造专利后，在专利权有效期限内，企业应当每年从实施该项专利的营业利润中提取不低于2%（发明或者实用新型专利）、0.2%（外观设计专利），作为报酬给予发明人或者设计人。企业许可其他单位或者个人实施其专利的，应当从收取的使用费中提取不低于10%，作为报酬给予员工。而依据《促进科技成果转化法》第四十五条规定，科技成果完成单位未规定、也未与科技人员约定奖励和报酬的方式和数额的，按照下列标准对完成、转化职务科技成果作出重要贡献的人员给予奖励和报酬：（1）将该项职务科技成果转让、许可给他人实施的，从该项科技成果转让净收入或者许可净收入中提取不低于百分之五十的比例；（2）利用该项职务科技成果作价投资的，从该项科技成果形成的股份或者出资比例中提取不低于百分之五十的比例；（3）将该项职务科技成果自行实施或者与他人合作实施的，应当在实施转化成功投产后连续三至五年，每年从实施该项科技成果的营业利润中提取不低于百分之五的比例。因此，对于职务发明转化实施过程中给予发明人、设计人的奖酬比例，《促进科技成果转化法》较之于《专利法实施细则》有显著提高。

企业应对职务发明制定相应的规章制度，明确约定不同职务发明创造的奖励金额。建议金额幅度可参照法定的发明专利 3000 元 / 项、实用新型或外观设计专利 1000 元 / 项，再根据专利对企业的经营价值及结合企业的规模、经济状况等因素进行调整。另外，企业应重点关注职务创造发明报酬的规定，如采用现金方式作为报酬，为避免后续关于奖励与报酬的混淆，在文件中应明确规定为"报酬"。报酬可以结合企业经营现状，选择按年或一次性支付，以避免后续计算报酬时，因需要提供该职务创造发明实施所涉及的财务数据而导致公司商业秘密的泄露，或者报酬金额与实际情况大相径庭的风险。

二、员工履职过程中的知识产权法律风险与合规风险

（一）商业秘密

《反不正当竞争法》第九条规定："本法所称的商业秘密，是指不为公众所知悉、具有商业价值并经权利人采取相应保密措施的技术信息、经营信息等商业信息。"

一方面，员工在履职过程中因使用到前雇用单位或其他方的商业秘密产生的侵权，轻则造成企业承担赔偿责任的经济损失、声誉受损，重则构成侵犯商业秘密罪，招致刑事风险。企业应主动识别确认员工是否处于前单位的竞业限制期限内以及是否负有保密义务，与员工签署承诺书，明确在其履职工作中不能侵犯前单位的商业秘密，以避免造成企业因违反《反不正当竞争法》第九条中"第三人明知或者应知商业秘密权利人的员工、前员工或者其他单位、个人实施本条第一款所列违法行为，仍获取、披露、使用或者允许他人使用该商业秘密的，视为侵犯商业秘密"而带来的侵犯他人知识产权的风险。

另一方面，商业秘密虽已被正式确认为知识产权的一种，但因其不具有

专有性、排他性，需要依靠商业秘密权利人自行采取保密措施予以保护。如果其他人以合法方式取得了同一内容的商业秘密，则其拥有和原先商业秘密权利人同样的法律地位。因此，企业对于商业秘密的保护措施就尤为关键，而管理好可以接触到商业秘密的员工则是保护措施中的重中之重。企业应采取合理保密措施，对商业秘密进行分级管理，帮助员工识别商业秘密，杜绝出现员工在不知情的情况下泄露企业商业秘密的情况，如核心技术人员发表学术论文、举办讲座，其内容涉及企业最先进的研究成果；再如企业员工与客户商业洽谈、客户参观企业时造成的企业商业秘密泄露。也应防止在职员工为自己或他人利益披露、使用或允许他人使用公司的商业秘密、掌握企业商业秘密的核心员工入职竞争对手等行为。在知识产权管理制度中，应当明确约定违反商业秘密保护制度的严重后果，给予员工充分的警示。

案例

原告上海某计算机科技有限公司主要从事用友软件的销售业务。在业务经营过程中，形成了一份客户名单，该客户名单不仅包含客户基本信息，还包含软件产品及服务的交易信息，包括软件产品交易的加密狗号、版本、历史版本、销售日期、销售金额、模块、标准价、折扣率、成本、毛利等。被告一岳某丽原从事原告公司服务经理岗位，工作期间可以接触到涉案客户名单。岳某丽在入职时签署相关保密制度，且原告对载有涉案客户名单的服务通软件系统中给工作人员账号设置了不同权限，在内部管理系统中公布了知识产权及保密制度。后岳某丽离职后入职另一家与原告有竞争关系的被告二上海某信息科技有限公司，并与涉案客户名单中的客户进行交易。原告以侵害商业秘密纠纷为由要求岳某丽、上海某信息科技有限公司承担连带赔偿责任。

法院经审理，因上海某计算机科技有限公司的客户名单同时具备"不为公众所知悉""价值性""保密措施"三项条件，认定该客户名单属于商业秘密；认定岳某丽在离职后违反上海某计算机科技有限公司关于保守商业秘密的要求，披露、使用了涉案客户名单，上海某信息科技有限公司使用了岳某丽披露的商业秘密；认定岳某丽、上海某信息科技有限公司共同侵权，承担连带责任。

（二）专利权

《专利法实施细则》第十二条规定："专利法第六条所称执行本单位的任务所完成的职务发明创造，是指……（三）退休、调离原单位后或者劳动、人事关系终止后一年内作出的，与其在原单位承担的本职工作或者原单位分配的任务有关的发明创造。"

入职一年内的员工职务发明创造所申请的专利，如有与员工在前单位的技术内容重合，且事实上技术方案在前单位时利用单位的技术条件已经形成，那么即使企业被授予了专利权，后续员工原单位仍然可以通过诉讼等方式确认该专利权为其职务发明创造，前单位为专利权人。企业对于涉及创造发明的员工，应加强知识产权方面的法律合规培训，提高员工对知识产权的保护意识。让懂技术的员工同时也了解专利权权属的法律规定，提醒员工侵犯知识产权的相关法律风险，引导及激励员工在岗位上进行新的发明创造，为企业的知识产权添砖加瓦。

此外，还存在企业员工在进行专利立项及研发过程中，因未进行全面详细的专利检索与调研，导致后续专利存在侵权的风险。也有企业员工因知晓我国目前对外观设计专利不实行实质审查，进而仅对已获授权的外观专利进行简单更改后申请专利权，最终承担专利权侵权责任的情况。

> **案例**

原告 A 系"腾飞形高压钠灯路灯（1号）"外观设计专利权人，该外观设计专利的申请日为 2002 年 3 月 26 日，被告 B 为"路灯（雄鹰-2）"外观设计专利权人，该外观设计专利的申请日为 2004 年 12 月 25 日。两个专利产品在整体上均呈现为鸟翼形，整体风格一致，外观局部略有差异。后原告 A 起诉被告 B 专利侵权。

法院根据《最高人民法院关于在专利侵权诉讼中双方当事人均拥有专利权应如何处理问题的批复》（已失效）的精神，人民法院在审理专利侵权案件时，只要原告先于被告提出专利申请，则应当依据原告的专利保护范围，审查被告制造的产品是否落入原告的专利保护范围。法官认为虽然被告 B 的专利产品在局部细微处与原告 A 专利产品不一致，但不影响两者整体近似的判断。而且结合涉案产品的实际使用状态，以设计要部作为侵权判定的重点，被告 B 的产品落入原告 A 外观设计专利的保护范围，被告 B 的行为构成专利侵权，应当承担停止侵权、赔偿损失的民事责任。

（三）注册商标侵权风险

企业市场部、设计部等员工在履职过程中，有时需要使用到其他企业的商标，但因缺乏相应的知识产权法律知识，未经商标权人授权就擅自使用，造成了商标侵权，最终由企业承担侵权责任；也有企业员工对于企业自身的商标使用不合法的情况。而企业在使用自身商标的过程中，也存在自行改变注册商标的文字、图形或其组合后，仍然加注注册商标标记使用的情况；也有未认真核实注册商标的使用范围，导致超范围使用，而引起商标不规范使用的法律后果的情况，如遭受行政执法部门的行政处罚、被第三方权利人提起诉讼并索赔等。目前商标侵权难以确定权利人实际损失或侵权人实际收益的，法定赔偿金额上限为五百万元。

> **案例**

原告美巢集团在先注册了商标"墙锢"，用于"工业用黏合剂、工业用胶"等商品上。而与原告生产近似商品的被告秀洁公司，在"油胶泥（油灰、腻子）油胶泥（腻子）"等商品上申请注册了"易康墙锢"和"兴洁墙锢"两个商标。但后期被告在使用注册商标时，却超出了其商标使用范围，在原告制造、销售的同类商品上突出使用了"易康墙锢"等字样。

法院经审理认定被告秀洁公司超出商标使用范围使用其商标，在与原告美巢集团享有注册商标"墙锢"的同类商品上突出使用"易康墙锢"的行为构成商标侵权，赔偿原告美巢集团一千万元。

（四）计算机软件侵权风险

根据我国《著作权法》及《计算机软件保护条例》的规定，任何不在法律规定的合理使用范围之内的未经计算机软件著作权人许可的软件使用行为，应视为侵犯计算机软件著作权的行为。著作权侵权的民事责任包括：停止侵害、消除影响、赔礼道歉、赔偿损失等，目前法定赔偿金额上限已提升至五百万元。

身处互联网时代，每个企业员工均离不开使用软件。但并非每个企业都有完善的软件依法合规使用意识，存在未向员工提供正版授权软件的情况。企业员工为完成工作任务，也会自行在互联网上寻找盗版软件下载使用。后软件著作权人提起诉讼时，企业需要为员工使用盗版软件的行为承担侵权责任。

 **案例**

原告A公司系涉案软件的著作权人。被告B公司系一家大型科技公司，被告B公司给所有员工配备了工作电脑。2016年，原告A公司发现B公司未经授权许可，擅自在其办公场所的相关计算机上非法复制、安装并使用了原告A公司依法享有著作权的办公软件。后原告A公司提起诉讼，要求被告B公司立即停止侵权行为并赔偿经济损失五十万元及合理维权费用。被告B公司在诉讼中主张，公司仅提供了电脑，员工在电脑上下载盗版软件系其个人行为，与公司无关。

法院经审理，结合员工下载盗版软件的功能、员工工作职责，确认员工下载盗版软件的目的是完成工作任务，使用场地为B公司办公场所，而被告B公司并未向员工提供必要的正版涉案软件，也没有尽到相应的监管义务。因此，法院最终判决被告B公司构成侵权，赔偿原告A公司各项经济损失共计十六万元。

（五）摄影作品侵权风险

根据《著作权法》第三条的规定，摄影作品属于著作权保护范围。企业员工在制作企业商业广告、企业宣传片、公司对外发布的文稿时需要使用摄影作品，也有将摄影作品作为插图或配图使用，亦有企业使用或截取摄影作品用于商品外包装上。因摄影作品属于著作权保护范畴，以上该些未经著作权人授权的商业使用行为，可构成侵权行为。

案例

原告A为涉案作品的著作权人，被告B为一家文化传播公司。

被告B在其官网上转载了陕西省旅游局的一篇新闻通稿，其中含有原告A的涉案摄影作品。被告B在其网站上注明了文章来源、作者，并且声明"本网站所用文字图片均来自作者投稿和公共网站，凡图文未署名者均为原始状况，但作者发现后可告知认领，我们仍会及时署名或者依照作者本人意愿处理，如未及时联系本网站不承担任何责任"。后原告A以著作权侵权为由对被告B提起诉讼。

法院经审理，认定涉案摄影作品属于《著作权法》保护范围，而被告B对涉案摄影作品的使用不属于《著作权法》第二十二条规定的可以不经著作权人许可、不向其支付报酬而可以使用其作品的情形。因此，被告B未经著作权人许可而在其网站使用涉案摄影作品的行为构成侵犯原告A所享有的著作权，需承担停止侵权、赔偿损失、赔礼道歉等责任。

第四节 企业员工离职阶段的知识产权法律合规管理

一、归还文件

员工离职时，应当归还其在企业工作时所获得的与工作相关的所有文件，包括但不限于技术资料、工作数据、客户名单、报告、图表、设计图等，以及其他应归还企业的一切物品，包括纸质文件、电子文件、实物。员工应承诺不会保留、使用相关资料，亦不会交付于其他方。企业应在离职表中设置知识产权资料归还的选项，待员工全部完成后，再予以办理离职手续。

离职归还流程的设立，不仅让企业收回含有企业知识产权的资料，降低外泄的风险，而且可以让员工清楚地认识到在职时所获取的知识产权信息、资料均归属于企业，员工离职后无权擅自使用。

二、明确竞业限制义务

如签署过《竞业限制协议》的员工离职，企业仍需员工履行竞业限制义务的，应以书面形式再次向员工告知其竞业限制的内容，并要求员工定期向企业汇报其履行竞业限制义务的情况。

受竞业限制义务约束的员工，不能为与企业经营同类产品或从事同类业务的有竞争关系的企业提供劳动，同时不能自己设立与企业具有竞争关系的公司。但实践中，离职员工通过各种隐蔽的手段来逃避竞业限制义务，如表面上不入职竞争企业，但私下为竞争企业提供劳动的情况屡见不鲜。或者以其配偶等亲属名义设立与企业具有竞争关系的公司，或通过隐名持股的方式操控竞争公司。因此，企业的竞业限制要求应当是明确的、具体的、可实行的，并且应就相关竞业限制义务管理的适当措施获得员工授权。

▶ 案例

2015年12月，员工李某离开原单位，并签署了《竞业限制协议》，约定自2015年12月17日至2016年6月16日止，在此期间李某需每隔十五日配合原单位开展竞业回访调查。李某一直向原单位提供其户籍所在地开具的无业证明。后原单位经调查发现，李某多次出入竞争对手的办公场所，特别是重要部门（制造部、微特电机研发中心），而且其所驾车辆里放置了盖有竞争对手公司印章的出入证。后进入诉讼后，通过保全的银行账户得知，2016年1月起，有竞争对手所在地开设的银行账户每月向李某打款两万五千元，李某对此无法作出合理解释。

法院经审理，认定李某违反了与原单位的竞业限制义务，承担违约责任。但原单位为此也付出了巨大的人力、物力成本。

三、持续关注员工离职后动态

普通员工的离职对于企业来说司空见惯，属于人才的自然流动，但如果是掌握企业商业秘密的员工离职，企业需给予足够的关注，对于涉密员工离职动向进行跟踪调查。如发现企业员工在离职一年内申请与在职时工作任务有关的发明创造时，应及时进行专利权属的确认。如发现离职员工违反竞业限制义务或使用、向第三方泄露商业秘密，应及时和离职员工沟通或诉诸法律途径，以免离职员工泄露企业更多商业秘密，造成更大的损失。

第十一章

知识产权争议解决法律合规管理

第一节 知识产权争议解决法律合规管理综述

在律师实务中,争议解决主要针对的就是诉讼类案件。诉讼类争议解决目前已经成为企业经营过程中不可避免的法律应对问题之一。市场竞争的加剧以及权利人维权意识的增强,使得企业在知识产权领域寻求司法保护的诉求与日俱增。根据2021年4月22日最高人民法院在知识产权宣传周新闻发布会上披露的数据:2020年,全国法院共新收一审、二审、申请再审等各类知识产权案件525618件,审结524387件,比2019年分别上升9.1%和10.2%。

知识产权对于企业的重要性不言而喻。若企业不能有效应对和解决知识产权领域的争议纠纷,一定程度上可能会遭遇品牌灭失甚至"企业关门"的尴尬境地。因此,对于知识产权争议解决的重视和合理运用自然成为企业依法合规经营的重要内容之一。

一、知识产权争议案件类型

从知识产权涵盖的内容来看,知识产权争议通常包括商标类争议、版权类争议、专利权类争议、侵犯商业秘密类争议、不正当竞争类争议、特许经营合同类争议、垄断协议类争议以及诸如域名争议、商品化权争议等非传统类知识产权争议纠纷。

从争议案件所要解决的案件性质及依据的法律来看,知识产权争议包括民事合同纠纷类争议、民事侵权类争议、行政类争议及刑事类争议。相对而言，民事类纠纷是企业依法合规经营中接触最多的，既有因合同相对人违约或合同约定不明引起的合同类纠纷，也有行为人侵权或不正当竞争引发的侵权类纠纷；行政诉讼主要集中在当事人对行政机关就商标权、专利权等知识产权授权、不正当竞争以及生产、销售伪劣商品等所作出的行政行为不服提起的行政纠纷案件；刑事诉讼主要集中在刑法规定的知识产权类犯罪案件。

本章中，主要以民事诉讼类案件的依法合规处理作为重点予以介绍。

二、知识产权争议案件特征

知识产权类案件往往建立在企业自身拥有的知识产权权利基础之上。因此，知识产权的特征本身也决定了知识产权争议案件的独特性。当然，知识产权争议案件本身仍需遵守《民事诉讼法》等基本的诉讼原则及程序等。

(一) 案件类型多元化

如前所述，知识产权权利本身的内容非常丰富，围绕知识产权产生的争议类型也比较多元，况且法律本身对于知识产权的列举属于不完全列举，新一代信息技术、生物医药、高端装备制造、新材料、数字创意等高新技术领域新技术的出现往往会催生新的知识产权权利客体和新型案件。如在著作权领域，层出不穷的新技术，对著作权权利载体即作品的法律认定及保护越来越具有挑战性。再比如，商标侵权案件中，除了传统的商标标识侵权案件，即未经许可，在同一种或者类似商品或服务上使用与注册商标相同或者近似的商标等案件外，随着企业对商业标识投入的加大及市场同质化竞争的加剧，注册商标之间、注册商标与字号、商品名称、商品包装装潢、App名称等其他商业标识之间的权利冲突案件也越来越多。

案件类型的多元化,对企业的依法合规经营也带来了较大的挑战,企业不仅要确保自己的知识产权不被他人各种各样的不法行为所侵害,特别是新技术下的隐蔽侵权行为,同时也要求企业对于经营中出现的新业态、新技术要提前做好风险评估及法律合规分析和判断。

(二)诉讼请求的多元化

同传统的民事合同类纠纷相比,知识产权争议案件的诉请设置相对比较复杂一些,权利人首先需要判断自己的知识产权是受到了行为人何种行为的侵犯,通常该等侵犯行为并非单一行为,往往是一系列的侵权行为,一些案件中侵权行为人本身也不是单一的,存在多个侵权主体。另外,对于权利人造成的损失也因为行为性质的不同而有所差异。因此,对于权利人而言,一旦对侵权行为归类错误或遗漏侵权人或损失计算不精确,往往会导致维权不彻底,甚至面临不被认定为侵权的可能。

如针对某一侵权行为,除了要求具体描述需要停止侵权的行为内容,还需要根据掌握的证据材料本身设置不同的损害赔偿金额并明确赔偿性质,如是适用赔偿实际损失抑或是以侵权人实际获利计算索赔,还是确定适用法定赔偿。同时,确定了赔偿性质,还需要明确具体的计算依据或索赔构成以及是否需要提起惩罚性赔偿请求等。若侵权人存在两个或两个以上的,还需要考虑不同侵权人之间是否适用连带责任等。另外,部分案件中还需要考虑侵权行为本身是否同时构成不正当竞争而要求对方停止不正当竞争并赔偿损失。且针对不正当竞争造成的损失不同于前述针对具体知识产权权利侵权的索赔,当事人需单独列明损失依据及损失金额,不可混为一谈。除该等诉请设置外,当事人亦可视案件需要,一并提出要求消除影响的维权措施,如要求侵权人在特定媒体或互联网平台进行公开致歉等。

不同的案件,需要根据案情选择最为恰当的诉讼请求。如在部分知识产权案件中，可能存在同时侵犯权利人两种或两种以上权利的竞合情形，这时候如何选择基础权利进行维权，就要考虑不同权利项下举证的便利以及可能获得赔偿额的多寡来决定。

三、知识产权争议解决方式

争议解决的处理主要包括几种方式：

1. 企业依靠自有力量，通过商务谈判，自行或委托律师交涉等方式以非诉讼方式协商解决；

2. 通过行政投诉、举报等方式要求行政监管部门介入争议，借助国家权力机关对企业面临的争议纠纷进行调查处理；

3. 自行或委托律师就争议事项依法向人民法院提起诉讼，通过司法审判、强制执行等方式以诉讼／仲裁方式维护自己的合法权益；

4. 针对相对比较严重的知识产权侵权，企业亦可选择向公安机关报案，要求公安机关予以立案侦查处理。

（一）知识产权案件争议解决方式比较

解决路径	优势	劣势
民事诉讼	1. 侵权类案件可以选择便利管辖； 2. 侵权类案件可主张法定赔偿托底； 3. 选择适用诉前禁令／财产保全措施； 4. 裁决书可视作知识产权保护记录； 5. 对方不履行可申请强制执行，并申请失信惩戒措施等	1. 诉讼周期相对较长； 2. 需自行收集证据； 3. 判赔相对较低； 4. 需预缴诉讼费、承担律师费等； 5. 判决文书公开可能会造成部分经营信息公开
行政投诉	1. 相对高效、便捷，成本较低； 2. 举证方便，提供线索即可； 3. 行政机关主动适法	1. 地域性强，需在侵权当地处理； 2. 行政处罚之外没有损失赔偿

续表

解决路径	优势	劣势
刑事诉讼	1. 打击力度强、威慑力强； 2. 部分案件可以谅解换赔偿； 3. 无需自行举证，成本较低	1. 立案难，需达到追诉标准； 2. 周期相对较长； 3. 无损失赔偿； 4. 入罪行为有限，不能涵盖全部侵权行为
自力救济	1. 成本较低、友好协商； 2. 通过协商亦可进行取证； 3. 选择发送律师函等可以视为侵权通知，对方不处理视为恶意侵权	处置不当，可能造成对方消灭证据或转移财产等

（二）知识产权民事案件案由

根据《民事案件案由规定》(2020年修正)，知识产权民事案件中，涉及知识产权合同纠纷；知识产权权属、侵权纠纷；不正当竞争纠纷及垄断纠纷四个第二级案由，每部分则包括若干第三级案由，具体可参见下表：

	知识产权合同纠纷
著作权合同纠纷	（1）委托创作合同纠纷
	（2）合作创作合同纠纷
	（3）著作权转让合同纠纷
	（4）著作权许可使用合同纠纷
	（5）出版合同纠纷
	（6）表演合同纠纷
	（7）音像制品制作合同纠纷
	（8）广播电视播放合同纠纷
	（9）邻接权转让合同纠纷
	（10）邻接权许可使用合同纠纷
	（11）计算机软件开发合同纠纷
	（12）计算机软件著作权转让合同纠纷

续表

知识产权合同纠纷	
著作权合同纠纷	（13）计算机软件著作权许可使用合同纠纷
商标合同纠纷	（1）商标权转让合同纠纷
	（2）商标使用许可合同纠纷
	（3）商标代理合同纠纷
专利合同纠纷	（1）专利申请权转让合同纠纷
	（2）专利权转让合同纠纷
	（3）发明专利实施许可合同纠纷
	（4）实用新型专利实施许可合同纠纷
	（5）外观设计专利实施许可合同纠纷
	（6）专利代理合同纠纷
植物新品种合同纠纷	（1）植物新品种育种合同纠纷
	（2）植物新品种申请权转让合同纠纷
	（3）植物新品种权转让合同纠纷
	（4）植物新品种实施许可合同纠纷
集成电路布图设计合同纠纷	（1）集成电路布图设计创作合同纠纷
	（2）集成电路布图设计专有权转让合同纠纷
	（3）集成电路布图设计许可使用合同纠纷
商业秘密合同纠纷	（1）技术秘密让与合同纠纷
	（2）技术秘密许可使用合同纠纷
	（3）经营秘密让与合同纠纷
	（4）经营秘密许可使用合同纠纷
技术合同纠纷	（1）技术委托开发合同纠纷
	（2）技术合作开发合同纠纷
	（3）技术转化合同纠纷

续表

知识产权合同纠纷		
技术合同纠纷	（4）技术转让合同纠纷	
	（5）技术许可合同纠纷	
	（6）技术咨询合同纠纷	
	（7）技术服务合同纠纷	
	（8）技术培训合同纠纷	
	（9）技术中介合同纠纷	
	（10）技术进口合同纠纷	
	（11）技术出口合同纠纷	
	（12）职务技术成果完成人奖励、报酬纠纷	
	（13）技术成果完成人署名权、荣誉权、奖励权纠纷	
特许经营合同纠纷		
企业名称（商号）合同纠纷	（1）企业名称（商号）转让合同纠纷	
	（2）企业名称（商号）使用合同纠纷	
特殊标志合同纠纷		
网络域名合同纠纷	（1）网络域名注册合同纠纷	
	（2）网络域名转让合同纠纷	
	（3）网络域名许可使用合同纠纷	
知识产权质押合同纠纷		

知识产权权属侵权纠纷	
著作权权属、侵权纠纷	（1）著作权权属纠纷
	（2）侵害作品发表权纠纷
	（3）侵害作品署名权纠纷
	（4）侵害作品修改权纠纷

续表

知识产权权属侵权纠纷	
著作权权属、侵权纠纷	（5）侵害保护作品完整权纠纷
	（6）侵害作品复制权纠纷
	（7）侵害作品发行权纠纷
	（8）侵害作品出租权纠纷
	（9）侵害作品展览权纠纷
	（10）侵害作品表演权纠纷
	（11）侵害作品放映权纠纷
	（12）侵害作品广播权纠纷
	（13）侵害作品信息网络传播权纠纷
	（14）侵害作品摄制权纠纷
	（15）侵害作品改编权纠纷
	（16）侵害作品翻译权纠纷
	（17）侵害作品汇编权纠纷
	（18）侵害其他著作财产权纠纷
	（19）出版者权权属纠纷
	（20）表演者权权属纠纷
	（21）录音录像制作者权权属纠纷
	（22）广播组织权权属纠纷
	（23）侵害出版者权纠纷
	（24）侵害表演者权纠纷
	（25）侵害录音录像制作者权纠纷
	（26）侵害广播组织权纠纷
	（27）计算机软件著作权权属纠纷
	（28）侵害计算机软件著作权纠纷

续表

知识产权权属侵权纠纷	
商标权权属、侵权纠纷	（1）商标权权属纠纷
	（2）侵害商标权纠纷
专利权权属、侵权纠纷	（1）专利申请权权属纠纷
	（2）专利权权属纠纷
	（3）侵害发明专利权纠纷
	（4）侵害实用新型专利权纠纷
	（5）侵害外观设计专利权纠纷
	（6）假冒他人专利纠纷
	（7）发明专利临时保护期使用费纠纷
	（8）职务发明创造发明人、设计人奖励、报酬纠纷
	（9）发明创造发明人、设计人署名权纠纷
	（10）标准必要专利使用费纠纷
植物新品种权权属、侵权纠纷	（1）植物新品种申请权权属纠纷
	（2）植物新品种权权属纠纷
	（3）侵害植物新品种权纠纷
	（4）植物新品种临时保护期使用费纠纷
集成电路布图设计专有权权属、侵权纠纷	（1）集成电路布图设计专有权权属纠纷
	（2）侵害集成电路布图设计专有权纠纷
侵害企业名称（商号）权纠纷	
侵害特殊标志专有权纠纷	
网络域名权权属、侵权纠纷	（1）网络域名权属纠纷
	（2）侵害网络域名纠纷
发现权纠纷	
发明权纠纷	

续表

知识产权权属侵权纠纷	
其他科技成果权纠纷	
确认不侵害知识产权纠纷	（1）确认不侵害专利权纠纷
	（2）确认不侵害商标权纠纷
	（3）确认不侵害著作权纠纷
	（4）确认不侵害植物新品种权纠纷
	（5）确认不侵害集成电路布图设计专用权纠纷
	（6）确认不侵害计算机软件著作权纠纷
因申请知识产权临时措施损害责任纠纷	（1）因申请诉前停止侵害专利权损害责任纠纷
	（2）因申请诉前停止侵害注册商标专用权损害责任纠纷
	（3）因申请诉前停止侵害著作权损害责任纠纷
	（4）因申请诉前停止侵害植物新品种权损害责任纠纷
	（5）因申请海关知识产权保护措施损害责任纠纷
	（6）因申请诉前停止侵害计算机软件著作权损害责任纠纷
	（7）因申请诉前停止侵害集成电路布图设计专用权损害责任纠纷
因恶意提起知识产权诉讼损害责任纠纷	
专利权宣告无效后返还费用纠纷	

不正当竞争纠纷	
仿冒纠纷	（1）擅自使用与他人有一定影响的商品名称、包装、装潢等相同或者近似的标识纠纷
	（2）擅自使用他人有一定影响的企业名称、社会组织名称、姓名纠纷
	（3）擅自使用他人有一定影响的域名主体部分、网站名称、网页纠纷

续表

不正当竞争纠纷	
商业贿赂不正当竞争纠纷	
虚假宣传纠纷	
侵害商业秘密纠纷	（1）侵害技术秘密纠纷
	（2）侵害经营秘密纠纷
低价倾销不正当竞争纠纷	
捆绑销售不正当竞争纠纷	
有奖销售纠纷	
商业诋毁纠纷	
串通投标不正当竞争纠纷	
网络不正当竞争纠纷	

垄断纠纷	
垄断协议纠纷	（1）横向垄断协议纠纷
	（2）纵向垄断协议纠纷
滥用市场支配地位纠纷	（1）垄断定价纠纷
	（2）掠夺定价纠纷
	（3）拒绝交易纠纷
	（4）限定交易纠纷
	（5）捆绑交易纠纷
	（6）差别待遇纠纷
经营者集中纠纷	

第二节　知识产权国内争议解决法律合规管理

本节内容，主要从知识产权民事案件管辖、证据规则及审理程序三个方面就争议解决的法律合规要点进行说明。

一、知识产权民事案件管辖

知识产权领域民事案件，既包括合同类纠纷，也包括侵权类纠纷。合同类纠纷的管辖选择相对比较简单，依据《民事诉讼法》（2021年修正）第二十四条之规定，因合同纠纷提起的诉讼，由被告住所地或者合同履行地人民法院管辖。当然，若双方合同中对管辖有特别约定甚至约定采取仲裁方式解决的，只要合同约定真实有效，可直接向合同约定的管辖法院或仲裁机构提起即可。

针对知识产权侵权类案件的管辖则相对比较复杂，有别于普通民事案件，并非所有法院都有知识产权案件管辖权。知识产权权利类型不同，对应的级别管辖法院亦会有所不同，且具体到不同省份地方，指定的知识产权管辖法院也不同。因此，从法律合规角度而言，侵权类案件中，案件管辖的正确选择成了争议解决的首要任务。

现就知识产权民事侵权类案件管辖选择分类说明如下：

（一）地域管辖

知识产权侵权案件仍遵循民事侵权管辖的一般原则，即因侵权行为提起的诉讼，由侵权行为地或者被告所在地人民法院管辖。根据《最高人民法院关于适用〈中华人民共和国民事诉讼法〉的解释》（2022年修正）第二十四条及第二十五条，侵权行为地包括侵权行为实施地以及侵权结果发生地；对于信息网络侵权行为，相应的侵权行为实施地包括实施被诉侵权行为的计算机等信息设备所在地，侵权结果发生地包括侵权人住所地。

不过，具体到知识产权侵权类案件，地域管辖中关于侵权行为地的规定又不尽相同。而且，根据特别法优于一般法原则，在知识产权侵权类案件中，相关司法解释的特别规定应当优先适用。具体可参见下表：

案件类型	管辖法院	法律依据
侵犯著作权类案件[①]	侵权行为实施地、侵权复制品储藏地或者查封、扣押地、被告所在地 注：通过网络购物方式购买被控侵权商品，不以收货地作为侵权行为实施地来确定管辖法院，仍应按上述标准确定管辖法院	《最高人民法院关于审理著作权民事纠纷案件适用法律若干问题的解释》第四条
侵犯商标权类案件[②]	侵权行为的实施地、侵权商品的储藏地或者查封、扣押地、被告所在地； 涉及不同侵权行为实施地的多个被告的共同诉讼，原告可择其一个被告的侵权行为实施地法院管辖	《最高人民法院关于审理商标民事纠纷案件适用法律若干问题的解释》第六条、第七条

---

① 注意：不包括侵权结果发生地。
② 注意：不包括侵权结果发生地。

续表

案件类型	管辖法院	法律依据
侵犯专利权类案件	侵权行为地、被告所在地； 侵权行为地包括：被诉侵犯发明、实用新型专利权的产品的制造、使用、许诺销售、销售、进口等行为的实施地；专利方法使用行为的实施地，依照该专利方法直接获得的产品的使用、许诺销售、销售、进口等行为的实施地；外观设计专利产品的制造、许诺销售、销售、进口等行为的实施地；假冒他人专利的行为实施地，上述侵权行为的侵权结果发生地。 原告仅起诉侵权产品制造者，未起诉销售者的，侵权产品制造地与销售地不一致的，制造地法院有管辖权；以制造者与销售者为共同被告起诉的，销售地法院有管辖权。 销售者是制造者分支机构，原告在销售地起诉侵权产品制造者制造、销售行为的，销售地法院有管辖权	《最高人民法院关于审理专利纠纷案件适用法律问题的若干规定》第二条、第三条

另外，就知识产权类案件的地域管辖，还存在跨区域的集中管辖规定。我们结合目前的法律规定及司法实践，就跨区域集中管辖情况梳理如下：

管辖法院	城市	管辖内容	法律依据
最高人民法院知识产权法庭	设立在北京	1. 不服高级人民法院、知识产权法院、中级人民法院作出的发明专利、实用新型专利、植物新品种、集成电路布图设计、技术秘密、计算机软件、垄断第一审民事案件判决、裁定而提起上诉的案件； 2. 不服北京知识产权法院对发明专利、实用新型专利、外观设计专利、植物新品种、集成电路布图设计授权确权作出的第一审行政案件判决、裁定而提起上诉的案件； 3. 不服高级人民法院、知识产权法院、中级人民法院对发明专利、实用新型专利、外观设计专利、植物新品种、集成电路布图设计、技术秘密、计算机软件、垄断行政处罚等作出的第一审行政案件判决、裁定而提起上诉的案件；	《最高人民法院关于知识产权法庭若干问题的规定》第二条

续表

管辖法院	城市	管辖内容	法律依据
最高人民法院知识产权法庭	设立在北京	4. 全国范围内重大、复杂的本条第一、二、三项所称第一审民事和行政案件； 5. 对本条第一、二、三项所称第一审案件已经发生法律效力的判决、裁定、调解书依法申请再审、抗诉、再审等适用审判监督程序的案件； 6. 本条第一、二、三项所称第一审案件管辖权争议、罚款、拘留决定申请复议，报请延长审限等案件； 7. 最高人民法院认为应当由知识产权法庭审理的其他案件	《最高人民法院关于知识产权法庭若干问题的规定》第二条
知识产权法院（层级相当于中级人民法院）	北京 上海 广州	作为一审法院，管辖所在市辖区内的下述案件： 1. 专利、植物新品种、集成电路布图设计、技术秘密、计算机软件民事和行政案件； 2. 对国务院部门或者县级以上地方人民政府所作的涉及著作权、商标、不正当竞争等行政行为提起诉讼的行政案件； 3. 涉及驰名商标认定的民事案件。 ※ 广州知识产权法院对广东省内第1项和第2项案件实行跨区域管辖	《最高人民法院关于北京、上海、广州知识产权法院案件管辖的规定》
	海南自贸港	1. 海南省有关专利、技术秘密、计算机软件、植物新品种、集成电路布图设计、涉及驰名商标认定及垄断纠纷等专业性、技术性较强的第一审知识产权民事、行政案件； 2. 前项规定以外的由海南省的中级人民法院管辖的第一审知识产权民事、行政和刑事案件； 3. 海南省基层人民法院第一审知识产权民事、行政和刑事判决、裁定的上诉、抗诉案件； 4. 最高人民法院确定由其管辖的其他案件	《全国人民代表大会常务委员会关于设立海南自由贸易港知识产权法院的决定》
互联网法院（层级相当于基层人民法院）	北京	集中管辖所在市的辖区内应当由基层人民法院受理的下列第一审案件： 1. 通过电子商务平台签订或者履行网络购物合同而产生的纠纷； 2. 签订、履行行为均在互联网上完成的网络服务合同纠纷； 3. 签订、履行行为均在互联网上完成的金融借款合同纠纷、小额借款合同纠纷； 4. 在互联网上首次发表作品的著作权或者邻接权权属纠纷； 5. 在互联网上侵害在线发表或者传播作品的著作权或者邻接权而产生的纠纷；	《最高人民法院关于互联网法院审理案件若干问题的规定》

续表

管辖法院	城市	管辖内容	法律依据
互联网法院（层级相当于基层人民法院）	杭州	6. 互联网域名权属、侵权及合同纠纷； 7. 在互联网上侵害他人人身权、财产权等民事权益而产生的纠纷； 8. 通过电子商务平台购买的产品，因存在产品缺陷，侵害他人人身、财产权益而产生的产品责任纠纷； 9. 检察机关提起的互联网公益诉讼案件； 10. 因行政机关作出互联网信息服务管理、互联网商品交易及有关服务管理等行政行为而产生的行政纠纷； 11. 上级人民法院指定管辖的其他互联网民事、行政案件	《最高人民法院关于互联网法院审理案件若干问题的规定》
	广州		
知识产权法庭		截至2022年2月，全国已在南京、苏州等26个主要城市设立了26个知识产权法庭①，跨区域管辖专利等技术类案件	

（二）级别管辖

2022年4月20日，《最高人民法院关于第一审知识产权民事、行政案件管辖的若干规定》正式公布，自2022年5月1日起施行。根据该规定：

1. 发明专利、实用新型专利、植物新品种、集成电路布图设计、技术秘密、计算机软件的权属、侵权纠纷以及垄断纠纷第一审民事、行政案件由知识产权法院，省、自治区、直辖市人民政府所在地的中级人民法院和最高人民法院确定的中级人民法院管辖。法律对知识产权法院的管辖有规定的，依照其规定。

2. 外观设计专利的权属、侵权纠纷以及涉驰名商标认定第一审民事、行政案件由知识产权法院和中级人民法院管辖；经最高人民法院批准，也可以由基层人民法院管辖，但外观设计专利行政案件除外。该等案件及该等案件

---

① 专门知识产权法庭是地方中级人民法院的内设机构，不是独立的法院。

以外的第一审知识产权案件诉讼标的额在最高人民法院确定的数额以上的，以及涉及国务院部门、县级以上地方人民政府或者海关行政行为的，由中级人民法院管辖。法律对知识产权法院的管辖有规定的，依照其规定。

3. 上述案件之外的第一审知识产权民事、行政案件，由最高人民法院确定的基层人民法院管辖。具体可检索最高人民法院发布的《基层人民法院管辖第一审知识产权民事、行政案件标准》（自2022年5月1日起施行）进行确认。

需要说明的是，知识产权类案件的管辖确认相对比较复杂，上文所梳理的仅是针对民事类案件管辖的一般性规定。具体到不同的案件及地域，级别管辖中不同级别对应的诉讼标的额大小以及基层法院是否存在集中管辖等还需作进一步的确认。司法实务中，建议事先查询当地高级人民法院发布的知识产权类案件的管辖规定，避免因管辖确认错误而降低工作效率。

二、证据规则法律合规指引

争议解决依赖于案件事实的查明以及法律的正确适用，而案件事实的查明又取决于双方对案件证据材料的出示和运用。在知识产权争议案件中，特别是侵权类案件中，证据材料的梳理是一项极为重要的工作。

基于《最高人民法院关于民事诉讼证据的若干规定》（2019年修正）及《最高人民法院关于知识产权民事诉讼证据的若干规定》（自2020年11月18日起施行），现就知识产权民事案件证据规则法律合规指引说明如下：

（一）证据及其"三性"

诉讼案件中所谓的证据，通常就是指用来证明案件争议事实的各种材料，包括书证、物证、视听资料、电子数据、证人证言、鉴定意见、勘验笔录等。

《最高人民法院关于适用〈中华人民共和国民事诉讼法〉的解释》第

一百零四条第一款规定："人民法院应当组织当事人围绕证据的真实性、合法性以及与待证事实的关联性进行质证,并针对证据有无证明力和证明力大小进行说明和辩论。"我们常说的证据"三性"即来源于此。满足该等三性的证据材料,经法院查证属实,对案件事实有一定的证明力,才能作为认定事实的根据。

(二) 证据法律合规指引

结合上述证据三性,以及诉讼程序的要求,现梳理证据法律合规要求如下:

类别	序号	法律合规要求	法律规则指引
实体合规	1	应遵守诚信原则	当事人不得伪造、变造证据或提供虚假证据材料
实体合规	2	取证应合法合规	当事人自行取证应注意方式方法,不得通过非法途径如侵害他人合法权益或有悖公序良俗等方式搜集证据
实体合规	3	应提交原件或原物	证据材料应提供原件或原物,视听资料应当提供存储该视听资料的原始载体
实体合规	4	应全面、完整提交证据	涉及合同文本、微信聊天记录、邮件等电子证据材料,应确保其完整性,不得刻意删除
实体合规	5	域外书证应办理公证认证手续	当事人提供的证据材料中公文书证等系域外形成的材料,应当经所在国公证机关公证并经中国驻该国使领馆认证
实体合规	6	外文证据材料应提交中文译本	证据材料系外文书证的,需提供权威翻译机构翻译的中文译本
实体合规	7	应承担保密义务	知识产权案件中证据材料涉及保密义务的较多,当事人及其代理人应对保密义务予以重视
实体合规	8	电子数据证据应提供技术说明	当事人提供电子数据证据时,应一并提供生成、存储、传输、提取该电子数据证据的技术过程说明。必要时,需提供该技术过程说明所涉及的具体技术资料或文件

续表

类别	序号	法律合规要求	法律规则指引
程序合规	9	应编制证据目录并依照当事人人数提交证据材料副本	知识产权案件证据材料相对较为烦琐，建议就全部证据材料逐一分类编号，载明证据名称及证据来源、证明对象和内容作简要说明，签名盖章，注明提交日期，并依照当事人人数提交副本
	10	应当在举证期限内提出	当事人应在法院指定的举证期限内提交证据，必要时可以申请延期举证或补充提供证据
	11	申请证人出庭应在举证期限届满前提交申请	当事人因案件需要申请证人出庭的，应在举证期限届满前提交书面申请，并征得法庭允许
	12	申请证据保全应当在举证期限届满前提出，并提供担保	当事人申请证据保全的，法院可视保全措施等责令申请人提供相应的担保
	13	申请鉴定应在法院指定期间内提出	当事人申请鉴定，应当在人民法院指定期间内提出，并预交鉴定费用。逾期不提出申请或者不预交鉴定费用的，视为放弃申请
	14	二审证据应属于新证据	当事人在一审中已经发现或掌握的证据应尽量在一审程序中予以提交，避免在二审中不被采纳或导致案件被发回重审

（三）企业涉诉法律合规指引

根据《民事诉讼法》规定的案件审理程序及知识产权领域单行法，现就企业应对知识产权民事侵权类诉讼的法律合规指引，依据民事诉讼的审理程序作出如下梳理：

阶段	序号	法律合规要点	法律合规指引
立案	1	确认原告资格	权利人应首先确认是否拥有起诉他人侵权的原告资格。特别是在相应知识产权权系授权许可使用情形下，需确认是否有权就知识产权侵权情形以自身名义提起诉讼
	2	确认知识产权权属有效性	权利人应确保其依法保护的知识产权权属的有效性

续表

阶段	序号	法律合规要点	法律合规指引
立案	3	确认起诉对象	应根据侵权行为识别侵权人,涉及多个侵权人的,可以列共同被告
	4	确认诉讼请求	针对具体侵权行为,选择停止侵权、赔偿损失、消除影响等具体诉请。存在多个被告的,要确认是否承担连带责任
	5	确认管辖法院	结合侵权行为或侵权结果,选择有利于自己的管辖法院。当然,对于被告一方,认为管辖不正确的,可以提起管辖权异议
	6	确认是否采取证据保全、行为保全或财产保全等措施	权利人可视侵权事态情形,选择是否先行采取证据保全,固定侵权证据;或者是否紧急申请行为保全,即诉前禁令;对可能有转移财产嫌疑的也可在立案时一并提出财产保全申请。被告针对财产保全措施亦可提出反担保
	7	确认诉讼时效①	提起诉讼时应确认是否还在三年有效诉讼时效内,存在诉讼时效中止、中断等情形的,需提供相应证据材料
	8	确认证据材料的真实、有效	原告在立案阶段应初步完成证据材料的准备及提交,特别是要确认相应证据是否留有原件或原物,是否有需要公证、翻译的必要等
	9	确保按时、足额预缴诉讼费用	原告在立案完成后,应及时按照法院开具的缴费通知缴纳诉讼费、保全费、公告费等,避免因逾期缴费被法院裁定按撤诉处理
	10	确保有效签收法院诉讼文书	各方应在诉讼过程中向法院提交法律文书有效送达地址及有效联系方式。对原告而言,起诉前应对被告送达地址作初步确认,便于法院有效送达
一审	11	确认举证期限并及时提交证据	法院正式受理案件后,通常会向各方送达案件受理通知书、举证通知书、传票等诉讼文书,当事双方应及时关注相关信息,特别是涉及举证期限的,原被告应在该等期限内完成举证,必要时可以申请延期举证或申请法院依职权调取相关证据

① 超过三年起诉的,如果侵权行为在起诉时仍在持续的,依然可以起诉,但侵权损害赔偿额应当自权利人向法院起诉之日起向前推算三年计算。

续表

阶段	序号	法律合规要点	法律合规指引
一审	12	确保准时参加开庭	原告无故不参加开庭的，视为撤诉；被告经传唤不参加庭审的，法院可缺席判决
	13	确保诉讼权利义务应知尽知	当事双方在具体庭审中应有效行使诉讼权利，如享有申请合议庭回避权利、要求查验证据原件、要求对全部证据进行质证、最后陈述权利等，同时也应当遵守相应的诉讼义务及法庭秩序
二审	14	确认上诉期	上诉应自收到法院一审判决文书送达之日起十五日内向一审法院提出，涉外案件中，外方应在一审判决文书送达之日起三十日内提出
	15	缴纳上诉费用	上诉人应在收到法院缴纳上诉费通知后及时缴费
	16	新证据的提交	二审中，确有新证据的，可以向法院提出
	17	确保准时参加开庭	上诉人无故不参加开庭的，视为撤诉；被上诉人经传唤不参加庭审的，法院可缺席判决
强制执行	18	确认判决义务	发生法律效力的民事判决、裁定，当事人必须履行。一方拒绝履行的，对方当事人可以向人民法院申请执行
	19	确保有效期内提出强制执行申请	申请执行的期间为二年。从法律文书规定履行期间的最后一日起计算；法律文书规定分期履行的，从规定的每次履行期间的最后一日起计算；法律文书未规定履行期间的，从法律文书生效之日起计算
再审	20	确认再审法定理由	当事人对已经发生法律效力的判决、裁定，认为有错误的，可以向上一级人民法院申请再审。当事人申请再审的，不停止判决、裁定的执行
			再审申请应当具备法定事由，主要包括有新的证据，足以推翻原判决、裁定的；原判决、裁定认定的基本事实缺乏证据证明的；原判决、裁定认定事实的主要证据是伪造的；原判决、裁定认定事实的主要证据未经质证的；原判决、裁定适用法律确有错误的；未经传票传唤，缺席判决的；原判决、裁定遗漏或者超出诉讼请求的等
	21	确保有效期内提出	当事人申请再审，应当在判决、裁定发生法律效力后六个月内提出；部分情形如获悉证据伪造，获得新证据等应自知道或者应当知道之日起六个月内提出

第三节　知识产权跨国争议解决法律合规管理

知识产权跨国争议，主要包括国内企业的知识产权在他国被侵权以及国内企业在他国被诉知识产权侵权。本节内容主要从知识产权境外注册登记、监测以及争议应对三个方面，以美国和欧盟为例，对国内企业应对跨国争议解决的法律合规管理要点进行说明。

一、知识产权境外注册/登记

因知识产权具有法定性和地域性的特点，国内企业若想在他国获得知识产权保护，首先应该使其知识产权获得他国或地区的认可。这里的认可，通常是指主动向他国或地区相关部门申请对知识产权注册或登记。

传统观点认为，选择去哪些境外国家或地区申请知识产权注册或登记，主要看国内企业的产品或服务是否已经或有计划进入该国家或地区，但随着国际商事交流越来越紧密，中国企业的影响力越来越大，国内企业的知识产权在境外被恶意抢注或者非法利用的情况也越来越多。因此，除了企业已经进入或计划进入的国家或地区，对于世界上主要国家或地区，如美国、欧盟、东盟、非盟等，均应考虑及时对自己的知识产权申请注册或登记，从而达到知识产权保护的目的。

下文以美国和欧盟为例，介绍知识产权注册或登记要点。

1. 美国专利和商标局 United States Patent and Trademark Office（USPTO）

美国专利和商标局主要负责美国商标注册及其相关事项以及专利的申请审批等事项。

	申请程序
商标注册	1. 商标检索。通过 USPTO 商标数据库，检索申请商标是否已经被他人注册或者已存在相似商标。 2. 在线申请。登录商标电子申请系统（TEAS）或者商标电子申请国际系统（TEASi）提交申请表格。 3. 检查申请状态并查看申请文件。提交申请文件后，申请人将会获得一个申请序列号。在商标申请期间，申请人有义务每 3~6 个月检查一次申请状态，以确定申请被有效受理并及时收取美国专利商标局的任何通知。 4. 及时回应美国专利和商标局的信函。在美国专利商标局确定申请人符合最低申请要求后，会分配一个申请序列号，并将申请转给商标审查员。审查员将审查申请以确定该申请是否符合所有适用的规则和法规。完整的审查包括查找近似标识以及审查书面申请、图纸和任何样本。商标局可能会向申请人寄送信函，并在信函中列明所申请商标的问题，申请人应及时根据信函的要求，对问题予以修正。如果申请人没有在规定的期限内对信函进行回应，将会被视为放弃本次商标注册申请。 5. 申请商标公示。如果审查员没有对商标注册申请提出反对意见，或者如果申请人修正了审查员在信函中提出的所有问题，审查员将在美国专利商标局出版的《官方公报》上公示该申请商标。美国专利商标局将向申请人发送一份公布通知，说明公示的日期。申请商标在《官方公报》上公示后，任何认为可能因该申请商标的注册而受到损害的一方，可在公示之日起三十天内提出反对注册或要求延长反对时间的异议。异议类似于联邦法院的诉讼程序，但在商标审判和上诉委员会（TTAB）举行，这是美国专利商标局的一个行政法庭。如果没有提出异议或异议不成功，则申请进入注册程序的下一阶段。 6. 发放商标注册证明。如果商标注册申请符合要求，且在公示期没有他人提出异议或者异议不成立，则美国专利和商标局将向申请人发放注册证明。 7. 注册商标的维持。在商标注册五周年及六周年期间，商标注册人应通过电子系统向美国专利和商标局提交一份商标使用或可谅解的不使用的声明。如果商标注册人未在上述期限内提交，也可在注册六周年后的六个月内提交该声明，但需按照每个类别一百美元的标准支付额外费用。未在规定期限内提交声明将导致注册商标被撤销。 8. 注册商标的续展。商标续展请求应当在商标注册九周年及十周年期间提出，并在之后每十年提起一次续展申请。如果未能在上述续展期间内提出申请的，也可在续展期满后的六个月内提出，但需按照每个类别一百美元的标准支付额外费用。未在规定期限内提交续展申请的，续展商标将终止

续表

	申请程序
专利注册	1. 确定所需申请专利的类型。美国的专利分为（1）实用专利（Utility Patents），可被授予任何发明或发现了任何新的和有用的工艺、机器、工业品或者物质组成，或对上述事物进行了新的和有用的改进的人；（2）外观设计专利（Design Patents），可被授予为工业品发明新的、创新的和装饰性的设计的人；（3）植物专利（Plant Patents），可被授予任何发明或发现和无性繁殖任何独特和新品种植物的人。 2. 聘请专利代理人。一旦申请人确定了申请专利的类型，即可考虑申请策略以及是否聘用专业的专利代理人。 3. 专利检索。通过美国专利和商标局的专利全文和图像数据库（PatFT），检索是否已经有与申请专利相似的专利被申请或批准。数据库拥有 1976 年至今的专利全文和 1790 年至今的所有专利的 PDF 图像。 4. 在线申请。申请人可通过 EFS-WEB 系统登录提交所有类型的专利申请。 5. 专利申请审核。如果专利申请被认为是不完整的，申请人将会收到美国专利和商标局的正式信函，通知申请人补正。申请人应当在规定的期限内提交补正材料，如果未能按期补正，则申请将被退回。如果申请是完整的，则该专利申请将被进一步审查。如果审查员认为专利申请不符合要求，审查员将解释原因。申请人将有机会对审查员的反对意见进行修改或辩驳。如果申请人没有在规定的时间内对审查员的要求作出回应，该等专利申请将被放弃。如果申请人的申请两次被驳回，申请人可以就审查员的决定向专利审判和上诉委员会（PTAB）上诉。如果申请人对最终决定的答复没有克服审查员的所有反对意见，或者如果任何权利要求被两次驳回，申请人可以考虑向专利审判和上诉委员会（PTAB）提出上诉。如果申请人选择了代理人，一旦专利律师或专利代理人提交了申请，美国专利和商标局将只与律师或专利代理人沟通。 6. 获得批准。如果审查员确定申请人的申请满足所有条件，申请人将会收到缴费通知，包括领证费和公告费。申请人应当在专利授权前支付。 7. 专利维持。实用专利的专利权人应当在实用专利授权日后四年、八年以及十二年的有效期支付专利维持费。如果不及时支付维持费和任何适用的附加费，该实用专利将终止

2. 美国版权局 U.S. Copyright Office（USCO）

美国版权局作为美国国会图书馆的一个部门，主管美国著作权登记工作。第一部《美国著作权法》于 1790 年制定，随后经多次修订，其中 1976 年的版本是对《美国著作权法》的一次全面修订。现行的《美国著作权法》被收录进《美国法典》第 17 章，包括 1976 年版《著作权法》及其后相关补充修订版、1984年《半导体芯片保护法》(经修订)以及《船体设计保护法》(经修订)。

根据《美国著作权法》的相关规定,美国著作权保护涉及通知、登记、存档等事项。

	定义	1978年之前发表的作品	1978年至1989年2月期间发表的作品	1989年2月之后发表的作品
通知 (Notice)	将版权符号©印在作品复制品上,声音作品如唱片也可以使用符号℗	受联邦认可的著作权保护自带有版权符号的发表后产生;如果在发表时没有版权符号,作品将进入公共领域	附带版权符号使得著作权保护更完善;如果没有携带版权符号,权利人有五年的弥补期间,如果在五年内仍未在作品中附带版权符号的,作品将进入公共领域	权利人可选择是否在作品中附着版权符号,但如果作品中附着版权符号,则善意侵权人的抗辩将不成立
登记 (Registration)	著作权登记非美国著作权的生效要件,著作权所有人或任一独家权利人都可以向美国版权局申请对其享有的权利进行登记。著作权登记申请文件主要包括:一份申请表、一笔不可退还的申请费以及存档的作品副本。登记证书包含了应公开的关键信息,包括作品的名称、作者、创作年份等信息	可选择不登记直到著作权期限第一次届满前的最后一年;登记是启动侵权诉讼的前置程序	可选择不登记,但是登记是启动侵权诉讼的前置程序;只有在侵权行为发生前已经登记的作品才能主张法定赔偿金及律师费	除美国之外的伯尔尼公约成员国作品及WTO作品可选择是否登记,但针对美国及其他外国作品,登记仍是侵权诉讼的前置程序

续表

	定义	1978年之前发表的作品	1978年至1989年2月期间发表的作品	1989年2月之后发表的作品
存档 （Deposit）	美国对受著作权保护的作品实施强制存档制度。所有在美国出版的受美国著作权保护的作品在出版后三个月内必须向美国版权局送交两份最佳副本存档，供国会图书馆使用。强制存档制度同样使用于首次出版地在美国之外的作品在美国发行时	存档系诉讼的前置程序；未存档的作品可被罚款	存档系诉讼的前置程序；未存档的作品可被罚款	针对除美国之前的其他伯尔尼公约成员国的作品，存档非诉讼前置程序

3. 欧盟知识产权局 European Union Intellectual Property Office（EUIPO）

欧盟知识产权局主要负责管理欧盟商标以及经注册的共同体外观设计。在欧盟知识产权局申请注册的欧盟商标（EUTM）将被授予在欧盟所有当前和未来成员国均受到保护。

欧盟商标（原共同体商标）的注册是通过直接向欧盟知识产权局（EUIPO）提交一份申请进行的，在27个欧盟国家有效。包括奥地利、比利时、保加利亚、克罗地亚、塞浦路斯、捷克共和国、丹麦、爱沙尼亚、芬兰、法国、德国、希腊、匈牙利、爱尔兰、意大利、拉脱维亚、立陶宛、卢森堡、马耳他、荷兰、波兰、葡萄牙、罗马尼亚、斯洛伐克、斯洛文尼亚、西班牙和瑞典。

	申请程序
商标	1. 商标检索。在申请人确认了申请商标，申请人可以在 eSearch plus 数据库检索欧盟的所有商标，也可以在 TMview 数据库检索在欧盟各成员国知识产权局、欧盟知识产权局以及部分欧盟之外的国际合作知识产权局的商标，以检查是否存在与待申请商标近似的已注册商标。 2. 使用 Harmonised 数据库确认商标申请的商品或服务的类别。Harmonised 数据库包含超过七万多个商标或服务术语供申请人选择。 3. 在线申请。在欧盟知识产权局的官方网站上存在三种申请类别，简单申请表（Easy Filling Form，专为欧洲经济区内设有法律代表的中小企业和个人设计，用于文字或图形商标的申请）、五步表（Five Step Form，适用于由知识产权专家处理的简单案件，用于文字、图形、三维或声音商标的申请）以及高级表（Advanced Form，适用于知识产权专家处理的复杂案件，用于所有类别商标的申请）。 4. 审查。在欧盟知识产权局受理了申请并进入审查阶段后，主要包括审核、公示异议期以及核准注册三个程序。 5. 注册。如果没有人提出异议或第三方意见，申请人的商标就会被注册，并公布注册结果。注册的公布是免费的，并且会颁发一份注册证书。申请人可以在注册结果公布两天后下载该证书，不会提供纸质证书，但申请人可以申请经认证或未经认证的注册证书副本
外观设计	1. 检索。检索已有的外观设计可使用 eSearch plus 数据库以及 Designview 数据库，前者可以检索经注册的所有欧洲共同体商标，后者可以检索欧盟及其他国家的外观设计。 2. 使用 Eurolocarno 数据库确认外观设计申请的产品类别。该数据库使用洛迦诺分类法。 3. 在线申请。可直接在欧盟知识产权局的官方网站提交申请，并有快速通道和高级申请表两种申请方式。 4. 审查。在欧盟知识产权局受理了申请并进入审查阶段后，将对申请分别进行形式审查及实质性审查。实质性审查内容包括是否属于外观设计以及是否含有违反公共政策和道德的内容。 5. 注册。如果通过审查，申请人的外观设计将被批准注册并在《共同体外观设计公报》中公布。申请人可以在注册结果公布两天后下载该证书，不会提供纸质证书，但申请人可以申请经认证或未经认证的注册证书副本

4. 欧洲专利局 European Patent Office（EPO）

欧洲专利局是欧洲专利组织的执行机构，主要负责专利申请的检索和审查以及欧洲专利的授权。

（1）欧洲专利申请方式

申请人主要可以通过五种方式提交专利申请：

①在线提交申请，主要使用欧洲专利局提供的相关申请软件；

②通过邮寄、快递、传真或者亲自到欧洲专利局慕尼黑总部、海牙分局和柏林分局提交；

③使用自动邮箱，即申请人可随时使用位于慕尼黑或柏林的自动邮箱，海牙没有设立自动邮箱，但文件可以在办公时间以外的任何时间交给门卫；

④向相关欧洲共同体缔约国的国家专利局提交欧洲专利的申请。

（2）欧洲专利的有效范围

经欧洲专利局授权后，该专利可以在《欧洲专利公约》（EPC）的38个成员国受到保护。欧洲专利不是欧盟专利，尽管它有时被宽泛地称为欧盟专利。然而，EPC确实包括了欧盟目前所有的27个成员国。也就是说，EPC包括更多的国家，而不仅仅是欧盟，而且是在欧盟法律之外。

二、知识产权境外监测

1. 监测内容

（1）监测他人知识产权注册登记申请

企业已经在他国完成了知识产权注册登记后，可通过公开数据库在该国或地区随时对他人所申请注册登记的知识产权进行监测。若发现他人申请的知识产权，如商标或外观设计与企业自己的商标或外观设计构成近似，则企业可通过异议程序，阻止他人申请注册相似的商标或外观设计，以确保企业自己的知识产权不被侵犯或淡化。

主要监测数据库

数据库名称	数据库链接
美国商标电子检索系统（TESS）	https://www.uspto.gov/trademarks/search

续表

数据库名称	数据库链接
美国商标官方公告（TMOG）	https://www.uspto.gov/learning-and-resources/official-gazette/trademark-official-gazette-tmog=
美国专利官方公报（Official Gazette for Patents）	https://www.uspto.gov/learning-and-resources/official-gazette/official-gazette-patents
美国专利和商标局与欧洲专利局合作专利分类检索系统（CPC）	https://www.uspto.gov/web/patents/classification/
美国专利数据库	https://patft.uspto.gov/
欧盟商标及外观设计检索数据库（eSearch plus）	https://euipo.europa.eu/eSearch/
TMview 商标检索数据库（可检索欧盟及非欧盟的欧洲国家、美洲、亚洲、非洲、大洋洲等主要国家的商标）	https://www.tmdn.org/tmview/#/tmview
DESIGNview 外观设计检索数据库（可检索欧盟及非欧盟的欧洲国家、美洲、亚洲、非洲、大洋洲等主要国家的外观设计）	https://www.tmdn.org/tmdsview-web/welcome#/dsview
欧洲专利申请检索	https://register.epo.org/regviewer
欧洲专利公报	https://www.epo.org/searching-for-patents/legal/bulletin.html
英国商标检索	https://www.gov.uk/search-for-trademark
英国专利检索	https://www.gov.uk/search-for-patent

（2）监测他人侵犯企业知识产权的行为

监测在境外是否存在他人实施侵犯企业知识产权的行为，该等行为可能是网络知识产权侵权，如域名侵权、著作权侵权等，也可能在境外生产或销售的产品侵犯了企业的商标权或专利权。

2. 监测机构

对于主要经营场所在国内的企业，聘请境外专业人士实施境外知识产权监测是比较高效的做法。通常为企业代理申请境外知识产权注册登记的当地专业服务机构均可提供对当地的知识产权监测服务。

三、知识产权争议应对

管理企业海外知识产权争议解决应当做到：（1）对所适用的争议解决的类型及相关程序有初步了解，这对海外律师的选择以及争议解决策略的制定、对外部律师报告的理解将产生至关重要的作用；（2）对不同争议解决阶段可能产生的案件成本有较清晰的了解；（3）充分了解公司的长期商业利益，并使得案件策略与公司的长期商业利益保持一致。

1. 法律专业人士选择

当企业可能或者已经遭遇海外知识产权争议解决时，无论是被控侵权方，还是遭受他人侵权，应当及时联系并选择有能力处理该争议解决的法律专业人士，如知识产权代理人、律师、顾问等。所选法律专业人士既要具备与案件相匹配的专业知识和业务领域及经验，又同时符合在当地代理企业处理案件所需的资质。

2. 案件处理策略的制定

当选择了法律专业人士后，企业应当在法律专业人士的建议下制定符合企业利益的案件处理策略。案件策略的制定往往与争议解决的花费成本、结果的预判以及对企业利益的维护以及未来的海外发展规划等相关。

3. 争议解决方式

如果企业为主动发动争议解决程序的一方，则采取哪一种争议解决方式亦应当是重要的考量因素。另外，即使是被动接受争议解决的一方，企业也可从维护自身利益最大化出发，积极推动有利于自身的争议解决方式。

争议解决方式	优势	劣势
法院诉讼	双方在诉讼中的权利义务充分得到保障，法院裁决或判决具有强制执行力	时间长、程序复杂、成本高。某些外国法院的判决或裁定难以在国内获得认可和执行
临时禁令 主要是为了防止知识产权侵权行为发生，有权司法机关可命令侵权人停止侵权行为，特别是在结关后立即阻止涉及侵犯知识产权的货物进入其辖区内的商业渠道①	可及时、有效地制止侵权，挽救知识产权权利人的损失	可能对被申请人的权益造成损害
替代性争议解决方式（ADR） 指通过非诉讼的选择性争议解决方式的总称，主要包括调停或调解、仲裁、中立评估等。 许多国家本身存在各类提供 ADR 服务的组织和机构，此外，世界知识产权组织仲裁与调解中心也提供专门的知识产权争议 ADR 服务	成本低，保密性高，可快速解决纠纷	可能导致僵局，难以保证结果的终局性和可执行性

---

① 《TRIPS》第五十条第一款。

附录

主要法律规范索引

一、商标法律法规

制定部门	规范名称	生效时间
全国人民代表大会常务委员会	《商标法》	2019年11月1日
国务院	《商标法实施条例》	2014年5月1日
最高人民法院	《最高人民法院关于审理商标授权确权行政案件若干问题的规定》	2021年1月1日
最高人民法院	《最高人民法院关于商标法修改决定施行后商标案件管辖和法律适用问题的解释》	2021年1月1日
最高人民法院	《最高人民法院关于审理涉及驰名商标保护的民事纠纷案件应用法律若干问题的解释》	2021年1月1日
最高人民法院	《最高人民法院关于涉及驰名商标认定的民事纠纷案件管辖问题的通知》	2009年1月5日
最高人民法院	《最高人民法院关于审理注册商标、企业名称与在先权利冲突的民事纠纷案件若干问题的规定》	2021年1月1日
最高人民法院	《最高人民法院关于审理商标民事纠纷案件适用法律若干问题的解释》	2021年1月1日
最高人民法院	《最高人民法院关于审理商标案件有关管辖和法律适用范围问题的解释》	2021年1月1日
最高人民法院	《最高人民法院关于诉前停止侵犯注册商标专用权行为和保全证据适用法律问题的解释》（已失效）	2002年1月9日
最高人民法院	《最高人民法院关于人民法院对注册商标权进行财产保全的解释》	2021年1月1日
国家知识产权局	《国家知识产权局关于加强查处商标违法案件中驰名商标保护相关工作的通知》	2019年11月15日
国家知识产权局	《关于发布〈关于商标电子申请的规定〉的公告》	2019年9月1日
国家知识产权局	《关于京外商标审查协作中心和部分地方商标受理窗口扩大商标受理业务范围的公告》	2018年11月8日

续表

制定部门	规范名称	生效时间
国家知识产权局	《国家知识产权局关于〈注册商标专用权质押登记程序规定〉的公告》	2020年5月1日
国家市场监督管理总局	《规范商标申请注册行为若干规定》	2019年12月1日
	《商标使用许可合同备案办法》	1997年8月1日
	《工商总局关于执行修改后的〈中华人民共和国商标法〉有关问题的通知》	2014年4月15日
	《国家工商总局商标局关于企业在自建网站上使用驰名商标字样等有关问题的批复》	2016年9月9日
	《驰名商标认定和保护规定》	2014年8月2日
	《国家工商行政管理局商标局关于申请认定驰名商标若干问题的通知》	2000年4月28日
	《国家工商行政管理总局关于如何处理商标专用权与外观设计专利权冲突问题的批复》	2009年11月9日
	《商标印制管理办法》	2020年10月23日
	《国家知识产权局关于印发〈商标侵权判断标准〉的通知》	2020年6月15日

二、专利法律法规

制定部门	规范名称	生效时间
全国人民代表大会常务委员会	《专利法》	2021年6月1日
	《全国人民代表大会常务委员会关于专利等知识产权案件诉讼程序若干问题的决定》	2019年1月1日
	《广告法》	2021年4月29日
国务院	《专利法实施细则》	2010年2月1日
	《专利代理条例》	2019年3月1日

续表

制定部门	规范名称	生效时间
最高人民法院、最高人民检察院	《最高人民法院关于对诉前停止侵犯专利权行为适用法律问题的若干规定》(法释〔2001〕20号)	2001年7月1日
	《最高人民法院关于审理专利纠纷案件适用法律问题的若干规定》(法释〔2001〕21号,已失效)	2001年7月1日
	《最高人民法院关于审理侵犯专利权纠纷案件应用法律若干问题的解释》(法释〔2009〕21号)	2010年1月1日
	《最高人民法院关于修改〈最高人民法院关于审理专利纠纷案件适用法律问题的若干规定〉的决定》(法释〔2013〕9号)	2013年4月15日
	《最高人民法院关于北京、上海、广州知识产权法院案件管辖的规定》(法释〔2014〕12号,2020年修正)	2014年11月3日
	《最高人民法院关于修改〈最高人民法院关于审理专利纠纷案件适用法律问题的若干规定〉的决定》(法释〔2015〕4号)	2015年2月1日
	《最高人民法院关于审理侵犯专利权纠纷案件应用法律若干问题的解释(二)》(法释〔2016〕1号,2020年修正)	2016年4月1日
	《最高人民法院关于审查知识产权纠纷行为保全案件适用法律若干问题的规定》(法释〔2018〕21号)	2019年1月1日
	《最高人民法院关于知识产权法庭若干问题的规定》(法释〔2018〕22号)	2019年1月1日
	《最高人民法院关于技术调查官参与知识产权案件诉讼活动的若干规定》(法释〔2019〕2号)	2019年5月1日
	《最高人民法院关于审理专利授权确权行政案件适用法律若干问题的规定(一)》(法释〔2020〕8号)	2020年9月12日
	《最高人民法院关于涉网络知识产权侵权纠纷几个法律适用问题的批复》(法释〔2020〕9号)	2020年9月14日
	《最高人民法院、最高人民检察院关于办理侵犯知识产权刑事案件具体应用法律若干问题的解释(三)》(法释〔2020〕10号)	2020年9月14日
	《最高人民法院关于知识产权民事诉讼证据的若干规定》(法释〔2020〕12号)	2020年11月18日

续表

制定部门	规范名称	生效时间
最高人民法院、最高人民检察院	《最高人民法院关于修改〈最高人民法院关于审理侵犯专利权纠纷案件应用法律若干问题的解释（二）〉等十八件知识产权类司法解释的决定》（法释〔2020〕19号）	2021年1月1日
	《最高人民法院关于审理电子商务平台知识产权民事案件的指导意见》（法发〔2020〕32号）	2020年9月10日
	《最高人民法院关于审理侵害知识产权民事案件适用惩罚性赔偿的解释》（法释〔2021〕4号）	2021年3月3日
	《最高人民法院关于知识产权侵权诉讼中被告以原告滥用权利为由请求赔偿合理开支问题的批复》（法释〔2021〕11号）	2021年6月3日
	《最高人民法院关于审理申请注册的药品相关的专利权纠纷民事案件适用法律若干问题的规定》（〔2021〕13号）	2021年7月5日
国家知识产权局	《专利审查指南（2010）》（局令第55号）	2010年2月1日
	《国家知识产权局关于修改〈专利审查指南〉的决定》（局令第67号）	2013年10月15日
	《国家知识产权局关于修改〈专利审查指南〉的决定》（局令第68号）	2014年5月1日
	《国家知识产权局关于修改〈专利审查指南〉的决定》（局令第74号）	2017年4月1日
	《国家知识产权局关于修改〈专利审查指南〉的公告》（局公告第343号）	2020年2月1日
	《国家知识产权局关于修改〈专利审查指南〉的决定》（局公告第391号）	2021年1月15日
	《专利优先审查管理办法》（局令第76号）	2017年8月1日
	《关于规范专利申请行为的若干规定》（局令第75号）	2017年4月1日
	《用于专利程序的生物材料保藏办法》（局令第69号）	2015年3月1日
	《国家知识产权局行政复议规程》（局令第66号）	2012年9月1日
	《专利实施强制许可办法》（局令第64号）	2012年5月1日
	《专利标识标注办法》（局令第63号）	2012年5月1日

续表

制定部门	规范名称	生效时间
国家知识产权局	《专利实施许可合同备案办法》(局令第62号)	2011年8月1日
	《关于修改〈专利行政执法办法〉的决定》(局令第71号)	2015年7月1日
	《专利行政执法办法》(局令第60号)	2011年2月1日
	《专利权质押登记办法》(局令第461号)	2021年11月15日
	《重大专利侵权纠纷行政裁决办法》	2021年6月1日
	《关于规范申请专利行为的办法》	2021年3月11日
	《药品专利纠纷早期解决机制行政裁决办法》	2021年7月5日
	《药品专利纠纷早期解决机制实施办法(试行)》	2021年7月4日
	《专利侵权行为认定指南(试行)》(国知发管字〔2016〕31号)	2016年5月5日
	《专利行政执法证据规则(试行)》(国知发管字〔2016〕31号)	2016年5月5日
	《专利纠纷行政调解指引(试行)》(国知发管字〔2016〕31号)	2016年5月5日
	《专利侵权判定和假冒专利行为认定指南(试行)》(国知发管字〔2014〕42号)	2014年7月17日
	《专利纠纷行政调解办案指南》(国知发保字〔2020〕26号)	2020年7月13日
	《查处假冒专利行为和办理专利标识标注不规范案件指南》(国知发保字〔2020〕26号)	2020年7月13日
	《专利行政保护复议与应诉指引》(国知发管字〔2020〕26号)	2020年7月13日
国家市场监督管理总局	《专利代理管理办法》(国家市场监督管理总局令第6号)	2019年5月1日
	《市场监督管理严重违法失信名单管理办法》	2021年9月1日
	《市场监督管理行政许可程序暂行规定》(国家市场监管总局令第16号)	2019年10月1日

续表

制定部门	规范名称	生效时间
海关总署	《关于〈中华人民共和国知识产权海关保护条例〉的实施办法》	2009年7月1日
地方性专利法规及规章示例	《北京市专利保护和促进条例》	2021年3月12日
	《北京市优化营商环境条例》	2020年4月28日
	《北京市知识产权资助金管理办法》	2021年5月1日
	《北京市知识产权局行政违法行为分类目录(试行)》	2020年8月27日
	《北京市知识产权试点示范单位认定与管理办法》	2020年6月17日
	《上海市知识产权保护条例》	2021年3月1日
	《上海市知识产权对外转让审查细则(试行)》	2020年6月15日

三、著作权法律法规

制定部门	规范名称	生效时间
全国人民代表大会、全国人民代表大会常务委员会	《民法典》	2021年1月1日
	《刑法》	2021年3月1日
	《著作权法》	2021年6月1日
国务院	《著作权法实施条例》	2013年3月1日
	《著作权集体管理条例》	2013年12月7日
	《信息网络传播权保护条例》	2013年3月1日
	《计算机软件保护条例》	2013年3月1日
	《知识产权海关保护条例》	2018年3月19日
	《出版管理条例》	2020年11月29日
	《广播电视管理条例》	2020年11月29日
	《电子出版物出版管理规定》	2015年8月28日
	《传统工艺美术保护条例》	2013年7月18日

续表

制定部门	规范名称	生效时间
国务院	《电影管理条例》	2002年2月1日
	《实施国际著作权条约的规定》	2020年11月29日
	《计算机信息网络国际联网管理暂行规定》	1997年5月20日
最高人民法院、最高人民检察院、公安部	《最高人民法院关于审理著作权民事纠纷案件适用法律若干问题的解释》	2021年1月1日
	《最高人民法院关于审理侵害信息网络传播权民事纠纷案件适用法律若干问题的规定》	2021年1月1日
	《最高人民法院、最高人民检察院关于办理侵犯知识产权刑事案件具体应用法律若干问题的解释》	2004年12月22日
	《最高人民法院、最高人民检察院关于办理侵犯知识产权刑事案件具体应用法律若干问题的解释(二)》	2007年4月5日
	《最高人民法院、最高人民检察院关于办理侵犯知识产权刑事案件具体应用法律若干问题的解释(三)》	2020年9月14日
	《最高人民法院关于审理侵害知识产权民事案件适用惩罚性赔偿的解释》	2021年3月3日
	《最高人民法院关于互联网法院审理案件若干问题的规定》	2018年9月7日
	《最高人民法院关于全面加强知识产权审判工作为建设创新型国家提供司法保障的意见》	2007年1月11日
	《最高人民法院关于加强著作权和与著作权有关的权利保护的意见》	2020年11月16日
	《最高人民法院、最高人民检察院、公安部关于办理侵犯知识产权刑事案件适用法律若干问题的意见》	2011年1月11日
	《最高人民法院、最高人民检察院关于办理侵犯著作权刑事案件中涉及录音录像制品有关问题的批复》	2005年10月18日
	《最高人民法院关于全国部分法院知识产权审判工作座谈会纪要》	1998年7月20日
国家版权局	《使用文字作品支付报酬办法》	2014年11月1日
	《教科书法定许可使用作品支付报酬办法》	2013年12月1日
	《著作权质权登记办法》	2011年1月1日

续表

制定部门	规范名称	生效时间
国家版权局	《著作权行政处罚实施办法》	2009年6月15日
	《著作权行政投诉指南》	2006年6月1日
	《互联网著作权行政保护办法》	2005年5月30日
	《计算机软件著作权登记办法》	2002年2月20日
	《国家版权局关于对境外著作权集体管理组织诉讼主体资格问题的复函》	2004年3月30日
	《国家版权局办公厅关于习题集类教辅图书是否侵犯教材著作权问题的意见》	2003年10月17日
	《国家版权局办公厅关于对〈撤销软件著作权登记申请书〉的答复》	2003年10月14日
	《国家版权局关于对著作权经营许可问题的意见》	2003年6月4日
国家新闻出版广电总局（已撤销）、商务部	《出版物市场管理规定》	2016年6月1日
地方性法规	《上海市著作权管理若干规定》	2010年12月20日
国际条约	《保护文学和艺术作品伯尔尼公约》	1887年12月5日本公约于1992年10月15日在中国生效
	《世界版权公约》	1971年7月24日本公约于1992年10月30日在中国生效
	《世界知识产权组织版权条约》	2002年3月6日本公约于2007年6月9日在中国生效
	《世界知识产权组织表演和录音制品条约》	2002年5月20日本公约于2007年6月9日在中国生效

续表

制定部门	规范名称	生效时间
国际条约	《视听表演北京条约》	2020年4月28日
	《保护唱片制作者防止唱片被擅自复制公约》	1971年10月29日 本公约于1993年4月30日在中国生效

四、反不正当竞争法律法规

制定部门	规范名称	生效时间
全国人民代表大会常务委员会	《反不正当竞争法》	2019年4月23日
	《全国人大常委会法制工作委员会对重庆市人大常委会关于〈中华人民共和国反不正当竞争法〉第八条的请示的意见》	2007年5月15日
最高人民法院、最高人民检察院、公安部	《最高人民法院关于适用〈中华人民共和国反不正当竞争法〉若干问题的解释》	2022年3月20日
	《最高人民法院关于审理侵犯商业秘密民事案件适用法律若干问题的规定》	2020年9月12日
	《关于办理商业贿赂刑事案件适用法律若干问题的意见》	2008年11月20日
	《最高人民法院行政审判庭关于工商行政管理部门对保险机构不正当竞争行为是否有权查处的答复》	2010年2月24日
	《最高人民法院关于银行业虚假宣传的不正当竞争行为的处罚权由银监部门还是工商部门行使问题的答复》	2009年12月2日
	《最高人民法院关于学校向学生推销保险收取保险公司佣金入账的行为是否构成不正当竞争行为的答复》	2004年1月8日
	《最高人民法院、最高人民检察院关于办理侵犯知识产权刑事案件具体应用法律若干问题的解释(三)》	2020年9月14日
	最高人民检察院、公安部关于印发《关于修改侵犯商业秘密刑事案件立案追诉标准的决定》的通知	2020年9月17日

续表

制定部门	规范名称	生效时间
国家市场监督管理总局	《国家工商行政管理局关于禁止商业贿赂行为的暂行规定》	1996年11月15日
	《关于禁止仿冒知名商品特有的名称、包装、装潢的不正当竞争行为的若干规定》	1995年7月6日
	《医药行业关于反不正当竞争的若干规定》	1993年12月1日
	《关于依据〈反不正当竞争法〉对虚假宣传行为定性处罚有关问题的答复意见》	2013年11月5日
	《国家工商行政管理总局关于商业银行等金融企业不正当竞争管辖权问题的答复》	2008年1月8日
	《国家工商行政管理总局关于在柜台联营中收取对方商业赞助金宣传费广告费行为能否按商业贿赂定性问题的答复》	2001年6月13日
	《国家工商行政管理局关于旅行社或导游人员接受商场支付的"人头费""停车费"等费用定性处理问题的答复》	1999年6月22日
	《关于禁止侵犯商业秘密行为的若干规定》	1998年12月3日
	《国家工商行政管理局关于医院给付医生ＣＴ"介绍费"等是否构成不正当竞争行为的答复》	1997年10月28日
	《国家工商行政管理局关于对商品价格和市场信息进行虚假宣传定性处理问题的答复》	1994年10月20日
国务院国有资产委员会	关于印发《中央企业商业秘密保护暂行规定》的通知	2010年3月25日

五、与知识产权有关的国际公约

条约名称	概述、生效时间	我国加入以及生效时间
一般性公约		
《建立世界知识产权组织公约》(Convention Establishing the World Intellectual Property Organizations)	简称《WIPO公约》，于1970年4月26日生效。根据公约成立的政府间国际机构，定名为世界知识产权组织，英文简称WIPO。1974年12月，该组织成为联合国的一个专门机构，总部设在日内瓦。按照公约第5条成员资格的规定，任何保护知识产权的同盟成员国，以及虽未参加任何同盟，但只要是联合国的成员国，或受到了世界知识产权组织成员会议邀请的国家，均可成为该组织的成员国。截至2019年4月4日缔约方总数为192个国家	1980年6月3日中国成为该公约成员国
《与贸易有关的知识产权协定》(Agreement on Trade-Related Aspects of Intellectual Property Rights, TRIPS)	1994年4月15日由各国代表在摩洛哥的马拉喀什签字，并于1995年1月1日起生效，由同时成立的世界贸易组织（WTO）管理。TRIPS协定是关贸总协定乌拉圭回合中达成的涉及世界贸易的28项单独协议中有关知识产权保护的重要协议之一，是将知识产权保护纳入WTO体制的法律依据	2001年12月11日，中国正式成为WTO成员并开始履行TRIPS协定
《保护工业产权巴黎公约》(Paris Conventions for the Protection of Industrial Property)	简称《巴黎公约》，于1883年缔结，适用于最广义的工业产权，包括专利、商标、工业品外观设计、实用新型、服务商标、厂商名称、地理标志（产地标记和原产地名称）以及制止不正当竞争	中国于1985年3月19日正式成为巴黎联盟成员国，是该联盟第96个成员国
与专利相关的公约		
《专利法条约》(Patent Law Treaty, PLT)	于2000年通过，宗旨是协调并简化国家和地区专利申请和专利的形式程序，使这些程序更方便用户使用	中国还未签署或加入
《专利合作条约》(Patent Cooperation Treaty, PCT)	于1970年缔结	中国于1993年10月1日加入该条约，1994年1月1日，条约对我国生效

续表

条约名称	概述、生效时间	我国加入以及生效时间
《关于集成电路知识产权的华盛顿公约》(Treaty on Intellectual Property in Respect of Integrated Circuits)	简称《华盛顿条约》或《集成电路条约》，1989年5月26日订立于华盛顿，未生效，但TRIPS规定其成员必须遵守该条约的第2条至第7条、第12条以及第16条中的部分规定	中国于1990年5月1日签署了该条约
《国际专利分类斯特拉斯堡协定》(Strasbourg Agreement Concerning the International Patent Classification)	简称《斯特拉斯堡协定》，1975年生效	中国于1996年6月17日加入该协定，1997年6月19日协定对中国生效
《工业品外观设计国际注册海牙协定》(The Hague Agreement Concerning the International Registration of Industrial Designs)	简称《海牙协定》，最早于1925年通过，有效地建立起一个使工业品外观设计以最少的手续在多个国家或地区取得保护的国际体系——海牙体系	2022年2月5日，中国政府交存了《海牙协定日内瓦文本》(1999年)的加入书，中国成为1999年文本的第68个缔约方和海牙联盟的第77个成员
《建立工业品外观设计国际分类洛迦诺协定》(Locarno Agreement Establishing an International Classification for Industrial Designs)	简称《洛迦诺协定》，1971年生效	中国于1996年6月17日加入该协定，1996年9月19日协定对中国生效
《国际承认用于专利程序的微生物保存布达佩斯条约》(Budapest Treaty on the International Recognition of the Deposit of Microorganisms for the Purposes of Patent Procedure)	简称《布达佩斯条约》，1977年缔结	中国于1995年4月1日加入该条约，1995年7月1日条约对中国生效

续表

条约名称	概述、生效时间	我国加入以及生效时间
与商标相关公约		
《商标法条约》（Trademark Law Treaty, TLT）	于1994年缔结，宗旨是统一和简化国家和地区商标注册的程序	中国于1994年10月28日签署了该条约
《商标法新加坡条约》（Singapore Treaty on the Law of Trademarks）	简称《新加坡条约》，2006年缔结。《新加坡条约》以1994年《商标法条约》为基础，但适用范围更广，而且还处理通信技术领域近期出现的一些问题	中国于2007年1月29日签署了该条约
《商标国际注册马德里协定》（Madrid Agreement Concerning the International Registration of Marks）	简称《（商标）马德里协定》，1891年签订	中国于1989年7月4日加入该协定，1989年10月4日协定对我国生效
《商标国际注册马德里协定有关议定书》（Protocol Relating to the Madrid Agreement Concerning the International Registration of Marks）	简称《马德里议定书》，1989年签订	中国于2000年5月4日加入该议定书，2000年8月4日议定书对中国生效
《商标注册用商品和服务国际分类尼斯协定》（Nice Agreement Concerning the International Classification of Goods and Services for the Purposes of the Registration of Marks）	简称《尼斯协定》，1961年生效	中国于1994年5月5日加入该协定日内瓦文本，1994年8月9日协定对中国生效
《建立商标图形要素国际分类维也纳协定》（Vienna Agreement Establishing an International Classification of the Figurative Elements of Marks）	简称《维也纳协定》，1985年生效	中国尚未签约或加入
《保护奥林匹克会徽内罗毕公约》（Nairobi Treaty on the Protection of the Olympic Symbol）	简称《内罗毕条约》，1981年通过。参加《内罗毕条约》的所有国家均有义务保护奥林匹克会徽，制止未经国际奥林匹克委员会的许可将其用于商业目的（如广告中、商品上、作为商标等）的行为	

续表

条约名称	概述、生效时间	我国加入以及生效时间
《保护原产地名称及其国际注册里斯本协定》（Lisbon Agreement for the Protection of Appellations of Origin and their International Registration）	简称《里斯本协定》，1958年于葡萄牙里斯本签订	
《制止商品来源虚假或欺骗性标记马德里协定》（Madrid Agreement for the Repression of False or Deceptive Indications of Source on Goods）	简称《（产地标记）马德里协定》，是《保护工业产权巴黎公约》的专门协定之一。1891年4月14日在西班牙马德里签订。根据本协定，凡带有虚假或欺骗性产地标记、直接或间接把缔约国之一或该缔约国的一个地方标为原产国或原产地的商品，必须在进口时予以扣押或禁止其进口，或对其进口采取其他行动和制裁手段	
与著作权相关的公约		
《保护文学和艺术作品伯尔尼公约》（Berne Convention for the Protection of Literary and Artistic Works）	简称《伯尔尼公约》，1886年通过。公约为作者、音乐家、诗人以及画家等创作者提供了控制其作品依什么条件由谁使用的手段	1992年10月15日，中国成为该公约成员国
《世界版权公约》（Universal Copyright Convention）	由联合国教科文组织（UNESCO）于1947年发起，1952年9月在日内瓦签署，1955年9月16日生效	中国于1992年7月1日决定加入1971年修订的巴黎文本，同时声明根据本公约第五条之二的规定，享有本公约第五条之三、之四规定的权利。公约于1992年10月30日对中国生效
《保护表演者、录音制品制作者和广播组织罗马公约》（Rome Convention for the Protection of Performers, Producers of Phonograms and Broadcasting Organization）	简称《罗马公约》，1961年缔结，确保对表演者的表演、录音制品制作者的录音制品和广播组织的广播节目予以保护	

续表

条约名称	概述、生效时间	我国加入以及生效时间
《世界知识产权组织版权条约》（WIPO Copyright Treaty，WCT）	1996年缔结，属于《伯尔尼公约》所称的特别协议，涉及数字环境中对作品和作品作者的保护	中国于2007年3月9日加入该公约，2007年6月9日公约对中国生效
《世界知识产权组织表演和录音制品条约》（WIPO Performances and Phonograms Treaty，WPPT）	1996年缔结，涉及表演者和录音制品制作者的知识产权，特别是数字环境中的知识产权	中国于2007年3月9日加入该公约，2007年6月9日公约对中国生效
《保护录音制品制作者禁止未经许可复制其录音制品公约》（Convention for the Protection of Producers of Phonograms Against Unauthorized Duplication of Their Phonograms）	简称《录音制品公约》或《唱片公约》，1971年通过。公约规定，每一缔约国均有义务为属于另一缔约国国民的录音制品制作者提供保护，以禁止未经制作者同意而进行复制，禁止进口此类复制品（如果这种复制或进口以向公众发行为目的），并禁止此类复制品向公众发行	中国于1993年1月5日加入该公约，1993年4月30日公约对中国生效
《发送卫星传输节目信号布鲁塞尔公约》（Convention Relating to the Distribution of Programme-Carrying Signals Transmitted by Satellite）	简称《布鲁塞尔公约》或《卫星公约》，1974年签订。公约规定，每一缔约国均有义务采取适当措施，防止未经许可向其领土或从其领土发送卫星传输的节目信号	
《视听表演北京条约》（Beijing Treaty on Audiovisual Performances）	由2012年6月20日至26日在北京举行的保护音像表演外交会议通过，涉及表演者对视听表演的知识产权	中国于2012年6月26日签署了该条约，2014年7月9日批准加入

续表

条约名称	概述、生效时间	我国加入以及生效时间
《关于为盲人、视力障碍者或其他印刷品阅读障碍者获得已出版作品提供便利的马拉喀什条约》（Marrakesh Treaty to Facilitate Access to Published Works for Persons Who Are Blind, Visually Impaired, or Otherwise Print Disabled, MVT）	简称《马拉喀什条约》，2013年6月27日通过，2016年9月30日该条约生效。《马拉喀什条约》为缔约方设定了为视障者和其他阅读障碍者规定强制性限制与例外的义务，并具有相应的灵活性	中国于2013年6月28日签署了该条约，并于2022年5月5日起对中国正式生效
其他公约		
《保护非物质文化遗产公约》（Convention for the Safeguarding of the Intangible Cultural Heritage）	于2003年10月在联合国教科文组织第32届大会上通过，2006年4月生效，旨在保护以传统、口头表述、节庆礼仪、手工技能、音乐、舞蹈等为代表的非物质文化遗产	中国于2004年8月加入该条约
《保护和促进文化表现形式多样性公约》（Convention on the Protection and Promotion of the Diversity of Cultural Expressions）	于2005年10月20日第33届联合国教科文组织大会通过。"文化多样性"是指各群体和社会借以表现其文化的多种不同形式，不仅体现在人类文化遗产通过丰富多彩的文化表现形式来表达、弘扬和传承的多种方式，也体现在借助各种方式和技术进行的艺术创造、生产、传播、销售和消费的多种方式	2006年12月29日，中国第十届全国人民代表大会常务委员会第25次会议批准了该公约
《生物多样性公约》（Convention on Biological Diversity）	于1992年6月1日由联合国环境规划署（UNEP）发起的政府间谈判委员会第七次会议在内罗毕通过，1992年6月5日由签约国在巴西里约热内卢举行的联合国环境与发展大会上签署。该公约建立了公平合理地共享遗传资源利益的原则，尤其是作为商业性用途，涉及快速发展的生物技术领域，包括生物技术发展、转让、惠益共享和生物安全等	中国于1992年6月11日签署该公约，1992年11月7日批准，1993年1月5日交存加入书

续表

条约名称	概述、生效时间	我国加入以及生效时间
《国际植物新品种保护公约》(International Convention for the Protection of New Varieties of Plants)	1961年签订,其文本于1968年生效。后经多次修订后,其1991年修订文本1998年生效。根据该公约,成立了"国际保护植物新品种联盟"(法语简称UPOV)。UPOV虽然是独立的具备法人资格的政府间组织,有自己的理事会和办公室,但按照WIPO与UPOV订立的协定,WIPO总干事兼任UPOV秘书长,领导办公室的工作,向UPOV提供行政管理服务与财务服务。该公约虽然不是WIPO管理的条约,但与WIPO有着十分紧密的联系	1999年4月23日,中国加入《国际植物新品种保护公约(1978年文本)》,并成为UPOV成员国

后 记

　　企业合规管理是汇业律师事务所近年来的特色业务之一，汇业知识产权委员会在知识产权领域的合规指引和法律服务等方面同样积累了丰富的实务经验。本书既是汇业知识产权委员会对知识产权领域内法律合规管理实务方面的总结和指引，是集体创作的结晶，又是汇业律师事务所不同专业领域中多名专家律师的个人执业经验和办案心得的汇集之作。

　　举例而言，本书主编王函具有17年知识产权从业经历，主要执业领域为知识产权代理、知识产权争议解决、知识产权咨询、知识产权法律合规管理、知识产权保险等。王函连续多年荣获中国专利代理行业综合实力评价"全国星级专利代理人"称号、入选2021年度中国知产圈30位新锐女性，还入选2022年度Legal Band客户首选知识产权多面手15强。现任最高人民检察院民事行政案件咨询专家，《中小企业合规评价认证标准》团体标准起草人、"IPRdaily"媒体和"医谷"媒体特约撰稿人、长三角知识产权发展联盟副秘书长、上海市律协知识产权业务委员会委员等。王函结合自身在专利领域的办案经验，与朱丹宁共同撰写了本书第一章"企业知识产权和知识产权管理"，并与王则周、韩燕霞共同撰写了本书第四章"专利法律合规管理"。

　　本书另一位主编潘志成长期专注于反垄断、反不正当竞争、知识产权保护业务领域，先后代理近百起商标侵权及不同类型不正当竞争诉讼，多起案件入选最高人民法院年度典型案例或不同省市十大典型案例，并曾代理上海地区法院适用2019年《反不正当竞争法》对有一定影响商品装潢进行保护的首起案例。还入选司法部涉外千人律师库（知识产权和跨境争议解决类别)、并入选 2022 年度 Legal Band 中国顶级律师排行榜(竞争法类别)。潘志成结合其办理的实际案例,与吴悦、安国胤共同撰写了本书第六章"商业秘密法律合规管理"和第七章"不正当竞争法律合规管理"。

本书其他 14 位作者,包括郭青红、王则周、刘思玉、朱丹宁、安国胤、李晓瑛、李轶、吴悦、金炜霞、杨小青、赵晋、唐嘉伟、龚玲、韩燕霞,均为合规、商标、专利、著作权等各个领域专业律师。本书所涵盖的知识产权法律合规的方方面面,适合企业管理人员、法务、合规、风控以及知识产权相关领域的律师、法律工作者等人员以及对知识产权合规管理有兴趣的人士阅读、交流。

本书得以顺利出版,首先,要感谢张清奎老师百忙之中为本书赐序推荐,在此深表敬意!其次,本书的编写得到了汇业律师事务所管委会及汇业知识产权委员会同事们的鼓励和支持,也得到了汇业合规委员会主任郭青红的悉心指导和帮助,在此特别鸣谢。最后,也要向参与本书编写的律师及其团队助理表示感谢,同时也对一直关心本书编写的人民法院出版社一并表示感谢。

本书编委会
2022 年 9 月